教育部人文社会科学重点研究基地
兰 州 大 学 敦 煌 学 研 究 所

胡风西来

西域史语译文集

白玉冬／译

A Translation Collection of Historical and Philological Studies on the Western Regions

上海古籍出版社

教育部人文社会科学重点研究基地
兰 州 大 学 敦 煌 学 研 究 所

兰州大学“双一流”建设贝叶经研究项目

序　言

丝绸之路于人类文明史上的重要性无需赘言。广义上的丝绸之路是指历史上连接欧亚大陆东西南北的交通干线,其东段延伸于欧亚大陆东部,也就是华夏及其周边地区。反映和记录丝绸之路东段历史的材料,往往与记载华夏周边地区和族群历史的材料相互重叠或交相呼应,主要涉及汉语、藏语、于阗语、回鹘语、粟特语、梵语、吐火罗语、叙利亚语、波斯语、契丹语、党项语、女真语、蒙古语等。用于书写这些语言材料的文字众多,包括汉文、藏文、于阗文、鲁尼文、回鹘文、粟特文、吐火罗文、叙利亚文、摩尼文、婆罗米文、契丹文、西夏文、女真文、蒙古文等。这些以多种语言文字书写的材料,绝大部分具有"现地语材料"特色,是记录边疆历史的第一载体。如果我们能够深入理解并掌握这些汉语与非汉语文字材料,那么就可以进一步加深对边疆历史的独特性、丰富性和复杂性的了解。我们兰州大学"大西域"(此处主要指中亚、青藏高原、新疆、内外蒙古高原和西伯利亚地区)的研究对象,就是上述多文种、多语种的传统典籍、出土文献、碑刻题记等,核心理念就是致力于掌握上述"大西域"历史叙述话语权。

编辑单位兰州大学敦煌学研究所始创于 1979 年,是国家首个敦煌学博士授权点和博士后流动站,首批入选教育部人文社会科学重点研究基地,历史文献学(敦煌学)是国家重点培育学科。研究所遵照习近平主席"将敦煌学做强做大,为国争光"的指示,经过 40 年的建设,成为国际敦煌学学术研究、人才培养、学术交流、图书资料的中心,占领了学术制高点,掌握了学术研究话语权。形成了自己的研究群体,在敦煌学、胡语文献、石窟艺术等领域研究优势明显,完成学术著作数百部,丛书十余种,获省部级优秀成果奖 20 余项、国家和省级图书奖 10 余项。所创办的 CSSCI 来源期刊《敦煌学辑刊》是本学科研究成果的重要刊布平台。承担国家级和省部级项目 160 余项,项目经费 3000 余万。培养敦煌学博士生 142 余名,其中 14 人晋升博导,47 人晋升教授,50 余人晋升副教授,6 人获全国百篇和省级优秀博士学位论文奖。在学校“双一流”建设中，领衔构建“敦煌丝路文明与西北民族社会”学科群，将努力在国际学术舞台上，讲好敦煌故事，传播中国声音。

2017 年 11 月，北京坦博艺苑向兰州大学捐赠部分贝叶经实物，并将收藏的约 150 万片贝叶经资料提供给兰州大学教学科研使用，双方共建贝叶经研究院，有针对性地开展贝叶经文物的整理、分类和研究工作。自 2018 年开始，兰州大学下拨贝叶经研究专项经费，作为学校“双一流”建设的一部分，由敦煌学研究所组织专家学者进行贝叶经及相关领域的科学研究。本书出版获得上述兰州大学“双一流”建设贝叶经研究项目的资金支持。

兰州大学敦煌学研究所的西域研究已经迈出了坚实的第一步。除本书外，我们还将陆续出版一批关于古藏文、梵文、回鹘文、鲁尼文等民族语言文献的研究成果。衷心祝愿这些成果能够为国内外西域研究带来新的气象。

郑炳林

2019 年 9 月 30 日

目　录

Contents

西突厥汗国的 Tarqan 达官与粟特人

荒川正晴(大阪大学)

欧亚地区在 2、3 世纪以降,政治、社会方面发生着巨大变动,5 世纪时期,朝着地域重编,又萌生了新的变化。中亚的哌哒,蒙古高原的柔然,青海一带的吐谷浑,以及鲜卑族所建华北地区的北魏,均呈现出显著的活动状态。同时,粟特人的活动再次迎来良好的发展势头。这一时期,他们的殖民聚落不仅限于中国本土,而且还扩展到了北方草原地区。其背景是:强势的游牧国家——哌哒,在索格狄亚那、阿富汗一带的成立。同时期崛起的北魏,保持着与哌哒互通使者。正是在这一新的时代背景之下,粟特商人的活动再次活跃起来。降至 6 世纪,突厥语系的游牧国家突厥兴起,与萨珊波斯夹击并击溃哌哒。这样,突厥的势力,东起蒙古高原,西越索格狄亚那,扩展至今阿富汗地区。正是自 5 世纪开始的游牧势力的持续强势化,引导着粟特人抵达北方草原地区。

在这种状态之下,在游牧国家内部,粟特人在政治、外交、经济、文化等方面均发挥起重要作用。本文拟以"达官"这一游牧国家的称号或官职名为线索,旨在揭示粟特人在草原地区的发展倾向之一端。

一、西突厥汗国的"大官"

众所周知,作为突厥语系游牧国家突厥的称号或官职名,tarqan 汉字标记作"达官""达干"等①。然在吐鲁番文书中,该词并非记作"达官""达干",而均标记作"大官"②。

---

① 有观点认为 tarqan 源自汉语"达官",然仍有赞成与否定意见。参见森安孝夫:《ウイグル=マニ教史の研究》,大阪大学文学部:《大阪大学文学部纪要》第 31、32 卷,1991 年,第 195—196 页;吉田丰:《ソグド文字で表記された漢字音》,《东方学报》第 66 卷,1994 年,第 377 页。

② 语言学上,"大官"解释作 tarqan 没有问题。此点,可参考 irkin、yabγu 的汉字标记"希瑾""移浮孤",同时可参考吉田丰关于麹氏高昌国汉语发音之研究。见吉田丰,"Further Remarks on the Sino-Uighur Problem,"《アジア言語論叢》第 3 辑(《神戸市外国語大学外国学研究》(转下页)

看起来，在突厥国内，Tarqan 作为称号或尊称，使用很广。例如，西突厥十姓之一的突骑施部（Türügeš）首领乌质勒（？—706）隶属西突厥斛瑟罗之下，号莫贺达干（Baγa Tarqan）。另外，据吐鲁番出土《唐龙朔二、三年（662、663）西州都督府案卷为安稽哥逻禄部落事》，早期曾是西突厥组成种落之一的哥逻禄（Qarluq）部，其首领号"步失达官"，其部落被称为"步失达官部落"①。在同一文书中，除可见"处半（čupan）达官"外，还频见达官称号。看来，在突厥语系游牧社会内，达官大概是针对部族长或处于一定地位人物之称号或尊称。

《新唐书》卷二一五上《突厥传》中，作为突厥大臣，与叶护（yabγu）、俟利发（iltäbär）等并列，列有达干（tarqan）。由此可见，在突厥国家内，tarqan 亦作为官职名而被使用。实际上，与可汗号相同，在突厥语系游牧民强势化之前，当柔然统治蒙古地区时，tarqan 已经成为柔然国家的官职名。著名的虞弘墓志中，可见到虞弘父虞君陀，作为柔然的莫贺去汾、达官出使北魏②。

时至 6 世纪，突厥语系游牧民开始强大化并创建突厥国家，继而承继柔然，在突厥国家内亦设置了官职达官。根据对突厥碑文的探讨，可认为 tarqan 是构成可汗之"行政干部"的官僚之一③。而作为西突厥汗国统叶护可汗牙廷内一幕，《大慈恩寺三藏法师传》卷二言"达官二百余人，皆锦袍编发，围绕左右"，"诸达官于前列长筵，两行侍坐，皆锦服赫然，余仗卫立于后"。据此条记录可推知，西突厥国内有相当数量的达官侍奉于可汗左右。看来，似乎至少在西突厥国内，与其说达官是可汗的"行政干部"，毋宁说是构成了可汗的近侍集团。值得一提的是，《大唐创业起居注》卷一云"我（即突厥可汗）遣大达官往取进止"。这令人推测，突厥国内还存在有别于为数众多的达官之"大达官"。

另，前述《大慈恩寺三藏法师传》卷二在记录突厥护送玄奘至迦毕试国时言

（接上页）45 号），2000 年，第 9—11 页。另，吉田先生赐教，拙（*ziad/iäi-）音视作标记 šad 之汉字，没有问题。拙音（*ziad/iäi-）参见 B. Karlgren, *Grammata Serica Recensa*, Stockholm, 1972, p.99.

① 《唐龙朔二、三年（662、663）西州都督府案卷为安稽哥逻禄部落事》，荣新江、李肖、孟宪实主编：《新获吐鲁番出土文献》下，北京：中华书局，2008 年，第 317—321 页。

② 张庆捷：《虞弘墓志考释》，《唐研究》第 7 卷，2001 年，第 151 页。张先生认为"莫贺去汾"是柔然的"高级官员"。另《魏书》卷一〇三《蠕蠕传》言"婆罗门遣大官莫贺去汾、俟斤丘升头六人、将兵二千随具仁迎阿那瑰"。此处仅是把"大官"解释为高级官员，或许此处大官有可能是达官。

③ 护雅夫：《突厥の国家と社会》，氏著：《古代トルコ民族史研究》第 1 卷，东京：山川出版社，1967 年，第 112 页。

"可汗乃令军中访解汉语及诸国音者,遂得年少,曾至长安数年通解汉语,即封为摩咄达官"。可见,突厥在派遣使者时,临时给予使者达官(tarqan)之称号。

关于此点,希腊史料亦有讲述。当突厥可汗室点密(伊利可汗之弟[①])向波斯派遣使者粟特人玛尼奥库,以及在玛尼奥库死后,向罗马派遣使者及其随从玛尼奥库之子时,均附有 tarqan 称号[②]。

上举事例的 tarqan,均为侍奉可汗者。不过,如后所述,据麹氏高昌国时代公文书《高昌延寿十四年(637)兵部差人看客馆客使文书》〔72TAM171:12(a),17(a),15(a),16(a),13(a),14(a),10(a),18(a)〕可推知,不仅可汗,连"公主"、"设(拙,šad)"都各自附有"达官(大官)"[③]。诚如前人研究,设(拙,šad)与叶护(yabγu)同为可汗子弟与可汗家族担任之官职,作为统治自身属民与领地的"封建"诸侯而存在[④]。而且,如后所述,可汗妻"公主"也保有家畜等私有财产。或许,"公主"拥有自己属民与地域的可能性也很大。

同为麹氏高昌国公文书的《高昌传供酒食帐》(72TAM154:26),则记有"无贺大官(-tarqan)别传""时侑大官(-tarqan)别传"[⑤]。以麹氏高昌国公文书内"传"字用例而言,可以认为,这些大官是把谷物支出"传"给麹氏高昌国的专管官署。前人已指出,麹氏高昌国第六代王麹宝茂以降,历代国王均娶突厥可汗女为妻[⑥]。作为上述大官"传"之背景,甚至可以想象,附属突厥

---

① 松田寿男:《古代天山の歴史地理学的研究(增补版)》,东京:早稻田大学出版部,1970 年,第 257—259 页。

② 《メナンドリ・プロテクトリス・フラグメンタ》,此为希腊语史料,参见内藤みどり:《西突厥史の研究》,东京:早稻田大学出版部,1988 年,第 381、389—390 页注(16)。内藤氏解释作玛尼奥库及其子二人均居 tarqan 之位。

③ 录文见《文书》第 4 册,第 132—135 页;图版见《图文》第 2 册,第 76—78 页。

④ 关于东突厥汗国,护雅夫氏主张,设(拙、šad)与叶护(yabγu)是阿史那氏一族中的"封建性诸侯",区别于大可汗的直辖领地,与其并列拥有"封建性领土、领民(il, el)"。不过,就国家构造而言,可汗是"君主",与此相对,šad 与 yabγu 终归是其"臣下"。见护雅夫:《突厥の国家と社会》,第 37—39、95—102 页;《突厥第一帝国におけるšad 号の研究》,《古代トルコ民族史研究》第 1 卷,第 374—375 页等。另此处所言"封建",参见护雅夫:《突厥の国家と社会》,第 55—56 页注(48)。关于西突厥,虽详细情况不明,但就 šad 与 yabγu 而言,其性质基本上与东突厥相同,此点业已由内藤氏指摘并探讨。见内藤みどり:《西突厥史の研究》,第 118—119、227—228 页。

⑤ 录文见《文书》第 3 册,第 146 页;图版见《图文》第 1 册,第 368 页。该文书还记录有"使人移兵大官-tarqan"领取酒、面、幕、粟米、枣等。

⑥ 嶋崎昌:《隋唐時代の東トゥルキスタン研究——高昌国史研究を中心として》,东京:东京大学出版会,1977 年,第 330—331 页;马雍:《突厥与高昌麹氏王朝始建交考》,《向达先生纪念论文集》,乌鲁木齐:新疆人民出版社,1986 年,第 357 页;吴玉贵:《高昌供食文书中的突厥》,《西北民族研究》1991 年第 1 期,第 55—57 页;大泽孝:《新疆イリ河流域のソグド語銘文石人について——突厥初世の王統に関する一資料》,《国立民族学博物館研究纪要报告　别册》第 20 卷,1999 年,第 367 页注(26)。

降嫁“公主”之“大官”，半常住于吐鲁番。

突厥国家，虽以大可汗为中心，但小可汗、叶护（yabγu）、设（šad）等阿史那一族，均统治有自身的属民与领地。这些统治层，处于松散的联合体制之下。至于Tarqan，虽详细情况仍有众多不明之处，但完全可认为，在组成游牧国家的上述众多集团的顶层人物周围，作为亲信配备有tarqan。不过，达官（大官）并非仅仅是侍奉于可汗等游牧集团顶层人物之左右，亦非仅受其命出使之存在。事实上，达官（大官）自身亦被记录为派遣使节之主体。下面，就此略作探讨。

二、使节的派遣与tarqan

如前所述，6世纪中叶，通常被称为突厥的游牧国家在北方草原地区崛起，自中亚至蒙古地区，扬力发威。从中可以看出，tarqan这一突厥官职是侍奉可汗的亲信官员。同时，他们具备另一侧面，即作为使节出使外国，在政治上为促进对外交涉发挥着重要作用。需要补充的是，这些使节并非仅面向外国，而且还面向游牧国家组成成员之一的绿洲国家频繁派遣。

事实上，突厥崛起后，最先置于其统治之下的绿洲国家，是立国于吐鲁番的麹氏高昌国。突厥国家自身在583年分裂为东西两大部分，而吐鲁番出土文书则告诉我们：麹氏高昌国接纳西方的突厥（即西突厥汗国）所派使节团①。可称之为《食粮支出账簿》的这一文书群，其大多数是584—587年间某一时期一个半月间的谷物支出记录。对此进行分析，可以得知，在一个半月时间内，麹氏高昌国共接纳了40多批次来自西突厥的使节。

对前面提到的《食粮支出账簿》仔细观察，则发现以西突厥大可汗为首的众多集团，均曾派遣使节。除大可汗外，其中还包括各自独立拥有领地、属民的小可汗（贪汗珂寒-qaγan，北厢珂寒，南厢珂寒）、移浮孤（叶护，yabγu）、抴（设，šad）、希瑾（俟斤，irkin）。另外，还有可汗妻可敦（qatun）、公主（qunčuy），可汗子弟提勤（tegin）。而且，配置于顶层人物左右的

① 参见荒川正晴：《オアシス国家・遊牧国家とソグド人》，《ユーラシアの交通・交易と唐帝国》，名古屋：名古屋大学出版会，2010年，第57—107页。

tarqan 也加入其中。

虽时值这一时期，有关西突厥大可汗的实际情况不太明了，不过，作为西突厥顶端人物，当时确有阿博珂寒（Apa qaγan）在位。在其周围的可汗妻可敦与可汗子弟提勤，亦自己派遣使节。尤其是，该《食粮支出账簿》还记录，嫁给西突厥可汗的第六代国王麴宝茂女儿（高昌公主）之子（被称作外甥提勤），也派遣了使节。

如前所言，在突厥国家内部，由以大可汗为首的可汗一族组成的诸多集团，统治有自身的属民与地域。可以看出，这些属民基本上是由以希瑾（irkin）等被统治部族的首领组建的游牧集团为单位而构成。而且，希瑾（irkin）本身也设置使节，并把他派至麴氏高昌国。

综上所述，正是这些种类繁多的集团，各自派遣使节。这表明，针对高昌国而言，作为使节而接纳的游牧集团，不仅限于大规模者，而且还涉及近距离接触的集团。

进而言之，至少除可汗（qaγan）外，tarqan 达官还充当可敦（qatun）、公主（qunčuy）、移浮孤（叶护，yabγu）、拙（设，šad）等游牧集团顶层人物的近侍人员，在被他们作为使节派出的同时，自身也作为主体派遣使节。不过，《食粮支出账簿》等单纯记作"大官"的情况下，看来还是指可汗所遣 tarqan 的可能性更大。前面介绍的《食粮支出账簿》中，作为派遣主体，出现"栈头大官"，此等应视作可汗之 tarqan。值得注意的是，除"炎畔讨""脾娑"外，栈头大官还派遣了 4 组使者。换言之，虽然是 tarqan，但出于自身立场，作为主体，他们派遣了多类别、复人数的使节。

不过，上述可汗之 tarqan 的情况下，并不是单独派遣使节，而是和公主、特勤（tegin）等一同组建使节。此点，可从刚才举出的《高昌延寿十四年（637）兵部差人看客馆客使文书》中得到确认。该文书是麴氏高昌国末期麴文泰统治之下，于延寿十四年七月，由尚书系兵部制作的账簿样公文书。虽时间为半月，但可推断出客馆接待何种使节的具体状况[①]。

该文书内容，可简单归纳如下表 1：

---

① 王素先生把本文书所见客馆解释为"兵部客馆"，认为是与"政府客馆""寺院客房"不同的接待所。见王素：《高昌史稿·交通编》，北京：文物出版社，2000 年，第 544—551 页。不过，除本文书是在兵部作成以外，并无其他明确证据。

表 1　延寿十四年(637)麹氏高昌国客馆馆员使节接待表

序号	馆员名 (馆员统领的工作人员数)	延寿十四年七月 15—19 日	同年同月 20—24 日	同年同月 25—29 日
1	宁僧护(2 人)	珂寒(使者)萄公主 -qunčuy 祋跋提勤-tegin 苏弩胡鹿大官-külüg tarqan 公主时健大官-tarqan	同左	同左
2	毛海隆(2 人)	毗伽公主 bilgä qunčuy 寒提勤-tegin 妇儿	同左	同左
3	鲁阿众(2 人)	摩奋提勤-tegin 妇儿 阿赖□□妇儿 阿　　妇儿	同左	同左
4	参军海相(2 人)	客馆	同左	同左
5	畦亥生(1 人)	汉客张小憙	同左	同左
6	曹破延(1 人)	真朱 inčü 人①贪旱大官 -tarqan 好延枯臈振摩珂赖使金穆 乌纥大官-tarqan	同左	同左 符离拙 böri šad 使肥还大官 -tarqan 宁受□符离拙 -böri šad 使阿 利摩珂大官 -maxa tarqan
7	康善财(1 人)	坞耆来射卑妇儿	同左	同左
8	王善祐子(1 人)	尸不还祋旱大官-tarqan	同左 摩奋大官-tarqan	提勤 tegin 使
9	张延憧(1 人)		[　　]使 屈□□祋浮鍮使	
10	某(1 人)		某	
11	辛伯儿(1 人)			居俩拙 šad 使

① “大官”中有记作“真朱人”者，“真朱”是 inčü，详见后文。

上举文书中,多次出现公主与“妇儿”。姜伯勤先生据此认为这些人是随行“出征”而到达吐鲁番的①。的确,在这些来自西突厥的使者中,公主与“妇儿”格外引人注目。不过,女性作为使者而被派遣,这在《麴氏高昌国使节、客人一览表》(表2)中也可见到。因此,没有必要把公主与“妇儿”较多一事,直接与行军联系起来,此处不从姜说。

另外,序号4的接待对象为“客馆”,就其他均为客使名而言,这可算是一种特殊表达。率领工作人员的馆员4—11中,唯此带有“参军”之官。就此而言,“客馆”实为客馆之中处于负责之位的可能性很大。换言之,看来4为客馆馆家(馆长),其余为配置在馆家之下的馆子。如此,则可认为,4的两名工作人员,并非单独招待客使,而是承担对客馆全体或“参军”本人的服务角色。

进而言之,4之前的1—3,各自带有2名工作人员,区别于工作人员只有1人的5以下。值得注意的是,唯有1仅在最初记有“珂寒萄公主”,即特别冠有“珂寒”。据其他用例,此处文义可理解作“珂寒的(使者)萄公主”。延寿十四年(贞观十一年,637)七月之际,与麴氏高昌国处于密切关系的西突厥可汗为乙毗咄陆可汗(欲谷设)②,此处为同一可汗的可能性很大③。

综上所述,如仔细辨别可汗所派遣使节,则可推知,使节们是由多个游牧集团所组成,其中,tarqan与身处可汗周围的公主与特勤(tegin),共同采取行动。可见,此种Tarqan的实际情况是,在作为可汗亲信进行活动的同时,自身也作为主体进行着活动。

三、达官(大官)所见粟特人的角色

前面提到的《大慈恩寺三藏法师传》卷二“摩咄达官”,据其派遣原委而言,此人物为粟特人的可能性很大。除此之外,作为可汗使者而被列出的“乌都伦大官-tarqan”(后列一览表No.11),也应认可其为粟特人之可能性。之所以如此,是因为在《昭武九姓胡人曹莫门陀等名籍》(64TAM31:14)内,

---

① 姜伯勤:《敦煌吐鲁番文书与丝绸之路》,北京:文物出版社,1994年,第102—103页。

② 嶋崎昌:《隋唐時代の東トゥルキスタン研究》,第188—189页;内藤みどり:《西突厥史の研究》,第187—191页。

③ 姜伯勤:《敦煌吐鲁番文书与丝绸之路》,第102页。贞观十一年(637)八月,与联手高昌国的乙毗咄陆可汗(欲谷设)相对立,联手焉耆的沙钵罗咥利失(išbara teriš)可汗(同俄 tonүa 设)朝贡唐朝。见内藤みどり:《西突厥史の研究》,第257页。

作为粟特人之名，记录有“（何）都伦”①。而且，与在高昌城内“市场”征收的交易税——“称价钱”有关的账簿样文书《高昌内藏奏得称价钱帐》（73TAM514：2/4）言②：

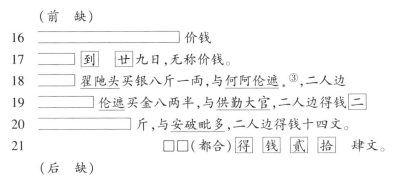

（前　缺）

16 □□□□□□□□ 价钱

17 □□□ [到] [廿]九日，无称价钱。

18 □□□ 翟陁头买银八斤一两，与何阿伦遮*③，二人边

19 □□□□ 伦遮买金八两半，与供勤大官，二人边得钱[二]

20 □□□□□ 斤，与安破毗多，二人边得钱十四文。

21 □□（都合）[得] [钱] [贰] [拾] 肆文。

（后　缺）

上举文书中，如第19行所见，可知“大官（tarqan）”从粟特人何阿伦遮（Renchakk）④处购买黄金。在麹氏高昌国内，高昌城内的“市场”掌管着对外贸易，在此进行交易的几乎全为粟特人⑤。此处虽出现“大官”，但该人物与其视为突厥系游牧民，毋宁看作是粟特人的可能性更大。

关于“大官”，至今仍有未明之处。不过，无论何种情况，前面介绍的在高昌城内“市场”购买黄金的“供勤大官”，是由西突厥可汗或游牧诸集团派来的粟特人使节，而且是在“市场”从事交易的可能性很大。

另，前揭表1中，出现“真朱 inčü 人贪旱大官-tarqan”，即 tarqan 达官附有“真朱（inčü）人”。看来，“真朱”是 inčü⑥。森安孝夫氏主张，该词可解释作“可汗、强势王族、部氏族长等私自拥有的隶属民或侍士、从者”⑦。此处，

---

① 录文见《文书》第3册，第119—120页；图版见《图文》第1册，第359页。

② 录文见《文书》第3册，第318—325页；图版见《图文》第1册，第450页。王素《吐鲁番出土高昌文献编年》给出了引用该文书的所有文献。王素先生暂将该文书置于延寿十七年（640）之前（台北：新文丰出版公司，1997年，第317页）。

③ 《吐鲁番出土文书》均作“阿何伦遮”，应为“何阿伦遮”。

④ Yoshida & Kageyama, “Sogdian Names in Chinese Characters, Pinyin, Reconstructed Sogdian Pronunciation, and English Meanings,” in: E. de la Vaissiere and E. Trombert, *Les Sogdiens en Chine*, Paris, 2005, p.305.

⑤ 姜伯勤：《敦煌吐鲁番文书与丝绸之路》，第175—180页；荒川正晴：《オアシス国家とキャラヴァン交易》（世界史リブレット62），东京：山川出版社，2003年，第35页。

⑥ G. Clauson, *An Etymological Dictionary of Pre-Thirteenth Century Turkish*, Oxford, 1972, p.173; J. Hamilton, “Nasales Instables en Turc Khotanais du Xe siècle,” *Bulletin of the School of Oriental and African Studies* 40-3, 1977, p.516.

⑦ 森安孝夫：《ウイグル=マニ教史の研究》，第196页。

这种解释亦适合。虽详细情况不明，但看得出，在 tarqan 之中，大概真朱 inčü 属于与主君关系极为密切的特殊情况。

另，虽同为粟特人，但作为可汗使节而被派来的人员当中包括工匠。吴玉贵先生据此事实，提出如下见解，即根据工匠的存在，推测突厥系游牧民所使用的金银制品已经能够自我供给，并主张正因这一原因，突厥系游牧民把在贸易或掠夺中得到的大量的金银，转作货币流通以外的，相当大部分都充于制作金银器了[①]。前文中的"大官"在高昌城内"市场"购买黄金的例子，也可按此诠释。相反，大泽孝氏把这些"大官"解释作西突厥可汗宫廷内可汗直属的工匠，同时还认为他们是前往以高昌国为首的南方与西方的绿洲诸国从事金属贩卖与交易的商人。不过，他还指出，由于他们的交易活动，在南方与西方的绿洲诸国，原本作为贡品与出口品而被制作的豪华的金银制品，与各种锦缎和丝绸织品等，一同流入了北方游牧国家[②]。

关于西突厥可汗宫廷内金银器制作的详细情况，并不明了。不过，不论何种情况，由可汗派遣使者的重要目的，无疑是销售、转卖本国产品或中转贸易品，同时从绿洲国家获得通过贸易而寻求的奢侈品。前面介绍的室点密可汗的例子无疑表明，突厥西面（西突厥）可汗自最初开始，就致力于派遣使节开展这种贸易[③]。

关于设置大官的"公主"，后揭《麴氏高昌国使节、客人一览表》中，可见"延蹙珂顿-qatun""浑珂顿-qatun"。珂顿（qatun）的使节被派至麴氏高昌国，而据前揭《高昌延昌二十七年（578）兵部条列买马用钱头数奏行文书》（66TAM48：26），可知珂顿（qatun）之存在[④]。即，高昌国兵部购马时，列举的卖者为"阿都瓠珂顿-qatun"[⑤]与粟特人"呼典畔陀（xwt'yn βntk）""康铭但"。这启示，与购买黄金的前揭"供勤大官"相反，"阿都瓠珂顿-qatun"的使节在麴氏高昌国内销售马匹。另，如"呼典畔陀（xwt'yn βntk）"——无姓氏的粟特人，这是由游牧集团派遣的粟特人之特征。因此，该"呼典畔陀

---

① 吴玉贵：《高昌供食文书中的突厥》，第 58 页。

② 大泽孝：《新疆イリ河流域のソグド語銘文石人について》，第 359—360 页。

③ 玛尼奥库及其子被室点密可汗派至波斯与东罗马，其目的在于推售丝绸。见内藤みどり：《西突厥史の研究》，第 376—378 页。无疑，丝绸以外的产品，也是其交易对象。

④ 录文见《文书》第 3 册，第 81 页；图版见《图文》第 1 册，第 342 页。

⑤ 关于"阿都瓠"，有意见认为是铁勒中的"阿跌""诃咥（Ädiz）"。见王素：《高昌史稿 · 交通编》，第 498—499 页。此说缺乏说服力，难从。林俊雄先生赐教，"阿都瓠"的"阿都"是突厥语 at"马"。

(xwt'yn βntk)"，是由游牧集团派遣的粟特人的可能性很大。而且，原本xwt'yn βntk(王妃的仆人)这一名称也令人推想到与珂顿(qatun)的关系，应视为珂顿(qatun)也派遣粟特人作为使节。西突厥的后继者突骑施的情况是，充当可敦的qatun"公主"委派"牙官"[①]，派遣携带大量马匹的使节团到达安西(库车)[②]。况且，关于该地域游牧民女性及其拥有马匹等问题，我想《新唐书》卷一一七《裴炎传》等可作参考。据其内容，被流放在北庭的裴伷先之妻是"降胡之女"，因其妻拥有众多"黄金、骏马、牛、羊"，裴伷先以其财货作威作福。此处所言"降胡"之"胡"，并非指粟特人，而是指北庭周围的游牧民[③]。

虽然有关西突厥可敦与马匹交易间的具体情况，我们还不甚明了。不过，很容易推测出，可敦派遣充当tarqan达官(或牙官)的粟特人作为使节开展贸易活动。遗憾的是，关于除上述以外的游牧集团使节，能够直接表明其交易活动之另一面的史料，并不存在。但是，如前文所指出，这些使节包括许多粟特人。据此认为，他们是在各自从事着上述这样的交易活动，概无大过。

概而言之，以可汗为首的各种游牧诸集团的使节代表与随行人员，多以粟特人来充当。其背景可认为派遣使节的重大目的之一是从事贸易。即，游牧国家的多种游牧集团首领，将作为tarqan服侍在自己周边的粟特人作为使节代表或随行人员，派至绿洲国家，向其强求并确保食宿的方便与赠品，同时作为购买集聚在绿洲的多种奢侈品的一个机会，且一并推销己方产品或中转交易品。而且，可以看得出，充当大官的粟特人自身也作为主体在开展贸易活动。

结　语

诚如本文所述，在像突厥汗国这样的突厥系游牧国家内，看来tarqan这

① "牙官"仅为属官之意，此处看来是指公主的"达官tarqan"。

② 《旧唐书》卷一九四下《突厥传下》，北京：中华书局，1975年，第5191页；《资治通鉴》卷二一三开元十四年(726)条，北京：中华书局，1956年，第6775页。同时参见伊濑仙太郎：《中国西域经营史研究》，东京：严南堂书店，1955年，第309—310页。

③ 单独"胡"的情况下，如森安孝夫氏所言，至少在盛唐至中唐结束期，"胡"通常为"粟特人"之意。不过，亦如森安氏所指出，并非所有"胡"均代指粟特(人、语)，尤其是在盛唐以前时期，有必要谨慎辨别"胡"的内容。见森安孝夫：《唐代における胡と仏教的世界地理》，《东洋史研究》第66卷第3号，2007年，第4—24页。

一官职是侍奉可汗的亲信官员，他们作为使节被派往外国，在政治上具备为促进对外交涉发挥重要作用的一面。但是，这些使节并非仅面向外国，在西突厥，还面向游牧国家组成成员之一的绿洲国家。

另外，此处未能详细探讨的是，绿洲国家也向可汗等，或向其他绿洲国家派遣使节①。换言之，尽管是派遣使节，与其说是以政治上的交涉为目的，毋宁认为是以贸易为目的。可见，在强大的游牧国家统治之下，游牧国家及其诸集团与绿洲国家、或绿洲国家之间交换使节，是在经济上构筑共生关系。当然，派遣使节之际，tarqan 自身也独自开展贸易活动。而且，这些 tarqan 还侍奉于可汗以外的各游牧集团顶层人物周围，他们也独自向绿洲国家派遣为数众多的使节。

看来，在突厥国家内，tarqan 构成侍奉可汗、公主与强势王族的亲信官员。粟特人在游牧国家的政治、外交、经济、文化诸方面，是一个重要的存在。频见他们身背 tarqan 之名从事活动，此不足为奇。而且，他们正是通过 tarqan 这一角色，与可汗等游牧国家的首脑或首领层，保持着相互提携关系。

引用文献略语

《图文》=唐长孺主编，中国文物研究所、新疆维吾尔自治区博物馆、武汉大学历史系编：《吐鲁番出土文书》（全 4 册），北京：文物出版社，1992—1996 年。

《文书》=国家文物局古文献研究室、新疆维吾尔自治区博物馆、武汉大学历史系编：《吐鲁番出土文书》（全 10 册），北京：文物出版社，1981—1991 年。

表 2　麹氏高昌国使节、客人一览表

游牧诸集团使节❶

	使节派遣主	所遣使者	年代	出处
	[qaγan]			
1	阿博珂寒 Apa qaγan	□振珂离振	583—587	⑤ 5/4；《图文》1, p.414

① 荒川正晴：《オアシス国家の接待事業と財政基盤》，《ユーラシアの交通・交易と唐帝国》，第 149 页。

（续表）

	使节派遣主	所遣使者	年代	出处
2	阿博珂寒 Apa qaγan	铁师居[织] **'kwcyk❺**	583—587	⑦5/1(a);《图文》1, p.415
3	贪汗珂寒-qaγan		583—587	⑦4/3(a);《图文》1, p.417; ⑩《图文》1, p.263
4	贪汗珂寒-qaγan	金师莫畔阤 **m'x βntk❻**	583—587	⑧;《图文》1, p.418
5	贪汗珂寒-qaγan	孤艮贪汗	583—587	⑩;《图文》1, p.263
6	南厢珂寒-qaγan	啣举贪汗	583—587	⑥;《图文》1, p. 414 及其他
7	南厢珂寒-qaγan	子弟	583—587	⑦4/3(a);《图文》1, p.417 及其他
8	[珂]寒-qaγan	呼典枯合振 **xwt'yn-❼**	583—587	⑦5/1(a);《图文》1, p.415
9	[ ]珂寒-qaγan	阤钵大官 tatpar tarqan 子弟	583—587	⑦5/1(a);《图文》1, p.415
10	尼利珂蜜<寒>-qaγan		603—604	⑬3/2;《图文》1, p. 455
11	恕逻珂寒-qaγan	乌都伦大官-tarqan	604—605	⑨;《图文》1, p.461
12	北厢珂寒-qaγan	吐别贪旱	604—605	⑨;《图文》1, p.461
13	[ ]珂寒-qaγan	吐屯[ ]tudun-	604—605	⑨;《图文》1, p.461
14	珂寒-qaγan	萄公主-qunčuy、提勤、大官	637	⑭;《图文》2, pp.76－78
	[qatun]			
15	延蟨珂顿-qatun		587 年前后	①1/7(a), 1/10(a);《图文》1, p.239
16	浑珂顿-qatun		587 年前后	①1/7(a), 1/10(a);《图文》1, p.239
	[tegin]			
17	贪汗提勤-tegin		583—587	⑤5/4;《图文》1, p.414

（续表）

	使节派遣主	所遣使者	年代	出　处
18	提勤 tegin 乌罗浑		583—587	⑤5/2(a);《图文》1, p.413
19	提勤 tegin 珂都虔		583—587	⑦5/1(a);《图文》1, p.415
20	提勤 tegin 婆演	乌练那	587 年前后	①1/6(a), 1/3(a);《图文》1, p.240
21	提勤 tegin 婆演	卫畔陁-**βntk**	587 年前后	①1/6(a), 1/3(a);《图文》1, p.240
	[**yabγu**]			
22	卑失虵婆护-yabγu❷		603—604	⑬;《图文》1, p.455
23	卑失移浮孤-yabγu	乌庾延-**y'n** · 伊利[ ]	604—605	⑨;《图文》1, p.461
24	移浮孤 yabγu	门头	587 年前后	②;《图文》1, p.243
	[**šad**]			
25	依提具挞 itig? šad	那[ ]	583—587	⑪⑫04/8-1; 04/1(a);《图文》1, pp.263-264
26	移桑挞 iš? šad	浮[ ]	583—587	⑦5/1(a);《图文》1, p.415
27	符离挞 böri šad	肥还大官-tarqan	637	⑭;《图文》2, p.78
28	宁受□符离挞 böri šad	阿利摩珂大官-maxa tarqan	637	⑭;《图文》2, p.78
29	居俰挞-šad		637	⑭;《图文》2, p.78
	[**tarqan**]			
30	栈头大官-tarqan❸	炎畔陁 **y'm βntk**❽	583—587	⑤5/4;《图文》1, p.414
31	栈头大官-tarqan	脾娑 **pysk**❾	583—587	⑤5/4;《图文》1, p.414
32	栈头□□大官-tarqan		583—587	⑤5/2(a);《图文》1, p.413

（续表）

	使节派遣主	所遣使者	年代	出处
	[**tudun**]			
33	栈头吐屯-tudun		583—587	⑫04/1(a);《图文》1, p.264
	[**irkin**]			
34	阿都纥❹希瑾-irkin	畔阤 **βntk**,子弟	583—587	⑥;《图文》1, p.414
35	希慬 irkin	摩[ ]	583—587	⑧;《图文》1, p.418
	[**其他**]			
36	好延枯臈振摩珂赖	金穆乌纥大官-tarqan	637	⑭;《图文》2, p.78
37	乌浑摩何先	何干	583—587	⑤5/3(a);《图文》1, p.412
38		珂摩至大官-tarqan	603—604	⑬3/6;《图文》1, p.455
39		无贺大官-tarqan	ca.621	④;《图文》1, p.368
40		时侑大官-tarqan	ca.621	④;《图文》1, p.368
41		移兵大官-tarqan	ca.621	④;《图文》1, p.368
42		□□大官-tarqan	ca.621	④;《图文》1, p.368
43		[ ]虔大官-tarqan	604—605	④;《图文》1, p.461
44		吐屯大官-tudun tarqan 别[ ]	604—605	⑨;《图文》1, p.461
45		婆演大官-tarqan 别回	604—605	⑨;《图文》1, p.461
46		栈头折枫艮	583—587	⑦4/4(a);《图文》1, p.416
47		栈头案豆遮摩何先	583—587	⑤5/2(a);《图文》1, p.413
48		栈头摩珂[ ]	583—587	⑦4/3(a);《图文》1, p.417
49		栈头浮[ ]	583—587	⑦4/3(a);《图文》1, p.417

（续表）

	使节派遣主	所遣使者	年代	出处
50		婆瓠❿吐屯 boqu tudun 牛儿浑	583—587	⑤5/3(a);《图文》1, p.413
51		婆瓠 boqu 孤时［ ］	583—587	⑤5/5(a);《图文》1, p.414
52		鸡弊零⓫苏利结个妇	583—587	⑤5/3(a);《图文》1, p.413
53		鸡弊零	583—587	⑦4/4(a);《图文》1, p.416
54		乌莫胡［ ］	583—587	4/3(a);《图文》1, p.417

注：①—⑭为本文所引用14件吐鲁番文书的序号，详见荒川正晴：《オアシス国家・遊牧国家とソグド人》，氏著《ユーラシアの交通・交易と唐帝国》，名古屋：名古屋大学出版会，2010年，第58—59页。本文序号后的数字表示所引文书原编号后半段的细号。

❶ 文书⑨亦有“供射尼［ ］”字样（60TAM329：23/1，23/2），录文见《文书》第3册，第343页；图版见《图文》第1册，第461页。该人物来自某游牧集团的使者的可能性很大。不过，全然不知其所属，故此处除外。

❷ 卑失：研究者多认为“卑失”与“波实”音通，进而将其视为波实特勤。毋庸置疑，提到“卑失（毕失、苾悉）”，会令人想起构成突厥本族的诸氏族（除阿史那、阿史德氏外，另有其他数个氏族）之一。见护雅夫：《突厥の国家と社会》，第53—54页注(31)；《突厥第一帝国におけるqaγan号の研究》，《古代トルコ民族史研究》第1卷，第279页注(5)。考虑到围绕吐鲁番的政治情势，如众多研究者所指出，该词应释作波实特勤。

❸ 栈头：关于“栈头”，有意见认为是指薛延陀。见姜伯勤：《敦煌吐鲁番文书与丝绸之路》，第111—113页；王素：《高昌史稿・交通编》，第496—498页。

❹ 阿都纥：关于“阿都纥”，王素先生解释作阿跌。见王素：《高昌史稿・交通编》，498—499页；姜伯勤先生把“阿都”视作阿跌。见姜伯勤：《敦煌吐鲁番文书与丝绸之路》，第106—107页。

❺ **'kwcyk**：Yoshida & Kageyama，“Sogdian Names in Chinese Characters”，p.305.

❻ **m'x βntk**：Yoshida & Kageyama，“Sogdian Names in Chinese Characters”，p.305.

❼ **xwt'yn-**：参见吉田丰：《ソグド語の人名を再構する》，《三省堂ぶっくれっと》第78期，1989年，第69—70页。

❽ **y'm βntk**：Yoshida & Kageyama，“Sogdian Names in Chinese Characters”，p.305.

❾ **pysk**：Yoshida & Kageyama，“Sogdian Names in Chinese Characters”，p.305.

❿ 婆瓠：有意见认为“婆瓠”为仆骨（boqu，见护雅夫：《突厥の国家と社会》，第180页）。见姜伯勤：《敦煌吐鲁番文书与丝绸之路》，第108页；王素：《高昌史稿・交通编》，第494页。权从此说。

⓫ 鸡弊零：有意见认为“鸡弊零”为契必（契弊）。见姜伯勤：《敦煌吐鲁番文书与丝绸之路》，第109—110页；王素：《高昌史稿・交通编》，第495—496页。

汉客人

	客　　人	年　代	出　　处
1	汉客，张小憙	637	⑭;《图文》2, p.77

绿洲国家使节、客人

	使节派遣主	所遣使者、客人	年代	出　　处
1	何国王儿	奚[　　]	587年前后	①1/2(a);《图文》1, p.238
2	亜吴⑫(伊吾)吐屯 tudun	由旦	583年前后	①1/2(a);《图文》1, p.238
	吐屯拙 tudun šad		604—605	⑨;《图文》1, p.461
3	焉耆国	射卑⑬妇儿	637	⑭;《图文》2, pp.77–78
4		客胡	ca.622	③;《图文》1, p.377

⑫ 亜吴："亜吴"为伊吾，参见王素：《〈吐鲁番出土文书〉前三册评介》，《中国史研究》1983年第2期，第161页；《高昌史稿·交通编》，第487—488页。

⑬ 射卑：又见"射脾俟斤"，见《新唐书》卷二一八《沙陀传》，北京：中华书局，1975年，第6154页。

〔原载荣新江、罗丰主编：《粟特人在中国：考古发现与出土文献的新印证(上册)》，《宁夏文物考古研究所丛刊之三十一》(第二届丝绸之路国际学术研讨会——"粟特人在中国：考古发现与出土文献的新印证"国际学术研讨会论文集)，北京：科学出版社，2016年，第13—23页。〕

长沙吴简中的《叩头死罪白》文书木牍

伊藤敏雄(大阪教育大学)

本文研究对象是长沙吴简中的《叩头死罪白》文书木牍(暂定名),在关注其编缀痕与编缀用空格的同时,对其特征与功用进行考察。

据汪力工介绍,长沙吴简中包含木牍 165 枚[①]。其中如《长沙走马楼 J22 发掘简报》[②](以下,简称《发掘简报》)、《长沙走马楼二十二号井发掘报告》[③](以下,简称《发掘报告》),例 15(J22 - 2695,后引[木牍 1])与例 16(J22 - 2540,后引[木牍 3]),以及散见包括如下文句:开头部分,在官职名、姓名之后以"叩头死罪白"开始,存在"被……敕"的文言,文末以"诚惶诚恐,叩头死罪死罪"结句,木牍末尾以日期与"白"结句(暂定名《叩头死罪白》文书木牍[④])。

诚如高村武幸等所指出,"叩头死罪"是亦见于居延汉简的上行文书的常用句[⑤],其后的"白"亦属上行文书之文言,王素归为"关白"类上行文书[⑥]。后来,高村武幸指出其接近于"公文书的书信"格式[⑦]。这类文书木牍,据笔者所见现阶段能确认 11 例[⑧]。其中,关于《发掘简报》《发掘报告》

---

① 汪力工:《略谈长沙三国吴简的清理与保护》,《中国文物报》第 1072 期,2002 年 12 月 13 日第 8 版。

② 长沙市文物工作队、长沙市文物考古研究所:《长沙走马楼 J22 发掘简报》,《文物》1999 年第 5 期,第 4—25 页。

③ 《长沙走马楼二十二号井发掘报告》,长沙市文物考古研究所、中国文物研究所、北京大学历史学系、走马楼简牍整理组编:《长沙走马楼三国吴简嘉禾吏民田家莂(上)》,北京:文物出版社,1999 年,第 1—60 页。

④ 伊藤敏雄:《长沙吴简中の"叩头死罪白"文书木牍小考—文书木牍と竹简との编缀を中心に—》,《历史研究》(大阪教育大学)第 51 号,2014 年,第 29—48 页。

⑤ 高村武幸:《长沙走马楼吴简にみえる乡》,日本长沙吴简研究会编:《长沙吴简研究报告》第 2 集,2004 年,第 24—38 页。

⑥ 王素:《长沙走马楼三国孙吴简牍三文书新探》,《文物》1999 年第 9 期,第 43—50 页。

⑦ 高村武幸:《汉代文书行政における书信の位置付け》,《东洋学报》第 91 卷第 1 号,2009 年,第 1—33 页。高村武幸:《秦汉时代の牍について》,《人文论丛》(三重大学人文学部文化学科)第 30 号,2013 年,第 57—71 页。

⑧ 另有 2000 年 5 月参观长沙市博物馆时所见木牍 1 枚(参见伊藤敏雄:《长沙走马楼简牍调查见闻记》,长沙吴简研究会编:《嘉禾吏民田家莂研究——长沙吴简研究报告》第 1 集,长沙吴简研究会,2001 年,第 94—109 页),因释读不正确,此处除外。

的例15与例16，已有胡平生与王素等系统研究[①]。不过，上述研究以个别木牍的言文的异同与语句、内容解释等为主，并未就木牍自体的特征与文书行政上的功能进行探讨，亦未关注到编缀痕与编缀用空格[②]。最近，王彬并不限于单体木牍，就与例16相关的四枚木牍的内容与关联进行了论证[③]，不过，仍未对木牍的自体特征与文书行政上的功能进行讨论。

本稿在伊藤敏雄旧稿的基础上[④]，对11例《叩头死罪白》文书木牍进行整理，并考察其特征与功能，探讨长沙文书行政实际情况。

一、私学出庭讯问案件的《叩头死罪白》文书木牍

较早为学界所知、且研究较深的木牍为下列［木牍1］[⑤]。有关［木牍1］，研究者已多有研究，如《发掘简报》介绍其为官府文书，胡平生作为案查文书进行了详细探讨[⑥]，王素定名为《劝农掾番琬白为吏陈晶举番倚为私学事》并进行了探讨[⑦]。

［**木牍1**］《发掘简报》《发掘报告》例15（J22-2695），长23.6厘米，宽6厘米，厚0.7厘米。

---

① 胡平生：《长沙走马楼三国孙吴简牍三文书考证》，《文物》1999年第5期，第45—52页；王素：《长沙走马楼三国孙吴简牍三文书新探》，《文物》1999年第9期，第43—50页。

② 另关于末尾有文言"破莂保据"的《发掘简报》《发掘报告》例8、例9，因存在编缀痕，侯旭东认为这些木牍与其他简相编缀，充当册书的簿书，木牍为簿书"首枚简"，木牍为簿书组成部分（侯旭东：《三国吴简两文书初探》，《历史研究》2001年第4期，第172—174页）。关于《叩头死罪白》木牍文书的编缀问题，伊藤敏雄与关尾史郎曾论及（伊藤敏雄：《长沙吴简中の生口卖买と"估钱"征收をめぐって—"白"文书木牍の一例として—》，《历史研究》〔大阪教育大学〕第50号，2013年，第97—128页。关尾史郎：《"吴嘉禾六年（237）四月都市史唐玉白收送中外估具钱事"试释》，《东洋学报》第95卷第1号，2013年，第33—57页）。伊藤敏雄所指摘内容，承蒙2012年6月17日在木简交流会（奈良大学）作报告时，角谷常子女士赐教存在与竹简一同编缀的可能性。

③ 王彬：《吴简许迪割米案相关文书所见孙吴临湘侯国的司法运作》，《文史》2014年第2辑，第73—91页。

④ 伊藤敏雄：《长沙吴简中の生口卖买と"估钱"征收をめぐって—"白"文书木膜の一例として—》，第97—128页；伊藤敏雄：《长沙吴简中の"叩头死罪白"文书木牍小考——文书木牍と竹简との编缀を中心に》，第29—48页。

⑤ 下面的释文，除先行研究之外，还根据图版与实地考察结果，对释文原文略作修正。因篇幅原因，论证所需者除外，文字校勘省略。另黑体字表示草书判词，"丨"符号表示编缀用空格。

⑥ 胡平生：《长沙走马楼三国孙吴简牍三文书考证》，第45—52页。

⑦ 王素：《长沙走马楼三国孙吴简牍三文书新探》，第43—50页。

1 南乡劝农掾番琬叩头死罪白。被曹敕,发遣吏陈晶所举私学番

2 倚诣廷言。案文书,倚一名文,文父广奏辞,本乡正户民,不为遗脱。辄

3 操黄簿审实,不应为私学。乞曹列言府。琬诚惶诚恐,叩头死罪

4 死罪。 诣 功 曹

5 十二月十五日庚午白

上引[木牍1]为南乡劝农掾的番琬上给功曹的上行文书,此点已经明了。其内容是:番琬接受功曹命令,让吏陈晶检举的私学(庇护民)番倚出庭[①],接受审问。并把审问结果——番倚是南乡正户,并非私学一事报告给功曹,并请求向郡府报告[②]。

类似内容的木牍还有[木牍2]。王素、宋少华以《劝农掾黄原白为索簟为私学文书》(柒-总54116[2])进行了介绍[③],但未刊于《长沙走马楼三国吴简·竹简〔柒〕》[④]。2014年3月在长沙简牍博物馆阅览时的编号为87690。

[木牍2] 柒-总54116[2](《王素、宋少华2009》[⑤]),简牍博物馆整理编号87690,长24.7厘米,宽3.4厘米,厚0.9厘米。

1 广成乡劝农掾黄原叩头死罪白。被曹敕,摄录私学索簟诣廷言。案文书,簟

2 名专,与州卒潘止同居共户,本乡领民,不应给私学。愿乞列言。原诚惶诚恐叩

---

① 王素、宋少华认为是请求允许私学一事(王素:《长沙走马楼三国孙吴简牍三文书新探》,第43—50页;王素、宋少华:《长沙走马楼三国吴简的新材料与旧问题——以邸阁、许迪案、私学身份为中心》,《中华文史论丛》2009年第1期,第1—26页)。然与[木牍2]一同考虑的话,应是检举谎称私学者,让其出庭。

② 参见胡平生:《长沙走马楼三国孙吴简牍三文书考证》,第45—52页;王素:《长沙走马楼三国孙吴简牍三文书新探》,第43—50页;王素、宋少华:《长沙走马楼三国吴简的新材料与旧问题——以邸阁、许迪案、私学身份为中心》,第1—26页;富谷至:《3世纪から4世纪にかけての书写材料の变迁——楼兰出土文字资料を中心に》,富谷至编:《流沙出土の文字资料 楼兰·尼雅文书を中心に》,京都大学学术出版会,2001年,第520页;[富]高村武幸:《长沙走马楼吴简にみえる乡》,第24—38页。

③ 王素、宋少华:《长沙走马楼三国吴简的新材料与旧问题——以邸阁、许迪案、私学身份为中心》,第1—26页。

④ 长沙简牍博物馆、中国文化遗产研究院、北京大学历史学系、故宫研究院古文献研究所编:《长沙走马楼三国吴简·竹简〔柒〕(上)(中)(下)》,北京:文物出版社,2013年。

⑤ 王素、宋少华:《长沙走马楼三国吴简的新材料与旧问题——以邸阁、许迪案、私学身份为中心》,第1—26页。

3 头死罪。

(后欠)

与[木牍1]相同,[木牍2]是上行文书。其内容是：广成乡劝农掾的黄原接受曹(功曹?)命令,让私学索箪出庭接受审问。并就审问结果——索箪是广成乡领民,并非私学一事进行报告,并请求向郡府报告。因后部断裂,收件人“诣~”与日期不明,应与[木牍1]相同,收件人是功曹。

笔者就[木牍1],在《发掘简报》与《湖南省出土古代文物展・古代中国の文字と至宝》图版上确认到2条编缀痕①,就[木牍2],在长沙简牍博物馆阅览时,确认到2条编缀痕。

二、许迪割米案件《叩头死罪白》文书木牍

与[木牍1]相同,较早为学界所知的是[木牍3]许迪割米案件。有关[木牍3],研究者已多有研究,如《发掘简报》介绍其为官府文书,胡平生作为考实文书进行了详细探讨②,王素定名为“录事掾潘琬白为考实吏许迪割用余米事”并进行了探讨③。

[木牍3]《发掘简报》《发掘报告》例16(J22-2540)(暂定名“许迪案件1”),长25.2厘米,宽9.6厘米,厚0.6厘米。

1 录事掾潘琬叩头死罪白。过四年十一月七日被督邮敕,考实吏许迪。辄与核事吏赵谭

2 [都]典掾烝若、主者史李珠前后穷核考问。迪辞,卖官余盐四百廿六斛一斗九升八合四勺,逼米

3 [二]千五百六十一斛六斗九升,已二千四百卌九斛一升付仓吏邓隆、谷荣等,余米一百一十二斛六斗八升,迪割

4 [用]饮食,不见为禀直。事所觉后,迪以四年六月一日偷入所割用米毕,付仓吏黄瑛[等]。

5 [前]录见都尉,知罪深,重诣言不割用米。重复实核迪,故下辞服,割

① 每日新闻社、(财)每日书道会编,西林昭一总合监修:《湖南省出土古代文物展・古代中国の文字と至宝》,每日新闻社、(财)每日书道会,2004年,第95页。

② 胡平生:《长沙走马楼三国孙吴简牍三文书考证》,第45—52页。

③ 王素:《长沙走马楼三国孙吴简牍三文书新探》,第43—50页。

用米审。前后榜押迪凡百(?)

6 日,不加五毒。据以迪□□(事?)服辞结罪,不枉考迪。乞曹重列言府。傅前解,谨下启。琬诚

7 惶诚恐,叩头死罪死罪。

8 若 二月十九日戊戌白

就[木牍3]而言,收件人“诣—”并未被记录。不过,第6行可见“乞曹重列言府”一文,可见是录事掾潘琬上给曹(功曹)的上行文书。其内容是:嘉禾四年(235)十一月七日接受督邮之命,审问吏许迪,并把其结果在嘉禾五年(236)二月十九日进行报告。具体而言,首先介绍潘琬与核事吏赵谭、都典掾烝若[①]、主者史李珠共同审讯,得知许迪出售官余盐[②]426斛1斗9升8合4勺,换得米2561斛6斗9升,其中的2449斛1升缴纳给仓吏邓隆等,其余的米112斛6斗8升,迪自己贪污充作饮食,被发觉之后迪在嘉禾四年六月一日暗中把偷得的米返还给仓吏黄瑛等,见到都尉(军粮都尉?)得知罪重,但声言未贪米,之后记录经反复核实,迪供述认罪,贪污米为事实。其次,记录榜押(包括拷问等审讯)迪,约百日,不给五毒,因迪认罪而定罪,并未对迪进行非法审问,以及审讯的合理性。接下来记录到恳求曹(功曹)再三上报给府,并附“前解”进行报告。对此报告,长官(临湘侯相)[③]下判断为“诺”[④]。

① 《发掘简报》以来,一直释读作“部典掾烝若”,《长沙走马楼三国吴简·竹简〔壹〕》《长沙走马楼三国吴简·竹简〔肆〕》不见“部典掾”之名,宋少华编《湖南长沙三国吴简(四)》(重庆出版社,2010年)第29页记有“都典掾烝若”,故为“都典掾烝若”。

② 此余盐,据后文[木牍4]“前列薄言郡,但列得米二千四百册九斛一升”一文,可知是郡盐。

③ 王素认为是郡守(王素:《长沙走马楼三国孙吴简牍三文书新探》,第43—50页)。但是,《发掘报告》黑白版六-2〔J22(3)2634〕如下:

1. 铁釜一口　缯一张
2. 铁历(鬲)一口
此(?)物已出(?)当入当白还之
3. 铜炉一口
4. 铜马镀一口?右吏张惕家物五种见右库　六月廿一日库吏般连白。

因为关于县库物品补写判词,笔者认为长官是临湘侯相。

④ 参见胡平生:《长沙走马楼三国孙吴简牍三文书考证》,第45—52页;王素:《长沙走马楼三国孙吴简牍三文书新探》,第43—50页;侯旭东:《三国吴简两文书初探》,第172—174页;王子今:《走马楼许迪割事文牍释读商榷》,《郑州大学学报》2001年第4期,第109—111页;胡平生、李天虹:《长江流域出土简牍与研究》,武汉:湖北教育出版社,2004年,第607—611页;徐世虹:《对两件简牍法律文书的补考》,中国政法大学法律古籍整理研究所编:《中国古代法律文献研究》第2辑,北京:中国政法大学出版社,2004年,第86—104页;王素、宋少华:(转下页)

关于许迪割米的木牍，除［木牍3］以外，现阶段还能确认到以下三枚。［木牍4］是长沙简牍博物馆2008年以来进行展示的木牍，笔者曾做过尝试性解读，王彬介绍了详细的释文[1]。［木牍5］2000年在长沙市平和堂五楼展览室曾被展示（是否为实物不明），展柜内介绍作《处理官吏涉嫌贪污盐米的司法文书木牍》[2]，胡平生、李天虹作司法文书[3]，王素、宋少华按《中贼曹掾陈旷白为考实大男许迪割食盐贾米事》介绍了释文[4]。至于［木牍6］，刘涛首次进行介绍，刊出了部分释文与很小的图版[5]，宋少华编《湖南长沙三国吴简（三）》29页刊出了彩色图版与释文[6]。

［木牍4］长沙简牍博物馆展示木牍（J22-250121，暂定名许迪案件2，此处修正伊藤敏雄：《长沙吴简中の生口卖买と“估钱”征收をめぐって-“白”文书木牍の一例として一》暂定名）。

1 [录]事掾潘琬死罪白。被敕，重｜考实吏许迪坐割盗盐｜米意，状言。案文书，重[实]

2 [核]。迪辞，卖余盐四百廿六斛｜一斗九升八合四勺得米二千[五]｜百六十一斛六斗九升，前列[簿]

3 [言]郡，但列得米二千四百册｜九斛一升。余米一百一十二斛[六]｜斗八升迪割用饮食。前□（[见]？）

4 [都]（？）尉虚言用备[擿][米]，□｜实割用米。审实。谨列｜[迪]辞，状如牒。乞曹列言[府]。

5 [琬]诚恐叩头，死罪[死][罪]

6 ｜[诣]？金曹

7 ｜三月廿八日[白]

看来，［木牍3］报告之后，事情没有结果，有关许迪割米案件审查的往

（接上页）《长沙走马楼三国吴简的新材料与旧问题——以邸阁、许迪案、私学身份为中心》，第1—26页；王彬：《吴简许迪割米案相关文书所见孙吴临湘侯国的司法运作》，《文史》2014年第2辑，第73—91页；籾山明：《中国古代诉讼制度の研究》，京都大学学术出版会，2006年，第97—99页。

① 王彬：《吴简许迪割米案相关文书所见孙吴临湘侯国的司法运作》，第73—91页。

② 伊藤敏雄：《长沙走马楼简牍调查见闻记》，第94—109页。

③ 胡平生、李天虹：《长江流域出土简牍与研究》，武汉：湖北教育出版社，2004年，第607—611页。

④ 王素、宋少华：《长沙走马楼三国吴简的新材料与旧问题——以邸阁、许迪案、私学身份为中心》，第1—26页。

⑤ 刘涛：《中国书法史　魏晋南北朝卷》，南京：江苏教育出版社，2002年，第67页。

⑥ 宋少华编：《湖南长沙三国吴简（三）》（中国简牍书法系列），重庆出版社，2010年，第29页。

来文书继续存在。[木牍4]是录事掾潘琬上给金曹的上行文书，是接受金曹之命，再次审讯吏许迪后，将其结果于嘉禾五年(236)三月二十八日进行的报告。记录的内容是：潘琬再次审讯时，许迪供词言，出售余盐换得米后，付簿报郡，只得米2449斛1升，其余为许迪贪污充当饮食，但见到都尉(军粮都尉?)时谎言其余米充作擿米，实际情况是自己贪米，因此记作贪污属实。之后，再恳求列上许迪之辞，如牒报告，请曹(金曹)上报府上[①]。

[木牍5]《王素、宋少华2009》[②]第10页(J22－2673[③])(暂定名许迪案件3，此处修正拙稿2013年暂定名)，长24.9厘米，宽7.9厘米，厚0.5厘米。

1　中贼曹掾陈旷叩头死罪白。[被]|[曹]敕，[考]实大男许迪。知[断][用]|所卖官盐贾米一百一十二斛六[斗]

2　[八]升与不言。案文书，被敕，辄考|问。迪辞，所领盐贾米一百一十|二斛六斗八升，迪自散用饮食尽。

3　[县]前结迪斩罪，惧怖罪重，反|辞，虚言以米雇擿，令弟冰持|萆归家改定。迪手下辞，不以米

4　[雇]擿自割食米。审实。谨列|见辞，状如牒。请以辞付本曹，|据科治罪。谨下启白。旷诚惶诚

5　恐，叩头死罪死罪。

6　**若**　　　　　　　　　　|四月廿一日白

[木牍5]第5行与第6行间的收件人部分"诣—"原本不存在，抑或是文字业已消失。据其内容考虑，应是嘉禾五年(236)四月二十一日中贼曹掾陈旷上给功曹的上行文书[④]。内容是：陈旷受曹(功曹)之命令，审问许迪。

---

① 参见王彬：《吴简许迪割米案相关文书所见孙吴临湘侯国的司法运作》，第73—91页；徐畅：《走马楼吴简竹木牍的刊布及相关研究述评》，魏晋南北朝史研究的新探索——魏晋南北朝史学会第十一届年会暨国际学术研讨会报告(北京市)，2014年；第7行"三月廿八日"，笔者曾为"十一月廿八日"或"四月廿八日"。又徐畅作"十一月廿八日"现在因为不能断定，在此从王彬。

② 王素、宋少华：《长沙走马楼三国吴简的新材料与旧问题——以邸阁、许迪案、私学身份为中心》，第1—26页。

③ 笔者2014年3月在长沙市文物考古研究所阅览本木牍时，确认了编号。

④ 王彬、徐畅作"上给中贼曹的文书"〔王彬：《吴简许迪割米案相关文书所见孙吴临湘侯国的司法运作》，第73—91页；徐畅：《走马楼吴简竹木牍的刊布及相关研究述评》〕。但是"掾"为"曹"长(严耕望：《中国地方行政制度史》上编卷上《秦汉地方行政制度》，"中央研究院历史语言研究所"，1961年，第113页；中山茂：《汉代の掾史》，《史林》第81卷第4号，第67—100页)。因为中贼曹掾为中贼曹的长，所以不能作"上给中贼曹的文书"。笔者认为是"上给功曹的文书。"

许迪供述，贪污盐贾米112斛6斗8升充当饮食，因县断为斩罪，深恐罪重，故翻供诈称[①]雇擿米，并使其弟冰持萆(莂)回家篡改，并供述迪的部下亦未雇擿米，而是自己贪污米充作食粮，故定为贪污属实，决定列“见(现)辞”如牒报告，并附“辞”给本曹(中贼曹)，请求允许据科定罪。对此报告，长官(临湘侯相)下判断为“诺”[②]。

[木牍6] 宋少华编《湖南长沙三国吴简(三)》[③]第29页(J22－2539[④])(暂定名许迪案件4)，长25.1厘米，宽8.9厘米，厚0.5厘米。

1 录事掾潘琬死罪白。关启应，户(功?)曹召坐大男许迪，见督军支辞言，不

2 □(饮?)食所领盐贾米一百一十二斛六斗八升。郡曹启府君，执鞭核事掾

3 陈旷一百，杖琬卅。敕令更五毒考迪。请敕，旷及主者掾石彭考实

4 迪，务得事实。琬死罪死罪

5 **然考人当如官法不得妄加毒痛**

6 五月七日壬申　白

[木牍6]无收件人“诣～”部分，第3行有“请敕”，看来是请求长官临湘侯相命令之文，相当于开头“叩头死罪”部分为“死罪”，文末“诚惶诚恐，叩头死罪死罪”部分为“死罪死罪”。样式呈简略化，现尚不明其理由。其内容是：因许迪见督军时翻供否认贪污盐贾米，郡曹向府君(郡守)报告，并允许核事掾陈旷实施鞭打一百，与琬实施仗打三十。然仍未供述，故希望下达命令允许另加五毒审问许迪，请求陈旷与主者掾石彭一同审问许迪，弄清实情。不过，长官(临湘侯相)断定审讯罪人应按官法，不能妄加毒痛，未允许施加

---

① 关于第3行“反辞”，平和堂展示柜作“反辞”(伊藤敏雄：《长沙走马楼简牍调查见闻记》，第94—109页)。胡平生、李天虹作“及辞”(胡平生、李天虹：《长江流域出土简牍与研究》，第607—611页)。王素、宋少华、王彬作“又辞”(王素、宋少华：《长沙走马楼三国吴简的新材料与旧问题——以邸阁、许迪案、私学身份为中心》，第1—26页；王彬：《吴简许迪割米案相关文书所见孙吴临湘侯国的司法运作》，第73—91页)。据2000年的参观结果与《湖湘简牍书法选集》《湖南出土简牍选编》图版(张春龙、宋少华、郑曙斌主编：《湖湘简牍书法选集》，长沙：湖南美术出版社，2012年，第278页；郑曙斌、张春龙、宋少华、黄朴华编：《湖南出土简牍选编》，长沙：岳麓书社，2013年，第358页)。笔者作“反辞”。

② 王彬：《吴简许迪割米案相关文书所见孙吴临湘侯国的司法运作》，第73—91页。

③ 宋少华：《湖南长沙三国吴简(三)》，第29页。

④ 笔者2014年3月在长沙市文物考古研究所阅览本木牍时，确认了编号。

五毒[①]。

关于[木牍 3],笔者在《发掘简报》与《湖南省出土古代文物展古代中国の文字と至宝》图版上确认到 2 条编缀痕。[木牍 4],则在 2009 年 9 月参观长沙简牍博物馆时注意到存在 2 条编缀用空格,2014 年 3 月在同一博物馆参观时确认到与 2 条编缀用空格并存的刻线。关于[木牍 5],在《发掘简报》第 17 页刊载的图板上能够确认到 2 条编缀用空格。进言之,据《湖湘简牍书法选集》第 278 页、《湖南出土简牍选编》简 44 彩色图版[②],可确认到 2 条编缀用空格与刻线。另笔者 2014 年 3 月在长沙市文物考古研究所阅览本木牍时,确认了 2 条编缀用空格与刻线。关于[木牍 6],据宋少华《湖南长沙三国吴简(三)》第 29 页图版[③],以及笔者 2014 年 3 月在长沙简牍博物馆的实地调查,能确认到 2 条编缀痕,其编缀痕之上可见草书体墨书判语文字,据此可知是解开编缀后写上了判语。

笔者在[木牍 1][木牍 2]上确认到 2 条编缀痕,而在[木牍 3][木牍 6]上亦确认到 2 条编缀痕,在[木牍 4][木牍 5]上确认到 2 条编缀用空格与刻线。这些编缀痕与编缀用空格和刻线代表何意?另有无 2 条编缀用空格与刻线意味什么?关于此点,如《伊藤敏雄 2013》《伊藤敏雄 2014》所考察,《竹简〔肆〕》中可见到木牍被当作竹简编缀的事例。下文与《伊藤敏雄 2013》《伊藤敏雄 2014》部分重复,因论证所需,此处整理如下。

三、有关生口买卖与"估钱"征收的《叩头死罪白》文书木牍

《长沙走马楼三国吴简·竹简〔肆〕》[④](以下,简称《竹简〔肆〕》)刊有 4 枚《叩头死罪白》文书木牍。首先,作为被当作竹简编缀的木牍,可举出有关

---

① 参见王彬:《吴简许迪割米案相关文书所见孙吴临湘侯国的司法运作》,第 73—91 页;另[木牍 6]中,相当于"被……敕"的部分欠缺。据内容考虑,并非接受命令后作的报告,而是自主作报告并请示命令。第 1 行"户(功?)曹",释文原文作"户曹",据实地调查结果有为"功曹"的可能性。

② 张春龙、宋少华、郑曙斌主编:《湖湘简牍书法选集》,第 278 页;郑曙斌、张春龙、宋少华、黄朴华编:《湖南出土简牍选编》,第 358 页。

③ 宋少华编:《湖南长沙三国吴简(三)》,重庆:重庆出版社,2010 年,第 29 页。

④ 长沙简牍博物馆、中国文化遗产研究院、北京大学历史学系、走马楼简牍整理组编:《长沙走马楼三国吴简·竹简〔肆〕(上、中、下)》,北京:文物出版社,2011 年。

生口买卖与“估钱”征收的文书木牍如下[①]。

[**木牍7**] 肆·1763(1)，长24.8厘米，宽9.4厘米，厚1.2厘米。

1 都市史唐王叩头死罪｜白。被曹敕，条列起嘉禾六｜年正月一日讫三月卅日吏民所

2 私卖买生口者、收责估｜钱言。案文书，辄部会｜郭客料实。今客辞，男子

3 唐调、雷逆、郡吏张桥各｜私买生口，合三人，直钱十九｜万，收中外估具钱一万九千。谨

4 列言，尽力部客收责，逆、｜调等钱，传送诣库。复言。｜王诚惶诚恐，叩头死罪死罪。

5 ｜诣　金　曹

6 ｜四月七日白

如《伊藤敏雄2013》中所考察，木牍内容是：都市史唐王受金曹命令，列条归纳自嘉禾六年(237)正月一日至三月三〇日为止的吏民私人生口(奴隶)买卖及与其相应征收的“估钱”(交易税)情况，并在嘉禾六年四月七日向金曹所做的报告文书。其报告内容是：接受金曹命令后，指使部会(其部下，即官营中间商吏)郭客调查数量，郭客上报男子唐调、雷逆与郡吏张桥各自出售私人生口，三人合计共一九万钱，作为“中外估具钱”(交易税)征收了一成一万九千钱，竭尽全力指使部(“部会”之略)郭客征收，并把雷逆、唐调等人的“中外估具钱”运至库[②]。图板上能确认到2条编缀用空格，2014年8月在长沙简牍博物馆阅览时亦确认到2条刻线。

据《竹简〔肆〕》，[木牍7]与竹简肆·1718—1763一同出土，其中包含与[木牍7]内容相关的以下竹简(竹简编缀用空格或编缀痕以“｜”表示。[竹简7-7]据推测补充)。

[竹简7-1]　都市史唐王谨列起嘉禾｜六年正月讫三月卅日受吏｜

① 第4行“逆、调”，释文原文作“送调”，此据实地调查结果和凌文超论文更正(凌文超：《走马楼吴简中的所见的生口买卖——兼谈魏晋封建论之奴客相混》，《史学集刊》2014年第4期，第73—81页)。

② 亦请一并参见关尾史郎：《“吴嘉禾六年(237)四月都市史唐玉白收送中外估具钱事”试释》，第33—57页；熊曲：《论长沙走马楼吴简中“生口”及相关问题》，中国文化遗产研究院编：《出土文献研究(第十二辑)》，上海：中西书局，2013年，第327—339页；凌文超：《走马楼吴简中的所见的生口买卖——兼谈魏晋封建论之奴客相混》，第73—81页。

民买卖生口者收责估钱簿(?)　　(肆・1758)
[竹简 7-2]　□士文钱卖女生口阳｜直钱八万嘉禾六年正月廿｜□日贷(?)男子唐调收中外　　(肆・1759)
[竹简 7-3]　做具钱八千　｜　｜　(肆・1760)
[竹简 7-4]　大女依汝卖女生口叶直｜钱六万嘉禾六年正月廿日｜贷男子雷逆收中外做　　(肆・1761)
[竹简 7-5]　具钱[六]千　｜　｜　(肆・1762)
[竹简 7-6]　大女刘佃卖男生口得直｜钱五万嘉禾六年三月廿八日｜贷(?)郡吏张桥(?)收中外做　　(肆・1763)
[竹简 7-7]　〔具钱五千〕　　(不明・推测)

以上竹简包括两部分：第一部分表题简([竹简 7-1]),是都市史唐王按条上奏自嘉禾六年正月至三月三十日为止受理的、进行生口买卖的吏民及与其相应征收的"估钱"簿(?);第二部分是关于生口买卖与"估钱"征收的账簿本文简([竹简 7-2]以下),是[木牍 7]所言按条列出的内容。另《竹简〔肆〕》刊载的《揭剥位置示意图(图八)》上,[竹简 7-1]至[竹简 7-6]靠近[木牍 7]背面,按从左至右顺序排列。因此,可认为[木牍 7]与[竹简 7-1]至[竹简 7-7]等一起编缀,[木牍 7]是上行文书,同时当作竹简编缀,兼具书状之性质。鉴于后面介绍的[木牍 9]有"谨列人名口食年纪,右别为簿如牒"之文,即木牍右侧(前)附有人名口食年纪簿,[木牍 7]右侧(前)附有[竹简 7-1]至[竹简 7-7]等竹简账簿的可能性很大。

关于居延汉简,永田英正介绍了簿籍与书状成套的事例,即书状附于簿籍之后的《永元五年(93)兵釜硙簿》(简番号 128・1,出土时呈编缀状态),以及书状附于簿籍之前的《橐他莫当燧守御器簿》(简编号 EJT37・1537~1558,发现时呈散状,后排列复原)①。相反,冨谷至重视前者以编缀状态出土,主张后者的书状(送达文言简)等属于册书最后部分②。看来,居延汉简的情况是书状位于簿籍之后,故关于[木牍 7],可认为其右侧(前)附有竹简簿籍。据此可认为,[竹简 7-1]为表题简,之后编缀有账簿本文简[竹简 7-2]至[竹简 7-7]([竹简 7-7]所在不明),接下来编缀有[木牍 7]。另

① 永田英正:《居延汉简の研究》,京都:同朋舍,1989 年,第 330—339 页。
② 冨谷至:《秦汉刑罚制度の研究》,京都:同朋舍,1998 年,第 7—10 页。

还可认为，[木牍7]之前编缀有统计简等，但因编缀散开后，与[竹简7-7]一同脱落消失了。

四、关于借贷种粮的《叩头死罪白》文书木牍

接下来，笔者就关于借贷种粮的《叩头死罪白》文书木牍与竹简进行整理与探讨。该文书木牍如下（第3行“仓曹”释文原文作“金曹”，此据图版更正）。

[**木牍8**] 肆·3904(1)，长24.5厘米，宽7.5厘米，厚0.89厘米。

1 从掾位刘钦叩头死罪白。|谨达所出二年税禾给|贷民为三年种粮，谨罗列

2 人名为簿如牒。请以付曹拘|校。钦惶怖，叩头死罪死罪。|

3 |诣　仓　曹

4 |八月四日白

该[木牍8]呈《叩头死罪白》文书木牍体例，但欠缺“被—敕”部分，文末为“惶怖，叩头死罪死罪”。其内容是：从掾位刘钦报告言二年（嘉禾二年）出税禾借贷给民充当三年（嘉禾三年）用种粮，并罗列借入人名成簿提出。该文书事关借贷种粮，看来是日常业务，“被—敕”部分存在省略的可能性。在图版上可确认到2条编缀用空格与编缀痕，2014年3月阅览时也确认到刻线。第1—2行写有“谨罗列人名为簿如牒”，故可认为是编缀罗列人名的账簿进行报告。

据《竹简〔肆〕》，与[木牍7]一同出土的肆·3894—3904中，可见如下竹简。

[竹简8-1] □男子诵成三斛 |男子诵十五斛 (肆·3894)

【注】“十五”前或脱人名。

[竹简8-2] 男子□恒卌二斛|男子潭山六斛 |男子潭𩾃十斛 (肆·3896)

[竹简8-3] 男子诵喜三斛五斗 |男子王虑(?)□斛 |吏潭□十五斛 (肆·3897)

[竹简8-4]男子区既九斛八斗 | |
(肆·3898)

[竹简8-5] ·右十六人乞贷种粮|禾二百七十六斛七斗|帅 刘 租 主 (肆·3895)

[竹简8-6] ……粢米四斛□斗给为藏粢…… (肆·3901)

[竹简8-7] ……|禾十二斛六斗给为佃|粮 [帅]□ □
(肆·3902)

其中,[竹简8-1]至[竹简8-4]列有人名与谷物量,与[木牍8]罗列人名成簿的记录相符。[竹简8-5]是统计简,记有人数与请求借贷种粮之合计,故[竹简8-1]至[竹简8-4]属于正文简的可能性很大。另《竹简〔肆〕》刊载的"揭剥位置示意图(图十七)"中,[竹简8-1]至[竹简8-5]虽略远于[木牍8],但属于一个整体。

属于统计简的[竹简8-5]记有"十六人",[竹简8-2][竹简8-3]各记作三人,可认定[竹简8-1]亦原本记有三人,故[竹简8-4]为一人,属于[竹简8-5]之前,[竹简8-3]之后之简。因[竹简8-1]至[竹简8-4]的四简共九人,故可推定,记有六人的两枚正文简与表题简失踪。据此可推定,最初在[木牍8]之前编缀有表题简与正文简六枚(包括[竹简8-1]至[竹简8-4]四枚),以及[竹简8-5]的统计简①。

类似于[竹简8-5]的统计简,除与[木牍8]一同出土的竹简之外,还可见如下竹简。

[竹简8-8] □ ·右一人乞[贷]种[粮]|禾合二百五十九斛一斗给为藏粢|帅 廖 鄱☐ (肆·3885)

[竹简8-9] ……[贷]种粢|禾合廿七斛五斗给为佃粮|帅 章 仲 主 (肆·3893)

关于借贷种粮的供给对象,[竹简8-7]作"帅",统计简[竹简8-8]作"为藏粢帅",被认为是统计简的[竹简8-9]作"为佃粮帅",[竹简8-6]中对象亦作"为藏粢……",[竹简8-7]作"为佃粮[帅]",故可认为[竹简

① 伊藤敏雄:《长沙吴简中の生口卖买と"估钱"征收をめぐって—"白"文书木牍の一例として—》;关尾史郎:《"吴嘉禾六年(二三七)四月都市史唐玉白收送中外估具钱事"试释》,第33—57页。

8－6］［竹简8－7］亦是统计简。

根据上面给出的种粮借贷统计简情况，可认为，该统计简以统计简常用句“·右”开写，并标记人数与请求借贷种粮额，再标上“帅”“为藏粻帅”“为佃粮帅”等接收方责任者、姓名并记录支给情况，以及接收方责任者担负责任（“主”）。如此，因［竹简8－6］和［竹简8－7］包含于与［木牍8］一同出土的竹简之内，故除上述与［竹简8－1］～［竹简8－5］相关的竹简之外，与统计简［竹简8－6］［竹简8－7］相关的竹简，亦存在与［木牍8］编缀在一起的可能性，不过现阶段仍不明了。

五、关于乡内“方远授居民”调查与征发确认私学的《叩头死罪白》文书木牍

《竹简〔肆〕》内，除［木牍7］［木牍8］外，还刊载有关于乡内“方远授居民”调查与征发确认私学的《叩头死罪白》文书木牍。关于“方远授居民”调查的文书木牍，笔者给出如下（第3行“右别”，释文原文作“别”，此处据图版改定）：①

［木牍9］肆·4523（1），长23.4厘米，宽5.0厘米，厚0.5厘米。

1　都乡劝农掾郭宋叩头死｜罪白。被曹敕，条列条｜界方远[授]居民占上户籍，

2　分别言。案文书，辄部岁伍｜五京，[陈]□、毛常等隐｜核所部。今京关言，州吏姚达、

3　诚裕、大男赵式等三户口食十三人[居]｜在部界。谨列人名口食年｜纪右别为簿如牒。谨

4　列言。宋诚惶诚恐，叩头死｜罪死罪。

5　　　　　　　　　　　　　　　　　｜[诣]　[户]　[曹]

6　（后欠）

［木牍9］的报告内容是：都乡劝农掾郭宋接受户曹命令，调查乡内“方

① 第1行的“[授]”，释文原文作“□”，伊藤敏雄：《长沙吴简中の“叩头死罪白”文书木牍小考——文书木牍と竹简との编缀を中心に》作“[聚]”，2014年3月实地调查，据同年7月19日长沙吴简研究会上石原辽平先生的指摘更正。第三行“[居]”，释文原文作“□”，此处同样予以更正。后揭［竹简9－2］的“[受]”，亦据石原辽平先生指摘更正。

远授居民”，并按条列出结果，与户籍一同报告；让手下岁伍的五京、［陈］□、毛常等调查管辖范围，五京上报州吏姚达、诚裕，大男赵式等三户，口食十三人属于管辖范围内，故列举人名口食年纪，另列于（木牍）右侧作为簿籍。

上述木牍，第1行名籍表达作“户籍”，第3行表达作“簿”值得关注。不过，如前所述，特别值得注意的是“谨列人名口食年纪右别为簿如牒”一文。即调查的人名口食年纪簿另列于（木牍）右侧，此点明了，这明确表明木牍之前编缀有账簿部分，编缀用空格亦明了。2014年3月在长沙简牍博物馆阅览时，确认到模糊的2条刻线。

据《竹简〔肆〕》，［木牍9］与肆·3894—3904一同出土，但其中不见有关［木牍9］中的姚达、诚裕、赵式的记载，可认为编缀有姚达、诚裕、赵式三户，口食十三人的人名口食年纪簿，但现已失踪。另，除与［木牍3］一同出土的竹简之外，还可见如下相当于表题简的竹简（肆·4419—肆·4504一同出土），故可认为在各乡均进行了调查。

［竹简9-1］　▨列部界有方远受居民条列家口食年纪为簿言▨（肆·4458）

［竹简9-2］　▨□牒列乡界方远受居民占上户牒成别▨（肆·4474）

［竹简9-3］　▨□受居方远应占着户籍督条列人姓名（肆·4492）

与此相关，存在［竹简9-4］［竹简9-5］这样的竹简，故流程是：大常府丁卯书指示各郡就“生子受居比郡县者及方远客人”进行调查，该指示由郡下达给县，县下达给乡，之后作为其中一环，提交了［木牍9］与［竹简9-1］至［竹简9-3］的报告。另还可认为，［木牍9］的“方远、［授］居民”是“生子受居比郡县者”（新生儿与新入居者中应在郡县登记者？）与“方远客人”（来自远方的客人）①。

［竹简9-4］　▨大常府丁卯书｜曰诸郡生子□受居｜比郡县者及方远客人（肆·4483）

［竹简9-5］　▨诸郡生子｜受居比郡县者及｜方远客人皆应上户籍（肆·4490）

---

① 以上事项，在2014年2月22日长沙吴简研究会上，承蒙石原辽平先生指教。

下面，给出关于征发确认私学的《叩头死罪白》文书木牍如下①。

［木牍10］ 肆·4550(1)，24.2厘米，宽7.3厘米，厚0.5厘米。

1 都市掾潘羜叩头死罪白。被曹敕，推求私学南阳张游发遣诣屯言。案文书，辄推问游外王母大女戴

2 取，辞，游昔少小随姑父陈密在武昌，密以(于)黄龙元年被病物故，游转随姊婿州吏李恕，到今年六月三日，游来(?)□

3 取家，其月十三日游随故郭将子男钦，与到始安县读书未还。如取辞。□曹列言□，南部追□发遣□诣大

4 屯。又游无有家属应诡课者。谨列言。羜诚惶诚恐，叩头死罪死罪。

5 诣　功(?)　曹。

6 十一月十五日辛丑白

［木牍10］内容是，都市掾潘羜接受功(?)曹命令，对私学南阳的张游被派至屯中一事进行调查，上报调查对象没有问题。据《竹简〔肆〕》，［木牍4］与竹简肆·4524—4550一同出土，但其中未见与私学南阳出身的张游相关的竹简，［木牍4］与竹简间关系不明。然虽未能确认到编缀用空格，但能够确认到编缀痕。从木牍内容考虑，可认定编缀有调查记录，但已失踪。

另2014年3月在长沙简牍博物馆阅览［木牍10］时，确认到背面有2条刻线。《中国书法》2014年第5期67页所收［木牍3］背面的照片也有2条刻线。这表明，都市掾潘羜、录事掾潘琬未注意到划有刻线之面，而在另一面书写了报告，即划刻线的人物与书写报告的人物不同。同时也表明，制作木牍的人物与书写的人物亦不同(制作木牍的人物与划刻线的人物完全存在属于同一人物的可能性，但现阶段只能说不明)。因此，上面的木牍存在不存在编缀用空格，应取决于是否使用了有刻线之面。依据上面的考察，可明断［木牍7］至［木牍9］记录报告者业务内容概要，其前(右侧)编缀有簿籍(［木牍9］的簿籍部分失踪)；编缀在［木牍10］上的简已失踪，但可认定其记录有报告者的业务内容概要，其前(右侧)编缀有调查记录。

---

① 第4行“诡课”，释文原文作“诏课”，此据凌文超论文更正(凌文超：《走马楼吴简举私学簿整理与研究——兼论孙吴的占募》，《文史》2014年第2辑，第37—72页)。第5行“功(?)曹”，释文原文作“户曹”，此据实地调查结果和凌文超论文更正。

如上面考虑无大过的话，可认定存在 2 条编缀痕与编缀用空格的[木牍 1]至[木牍 6]，在记录并报告调查内容概要的同时，其前(右侧)编缀有关于调查的记录。特别是[木牍 3]第 6 行存在“傅前解”，可知是附有调查许迪的记录(可能是竹简)[①]，可推定其编缀在木牍之前(右侧)。因[木牍 4]第 4 行有“谨列迪辞，状如牒”，[木牍 5]第 4 行也有“谨列见辞，状如牒”，故可认为是分别编缀了许迪的辞与现辞。

因此，可认为，现在能确认的《叩头死罪白》文书木牍，均报告了报告者的业务内容与簿籍、记录概要，同时兼充簿籍、记录的书状(送达文言)，如编缀散开，亦可单独行用，为在一枚上同时记录，故使用了木牍。另图版上可见，木牍左侧均有空余，特别是左上半部分空白。[木牍 3][木牍 4]左上部书有判词草书“若(诺)”，[木牍 6]左上部书有判词草书“然，考人当如官法，不得妄加毒痛”(如前述，存在写于编缀痕上的文字)，此点存在考虑到编缀散开之后添加判语，而使用木牍的可能性[②]。

结　语

上面的考察，可整理如下。

1. [木牍 4]、[木牍 5]、[木牍 7]至[木牍 9]上可确认到 2 条编缀用空格与刻线，[木牍 1]至[木牍 3]、[木牍 6]、[木牍 10]上可确认到 2 条编缀痕。另[木牍 3]、[木牍 10]背面可确认到 2 条刻线，故这表明划刻线的人物与书写的人物不同。木牍存在不存在编缀用空格，取决于是否使用了有刻线之面。

2. [木牍 7]与一同出土的竹简中的[竹简 7－1]至[竹简 7－7]([竹简 7－7]失踪)编缀在一起，[木牍 8]同样与[竹简 8－1]至[竹简 8－5]编缀在一起，此点明确。另[木牍 3]有“傅前解”，[木牍 4]有“谨列迪辞、状如牒”，[木牍 5]有“谨列见辞、状如牒”，[木牍 8]有“谨罗列人名为簿如牒”，[木牍 11]有“牒谨列言”，可知这些木牍附有辞与簿。尤其是[木牍 9]有

---

① 王彬亦解释作“在前面附上审问许迪的结果文书”(王彬：《吴简许迪割米案相关文书所见孙吴临湘侯国的司法运作》，第 73—91 页)，但未谈到编缀。

② 另关尾史郎注言“或许，亦可认为，当初就考虑到追记有针对报告的判词，故使用了木牍，然不出假说之域”(关尾史郎：《“吴嘉禾六年(二三七)四月都市史唐玉白收送中外估具钱事”试释》，第 33—57 页)。

“谨列人名口食年纪右别为簿如牒”，即将“人名口食年纪簿”明确标于木牍右侧（前），故可认定以上木牍，其右侧（前）编缀有账簿、记录。［木牍1］［木牍2］［木牍6］［木牍10］亦能确认到2条编缀痕，故认定其同样与簿籍、记录编缀在一起，概无大过。

现在能够确认的《叩头死罪白》文书木牍10例，第一是上行文书。第二是报告者业务内容概要之报告。第三是基本上在其前（右侧）编缀有表题简、本文简（簿籍、记录）、集计简、报告簿籍、记录之概要。第四是兼充簿籍、记录书状（送达文言）。另可认为如编缀散开，亦可单独行用，在一枚上记录报告者业务内容与账簿、记录之概要，为兼充账簿、记录的书状（送达文言）而使用了木牍。

（原载楼劲主编：《魏晋南北朝史的新探索——中国魏晋南北朝史学会第十一届年会暨国际学术研讨会论文集》，北京：中国社会科学出版社，2015年，第624—644页。）

清代秋审文书与“蒙古”

——关于18世纪后半期至20世纪初蒙古死刑案件之处理

高远拓儿(东京大学)

统有广阔地域的清朝,其治下的族群多种多样。关于这些族群的人身统治,清朝制定的政策是按类区分人民。即,在中国内地与满洲的州、县、厅持有户籍的“民人”,隶属八旗的“旗人”,在蒙古地区等地生活的“蒙古”等即为此[①]。这种区分,亦反映于当时的裁判文书之中。特别是在刑事案件中涉及的犯罪人,与其姓名、年龄等并列,往往写上“某某县人”“某某旗人”“某某蒙古”,明确记录有关犯罪人的所属情况。这种记录,是特定某一人物的标识,同时又是对适用于犯罪人的法律与司法程序有可能带来影响的重要的情报源。

以往,有关清朝司法案例的研究,着重关注的是人口规模大、保留有丰富史料的中国内地的民人问题[②]。然而,为了从高处俯视并掌握清朝的法律制度,除民人外者为对象的问题之探讨,亦有必要推进下去,此不待言。其中,关于蒙古人主要的生活圈——清代蒙古地域的法律与裁判,已有岛田正郎氏与萩原守氏的研究成果[③]。这在非民人的族群世界之中,堪称研究最为深刻之领域。但涉及中央的重案审议的实际情况,以及与此密切相关的秋审问题时,仍存在不少尚未解决的问题[④]。

---

① 这里所言的“蒙古”,指的是察哈尔、热河等内属蒙古之民,以及被编入内外蒙古扎萨克旗的人们。其中包括外蒙古西部的乌梁海人,但不包括被编入八旗蒙古的蒙古人。与现代意义上的一般的“蒙古人”这一称呼含义相异,为避免二者相混,本稿特标记为“蒙古”。

② 萩原守氏指出,以往的清代法制史研究,存在以中国本土问题为重点之倾向。见萩原守:《清代モンゴルの裁判と裁判文書》,东京:创文社,2006年,第32页。

③ 参见岛田正郎:《清代蒙古例の研究》,东京:创文社,1982年;岛田正郎:《清朝蒙古例の実効性の研究》,东京:创文社,1992年;萩原守:《清朝の蒙古例》,载滋贺秀三编:《中国法制史:基本資料の研究》,东京:东京大学出版会,1993年;萩原守:《清代モンゴルの裁判と裁判文書》,东京:创文社,2006年等。另关于近年为止的研究史,参见萩原守:《清代モンゴルの裁判と裁判文書》,第39—45页;乌力吉陶格涛:《清至民国时期蒙古法制研究》,呼和浩特:内蒙古大学出版社,2007年,第3—11页。

④ 关于秋审,已有众多专业论文刊出,但其多数为关注围绕中国本土民人问题之作(日本 (转下页)

成为秋审对象的是，依据《大清律例》等的裁定结果，判决为“斩监候”“绞监候”的地方上的死刑囚。论定对他们施行的刑罚，以及能否减刑的程序，即是秋审。秋审是以清朝诸法典特有的两种死刑划分体系——“立决（判决后即刻执行）”[①]与“监候（判决后，等待秋审、朝审结果而执行）”为前提而实施的[②]。可认为，在观察王朝制定的法律的渗透度与实效性这一点上，从秋审制度的实际利用情况，可捕捉到有价值线索。

关于秋审与蒙古之关系，以往有两种意见并存。即，怀疑其实效性的岛田正郎氏之说[③]，以及肯定其实施的郑秦氏之说等[④]。此前，笔者介绍了数起以蒙古为对象的秋审的具体议案[⑤]，但未能对其内容加以深层次分析。故本文中，笔者以之前收集到的 18 世纪后半叶以降的蒙古秋审议案为素材，就(1) 中央对蒙古死刑案件的判决程序，(2) 蒙古的秋审问题，以上两个问题试加浅析。其中，第一部分介绍关系到秋审程序而制作的公文《秋审招册》，以及收录于这些公文中的蒙古秋审议案。之后，以第一部分了解到的具体案例为线索，在第二部分就上述问题(1)、在第三部分就上述问题(2)进行考察。

（接上页）国内关于秋审制度的主要研究，参见赤城美惠子：《日本における秋審研究の紹介と今後の課題》，载《中国史研究》第 47 辑，2007 年）。关于蒙古重案审议，利用乾隆二十年(1755)《刑科史书》的岛田正郎的《清朝蒙古例の実効性の研究》是先驱性业绩，但乾隆二十年(1755)前后时期的状况仍未明了。另《刑科史书》是记录各议案监候判决下达经过之书，秋审问题有必要另作研究（高远拓儿：《清代秋審制度と蒙古人犯——秋審招冊の関連事案を中心として——》，载中央大学东洋史学研究室编：《池田雄一教授古稀記念アジア史論叢》，白东史学会，2008 年，第 400—402 页）。国外（译者补充：指日本以外）有郑秦的《清代法律制度研究》（北京：中国政法大学出版社，2000 年，第 294—296 页）与孙家红的《清代的死刑监候》（北京：社会科学文献出版社，2007 年，第 101—102 页）谈到蒙古秋审问题。但这些均以蒙古例等之规定类的介绍为重点，并非为触及真实情况之考察。

① 关于清朝死刑制度之概况，见滋贺秀三：《清代中国の法と裁判》，东京：创文社，1984 年，第 23—26 页；郑秦：《清代司法审判制度研究》，长沙：湖南教育出版社，1988 年，第 149—153 页；那思陆：《清代中央司法审判制度》，台北：文史哲出版社，1992 年，第 217—246 页。

② 受到监候判决者之中，以拘禁在地方监狱的罪囚为对象而进行的审议称为秋审，以拘禁在北京的罪囚为对象进行的审议称为朝审。

③ 岛田正郎：《清朝蒙古例の実効性の研究》，第 354—365 页；岛田正郎：《北方ユーラシア法系通史》，东京：创文社，1995 年，第 75—78 页。

④ 郑秦：《清代法律制度研究》，北京：中国政法大学出版社，2000 年，第 195 页。

⑤ 高远拓儿：《清代秋審制度と蒙古人犯——秋審招冊の関連事案を中心として》；高远拓儿：《中央大学圖書館藏〈秋審招冊〉に見る非民人人犯の案について》，载中央大学人文科学研究所编：《档案の世界》，中央大学出版部，2009 年；高远拓儿：《清代秋審制度と蒙古命盗重犯》，法制史学会东京部会第 255 次会议口头报告，2008 年 6 月。

一、《秋审招册》与蒙古人犯之议案

(一) 秋审的程序与《秋审招册》

秋审的审议，决定适用于监候死刑囚的刑罚及其是否能够减免的问题。清朝中期以后，在中国内地，该审议是由地方向中央依次递报，即以所谓的复审形式进行。监禁在直隶以及其他各省的监候人囚犯，一年一次，按情实(适合执行)、缓决(延期执行)、可矜(适合减刑)归类①，由各省总督、巡抚以下的主管官员联名上报给中央原案②。中央则召集九卿、詹事、科道③等召开九卿会议，众多官员认可地方提交的原案，或根据需要对其进行更正。该九卿会议的决议，提至皇帝处，经过皇帝的裁断之后④，当年的秋审审议即告结束。

在这一系列程序之中，尤其是在中央政府被称为天下刑名总汇的刑部，分担与秋审相关的种种实际工作。由刑部完成、在九卿会议上分发给与会代官员的资料，被称为《秋审招册》⑤。据笔者所知，东京大学东洋文化研究所、京都大学人文科学研究所、中央大学图书馆、东洋文库，以上四家机构藏有《秋审招册》实物。中国内地普通议案的情况下，《秋审招册》往往记录如下三方面内容：

---

① 关于情实、缓决、可矜的分类框架的成立过程，见陶安あんど：《明清時代の罪名例——〈情〉と法的合理性》，东京大学《东洋文化研究所纪要》第141册，2001年；赤城美惠子：《〈緩決〉の成立——清朝初期における監候死罪案件処理の変容—》，东京大学《东洋文化研究所纪要》第147册，2005年；赤城美惠子：《可矜と可疑——清朝初期の朝審手続及び事案の分類をめぐって》，《法制史研究》第54期，2005年。另缓决、可矜的罪囚之中，有减刑赡养老弱双亲的留养制度。关于留养，见中村正人：《清律“犯罪存留養親”条考》(1)(2)，《金泽法学》第42卷第2号、第43卷第3号，2000—2004年；中村正人：《清律“犯罪存留養親”条補考》(1、2)，《金泽法学》第45卷第2号、第46卷第2号，2000—2004年。

② 关于地方秋审之程序，见高远拓儿：《清代地方秋審の手続と人犯管理——乾隆年代における提犯・巡歴・留禁の問題をめぐって—》，《史学杂志》第110编第6号，2001年。

③ 九卿指的是六部、都察院、通政使司、大理寺的堂官，科道指的是六科给事中与十五道监察御史。另，清代后半期的九卿会议上，除上列者之外，通常还有更广范围的官员参加。见郑秦：《清代司法审判制度研究》，长沙：湖南教育出版社，1988年，第178页。

④ 特别是对情实人犯实施勾决这一程序。勾决是按皇帝下达的执行命令或保留意见进行分类。关于勾决，见高远拓儿：《秋審勾決考——清代における死刑執行の手続—》，《社会文化史学》第40号，1999年。

⑤ 关于《秋审招册》见伊藤洋二：《清代における秋審の実態》，《中央大学アジア史研究》第11号，1987年；高远拓儿：《清代の刑部と秋審查文書》，川越泰博编：《明清史論集——中央大学川越研究室二十周年記念》，国书刊行会，2004年。特别是关于各机构的收藏情况，见高远拓儿：《清代の刑部と秋審查文書》，第128—130页。

（1）议案基本情况（刑部内分担议案的清吏司，犯罪者的姓名、年龄、籍贯等）；

（2）下达监候判决的经过；

（3）地方秋审报告递送至中央政府的经过。

如前所述，《秋审招册》是在九卿会议之前即已作好的公文，并未记录当年次的审议结果（皇帝的裁断）。其特色之一是，记录有作为秋审前提的判决程序的原委与结论。因此，如能够从该史料中找到以蒙古人罪犯为对象之议案，相信可成为探讨其判决过程的有价值的情报源。到目前为止，在笔者见到的收录于《秋审招册》的议案之中，包含若干个蒙古人罪犯议案。接下来，笔者在下一节介绍21件蒙古人议案的概要。这些议案，是从收录18世纪后半叶议案的东京大学东洋文化研究所大木文库藏《刑部直隶司重囚招册》十册（以下略称《乾隆招册》）①，收录19世纪前半叶议案的京都大学人文科学研究所藏《各省秋审缓决情实・道光中招册》十三册（以下略称《道光招册》）②，以及收录19世纪末至20世纪初议案的中央大学图书馆藏《秋审招册》一百七十九册（以下略称《光绪招册》）③中检出的。另，光绪三十二年（1906）清末官制改革时，刑部改组为法部。可以想象，自此之后判决为监候的议案，其判决前提之流程出现了相当大的变化。故，本稿对此类议案不予考察。

（二）《秋审招册》所见蒙古人罪犯议案④

【乾1】《乾隆招册》第五（九）册所收《蒙古土谢图殴伤民人王声身死一案》

由土谢图（土默特贝子旗章京阿各木土佐领下蒙古）引发的这起人命案件，由直隶总督报至中央。在中央，刑部与理藩院、都察院、大理寺会审，依

---

① 《刑部直隶司重囚招册》是乾隆五十年（1785）秋审时所作之招册，如题目所示，是整理归纳刑部直隶司（直隶清吏司）所处理议案之招册（该史料现2009年，能够在"东京大学东洋文化研究所所藏汉籍善本全文影像资料库"上阅览全文）。另该《刑部直隶司重囚招册》不分卷，但各册封皮右下方标有1—10的整理编号。本稿按此编号表示引用册数，但与影像资料库册数编号相异，故以括号内数字表示影像资料库册数编号。

② 《各省秋审缓决情实・道光中招册》为道光三、八、十年秋审时所做招册。

③ 《秋审招册》为光绪十九、二十、二十四、二十五、二十九至三十三年秋审时所作招册。

④ 为方便起见，本文对抽自《秋审招册》的蒙古人犯事案，编上【乾1】【乾2】等编号（各个事案，按监候判决下达的年月日顺序排列）。另该处所列蒙古人犯议案中，【乾3】【道3】史料原文载于高远拓儿：《清代秋審制度と蒙古人犯——秋審招冊の関連事案を中心として》；《光绪招册》各议案原文载于高远拓儿：《中央大学圖書館藏〈秋審招冊〉に見る非民人人犯の案について》，中央大学人文科学研究所编：《档案の世界》，中央大学出版部，2009年。祈请一并参考。

据《蒙古斗殴伤重五十日内死者将殴打之人绞例》(《蒙古律例》人命·斗殴杀人)结案定为绞监候[①]。该判决案在乾隆四十九年四月二十一日(1784 年 6 月 9 日)由皇帝裁定,规定次年秋审时对该案件进行审议。土谢图在地方秋审时被判为缓决,其原案由直隶总督报至中央。

【乾 2】《乾隆招册》第六(十)册所收《嘎尔的殴伤民人陈添甲身死一案》

由嘎尔的(土默特旗章京扎木彦佐领下台吉巴拉克扎布管下蒙古)引发的这起人命案件,由直隶总督报至中央。在中央,刑部与理藩院、都察院、大理寺会审,依据《蒙古斗殴伤重五十日内死者将殴打之人绞例》(《蒙古律例》人命·斗殴杀人)结案定为绞监候。该判决案在乾隆四十九年六月九日(1784 年 7 月 25 日)由皇帝裁定,规定次年秋审时对本案件进行审议。嘎尔的在地方秋审时被判为缓决,其原案由直隶总督报至中央。

【乾 3】《乾隆招册》第九(三)册所收《蒙古伦本扎伤民人李受章身死一案》

由伦本(正蓝旗察哈尔策林旺布佐领下闲散)引发的这起人命案件,由察哈尔八旗都统报至中央。在中央,刑部与理藩院、都察院、大理寺会审,依据《蒙古斗殴伤重五十日内死者将殴打之人绞例》(《蒙古律例》人命·斗殴杀人)结案定为绞监候。该判决案在乾隆四十九年十二月十四日(1785 年 1 月 24 日)由皇帝裁定。本案件的记录,以皇帝的判决下达给察哈尔八旗都统结束。

【乾 4】《乾隆招册》第九(三)册所收《牧场牧丁阿三马十匹被窃一案》

由萨木坦(右旗苏尼特多尔济佐领下台吉额林臣属下人)等五人引发的盗窃案,由察哈尔八旗都统报至中央。在中央,理藩院与刑部、都察院、大理寺会审,依据《应从重照偷窃马十匹以上绞例》(《蒙古律例》人命·斗殴杀人),结案判决萨木坦为绞监候[②]。该判决案在乾隆五十年四月九日(1785

---

① 本部分根据原史料记录,在下文内使用刑法适用之用词,括号内注表示(与其)相对应的《大清律例》《蒙古律例》《理藩院则例》等条目。另本文所利用《大清律例》为文海出版社 1964 年影印《大清律例会通新纂》,《蒙古律例》为文殿阁书庄 1936 年出版(国学文库第 32 编)《蒙古律例》,道光二十三年(1843)刊《理藩院则例》与光绪十七年(1891)刊《理藩院则例》,分别利用京都大学人文科学研究所藏本(道光本编号为史-XⅢ-2-75,光绪本编号为史-XⅢ-2-77)。

② 史料原文记录“萨木坦应从重照偷窃马十匹以上绞例,拟绞监候秋后处决”。在审理本案的乾隆五十年(1785)前半年之前,规定有乾隆二十四年(1769)旧例“偷蒙古四项牲畜至十头以上者。首贼拟绞。就近在同知衙门监候。(中略)为从者。俱照例。鞭二百、罚三九牲畜。给付事主”,以及乾隆四十二年(1777)新例“蒙古人等偷窃四项牲畜。均不分首从。满十 (转下页)

年 5 月 17 日）由皇帝裁定。本案件的记录，以皇帝的判决下达给察哈尔八旗都统结束。

【道 1】《道光招册》第九册所收《根墩扎普扎伤小功服叔三巴扎布身死一案》

由根墩扎普（三音诺彦部落公扎木色楞扎布旗下台吉喇布坦属下人）引发的这起人命案件，由定边左副将军报至中央。在中央，理藩院与刑部、都察院、大理寺会审，依据《卑幼殴本宗小功叔死者斩律》（《大清律例・刑律・斗殴》"殴大功以下尊长律"），结案定为斩立决。该判决案依据道光八年九月八日（1828 年 10 月 16 日）所下达的皇帝旨意，改判为斩监候，规定次年秋审审议本案件。九卿会审决定为请实，但皇帝未下达执行命令，根墩扎普被留置为监候。

【道 2】《道光招册》第十册所收《阿勒什勒故杀李有一案》

由阿勒什勒（科尔沁郡王旗管下蒙古）引发的这起人命案件，由盛京刑部侍郎报至中央。在中央，刑部与都察院、大理寺会审，依据《故杀者斩律》（《大清律例・刑律・人命》"斗殴及故杀人律"），结案定为斩监候。该判决案在道光九年（1829）七月十二日（1829 年 8 月 11 日）由皇帝裁定，规定次年秋审时对该案件进行审议。盛京刑部侍郎向中央上报，地方秋审援引道光九年恩诏，判决阿勒什勒为缓决，监禁二年之后减至流放刑。

【道 3】《道光招册》第八册所收《玛哈第瓦殴伤赵太身死一案》

由玛哈第瓦（土默特贝勒旗扎蓝色伯勒箭上蒙古披甲）引发的这起人命案件，由热河都统报至中央。在中央，刑部与理藩院、都察院、大理寺会审，依据《斗殴伤重五十日内身死殴之者绞例》（道光《理藩院则例・人命・斗杀》），结案定为绞监候。该判决案在道光九年十一月二十一日（1829 年 12 月 16 日）由皇帝裁定，规定次年秋审时对该案件进行审议。玛哈第瓦在地方秋审时被判为缓决，其原案由热河都统报至中央。

【道 4】《道光招册》第十一册所收《萨尔鲁克纠合格宁库欧抢夺张元悰逾一贯银物一案》

由萨尔鲁克（三音诺彦艾曼贝子查克都尔扎儿旗下章京莽嘎儿佐领下人）引发的这起盗窃案件，由库伦办事大臣报至中央。在中央，理藩院与刑

（接上页）匹以上者。拟绞监候"。见岛田正郎：《清代蒙古例の研究》，东京：创文社，1982 年，第 467—477 页。看来，因本案件适用对从犯予以较重刑罚的新例，故特加"应从重"字样。另，与办案对应的《蒙古律例》《大清律例》之条例，之后进行了修改，故未能直接见于前注（译者补注：即前页注①）所引文本。

部、都察院、大理寺会审，依据《蒙古抢夺人财物赃至一百二十两以上者首犯拟斩律》（道光《理藩院则例·强劫·伙众抢夺分别拟罪》），结案判定首犯萨尔鲁克为斩监候，依据《蒙古抢夺人财物赃至一百二十两以上者为从例》（同上），判定从犯格宁库欧为绞监候。该判决案在道光九年十二月十八日（1830 年 1 月 12 日）由皇帝裁定。本案件的记录，以皇帝的判决下达给库伦办事大臣结束。

【道 5】《道光招册》第十三册所收《顾万智扎伤尹幅身死一案》

由顾万智（察哈尔蒙古旗人）引发的这起人命案件，由热河都统上报至中央。在中央，刑部与都察院、大理寺会审，依据《斗殴杀人者不问手足他物金刃并绞律》（《大清律例·刑律·人命》“斗殴及故杀人律”），结案判定为绞监候。该判决案在道光十年三月三十日（1830 年 4 月 22 日）由皇帝裁定，规定当年秋审审议本案件。地方秋审判决顾万智为缓决，其原案由热河都统报至中央。

【道 6】《道光招册》第十一册所收《巴彦济尔嘎勒纠合扎布扣、齐旺达什抢夺民人张添和羊一案》

由巴彦济尔嘎勒（图谢图罕鄂依多普多尔济兼属下人）等人引发的这起盗窃案件，由库伦办事大臣报至中央。在中央，理藩院与刑部、都察院、大理寺会审，依据《蒙古抢夺牲畜十匹以上为首例》（道光《理藩院则例·强劫·伙众抢夺分别拟罪》），结案判定首犯巴彦济尔嘎勒为斩监候，依据《蒙古抢夺牲畜十匹以上为从例》（同上），判定从犯扎布扣、齐旺达什为绞监候。该判决案在道光十年四月五日（1830 年 4 月 27 日）由皇帝裁定。本案件的记录，以皇帝的判决下达给库伦办事大臣结束。

【光 1】《光绪招册》奉天第十八册所收《拉西殴伤康荃鋆身死一案》

由拉西（黑龙江喀尔喀王旗属蒙古）引发的这起人命案件，由黑龙江将军上报至中央。在中央，刑部与都察院、大理寺会审，依据《斗殴杀人者不问手足他物金刃并绞律》（《大清律例·刑律·人命》“斗殴及故杀人律”），结案判定为绞监候。该判决案在光绪二十四年闰三月六日（1898 年 4 月 26 日）由皇帝裁定，规定次年秋审审议本案件。地方秋审判决拉西为缓决，其原案由黑龙江将军报至中央。

【光 2】《光绪招册》奉天第一册所收《卓蚁希诱拐唐氏致令羞愤投井身死一案》

由卓蚁希（西边外图木沁蒙古）引发的诱拐引起的这起人命案件，由黑龙江将军上报至中央。在中央，刑部与都察院、大理寺会审，依据《诱拐妇女被诱之人不知情绞例》（《大清律例·刑律·贼盗》“略人略卖人律条例”），结案判定为绞监候。该判决案在光绪二十四年十二月十九日（1899年1月30日）由皇帝裁定，规定明年秋审审议本案件。地方秋审断定卓蚁希为情实，其原案由黑龙江将军报至中央。

【光3】《光绪招册》直隶第六册所收《沈瀛淋踢伤胡苌汰身死一案》

由沈沥淋（翁牛特旗蒙古人）引发的这起人命案件，由热河都统上报至中央。在中央，刑部与都察院、大理寺会审，依据《斗殴杀人者不问手足他物金刃并绞律》（《大清律例·刑律·人命》“斗殴及故杀人律”），结案判定为绞监候。该判决案在光绪二十五年二月二十日（1899年3月31日）由皇帝裁定，规定当年秋审审议本案件。地方秋审判决沈沥淋为缓决，其原案由热河都统报至中央。

【光4】《光绪招册》奉天第四册所收《得及得噶拉桑听从花里哑荪，与托克托呼、约木加下、花莲聚众肆逆，谋逼本管盟长色旺诺勒布桑保自缢身死案，额力登乌卓勒调守备统兵擅自逃亡案》

【光5】《光绪招册》奉天第九册所收（题目同上）

这两件，是关于由于士兵之反抗，致使哲里木盟盟长自杀这一重大事件之文书。在当地，以钦差大臣（兵部尚书）为中心进行审理。在中央，由刑部单独作成判决书。在这起事件中，有众多相关人员遭受处罚，特别是【光4】以额力登乌卓勒、【光5】以得及得噶拉桑（上述二人均为哲里木盟图什业图亲王旗下蒙古）为对象。前者依据《照随征兵丁私逃斩立决例上量减为斩监候》[1]（《大清律例·并律·军政》“从征守御官军逃律条例”），判决为斩监候。后者按《奴婢谋杀家长与子孙同谋杀祖父母父母已杀者凌迟处死律》（《大清律例·刑律·人命》“谋杀祖父母父母律”），减罪两次之后，判决为斩监候。这些判决案在光绪二十八年五月十三日（1902年6月18日）获得皇帝批准，规定二人同在次年秋审受审。地方秋审断定【光4】的额力登乌卓勒为情实，【光5】的得及得噶拉桑为缓决，其原案由盛京将军报至中央。

【光6】《光绪招册》山西第七册所收《曼济致伤洛布桑哈尔察喝身死一案》

由曼济（阿尔泰乌梁海右旗总管瓦齐尔扎布旗下锦□牛录人）引发的这

---

① 关于额力登乌卓勒刑法适用之用词，在二议案史料上出现混乱，此处整理后引用（【光4】为“照随荪兵丁私逃斩立决例量减为斩监候”，【光5】为“照随征兵丁私逃斩立决立上量减为斩监候”）。

起人命案件,由科布多参赞大臣上报至中央。在中央,理藩院与刑部、都察院、大理寺会审,依据《斗殴杀人者不问手足他物金刃并绞律》(《大清律例·刑律·人命》“斗殴及故杀人律”),结案判定为绞监候。该判决案在光绪二十八年七月二十五日(1902 年 8 月 28 日)由皇帝裁定。本案件的记录,以皇帝的判决下达给科布多参赞大臣结束。

【光 7】《光绪招册》山西第七册所收《齐密特策业、彭楚克、姜布拉诺布抢夺家畜十匹以上,旺丕勒听从结伙十人以上抢夺一案》

由齐密特策业(车臣汗盟扎萨克桑赖多尔济旗下蒙古)等人引发的这起盗窃案件,由库伦办事大臣报至中央。在中央,理藩院与刑部、都察院、大理寺会审。依据《蒙古抢夺牲畜十匹以上为首例》(道光《理藩院则例·强劫·伙众抢夺分别拟罪》),结案判定齐密特策业、彭楚克、姜布拉诺布三人为斩监候,依据《蒙古抢夺纠伙十人以上为绞例》(同上),判定旺丕勒为绞监候。该判决案在光绪二十八年十二月二十二日(1903 年 1 月 20 日)由皇帝裁定。本案件的记录,以皇帝的判决下达给库伦办事大臣结束。

【光 8】《光绪招册》奉天第十三册所收《赵甸溃枪伤赵必身死一案》

由赵甸溃(蒙古达尔罕王旗下人)引发的这起人命案件,由盛京将军上报至中央。在中央,由刑部等依据《争斗擅将鸟枪施放杀人以故杀论故杀者斩律》(《大清律例·刑律·人命》“斗殴及故杀人律条例”),结案判定为斩监候(因史料污损,刑部之外参与审理的机关无法特定)。该判决案在光绪三十年三月六日(1904 年 4 月 21 日)由皇帝裁定。本案件文书后半欠缺,判决为监候之后的情况不明。

【光 9】《光绪招册》奉天第十一册所收《赫萌得偷窃马三十匹以上一案》

由赫萌得(土默特贝子旗下蒙古)引发的这起盗窃案,由吉林将军报至中央。在中央,理藩院与(刑部[①])、都察院、大理寺会审,依据《偷窃蒙古牲畜三十匹以上不分首从均绞例》(《大清律例·刑律·贼盗》“盗马牛畜产律条例”),结案判决为绞监候。该判决案在光绪三十年三月十九日(1904 年 5 月 4 日)由皇帝裁定,规定明年秋审审议本案件。地方秋审判决赫萌得为缓决,其原案由吉林将军报至中央。

---

① 本件史料原文记载“该理藩院等衙门奏前事内开。该臣等会同都察院、大理寺会看得”,很难认为曾存在三法司(刑部、都察院、大理寺)之中只有刑部不参与之情况。可认为,可能是在编制招册时,疏漏了“该臣等会同刑部、都察院、大理寺会看得”一文中的“刑部”二字。

【光 10】《光绪招册》陕西第三册所收《毕克土木尔谋杀（王元）误杀张荃钰一案》

由毕克土木尔（土默特左旗札萨克贝勒车林纳木济勒旗下人）引发的这起人命案件，由库伦办事大臣上报至中央。在中央，理藩院与刑部、都察院、大理寺会审，依据《因谋杀人而误杀旁人以故杀论故杀者斩律》（《大清律例·刑律·人命》"戏杀误杀过失杀伤人律"），结案判定为斩监候。该判决案在光绪三十年十一月十四日（1904 年 12 月 20 日）由皇帝裁定。本案件的记录，以皇帝的判决下达给库伦办事大臣结束。

【光 11】《光绪招册》直隶第十册所收《喇嘛李苌戒谋杀白达拉玛一案》

由李苌戒（热河镶黄旗蒙古）引发的这起人命案件，由热河都统上报至中央。在中央，理藩院与刑部、都察院、大理寺会审，依据《谋杀人造意者斩律》（《大清律例·刑律·人命》"谋杀人"），结案判定为斩监候。该判决案在光绪三十二年（1906）五月三十日[①]由皇帝裁定，规定同年秋审审议本案件。地方秋审判李苌戒为情实，其原案由热河都统报至中央。

二、理藩院与三司
——中央关于蒙古死刑案件之处理

（一）死刑案件处理的三种类型：内地型、蒙古型、折中型

较为人知的清政府通常的死刑案件处理程序是：刑部与都察院、大理寺会同，对各地的上报进行复审，再把得出的判决案上报给皇帝请求批准。刑部、都察院、大理寺合起来被称为三法司。该三个机构的堂官（长官）会审，被称为三法司会审。经由三法司会审的这一程序，主要适用于内地（中国内地与满洲[②]）的民人的立决、监候案件，经常作为清朝最典型的死刑案件处理程序而被介绍[③]。在此，暂称这种程序为内地型。

与此相对，关于以蒙古为对象的死刑案件，《蒙古律例》与《理藩院则

---

① 光绪三十二年（1906）五月，末日为 29 日，无 30 日。看来，月日之中，一者有误。

② "内地"指中国本土与"满洲"（盛京、吉林、黑龙江）。有关裁判制度上满洲被视作内地，参见后面的【光 2】《卓蚁希诱拐唐氏致令羞愤投井身死一案》。该案明言犯罪地黑龙江为"内地"。

③ 前引注 5 所列研究，均为关于此程序之研究。

例》等规定,除三法司外,掌管藩部实际事务的理藩院①也要参与。蒙古死刑案件的基本流程是:先由各地报告给理藩院,理藩院与三法司会审作出判决,其结果上报给皇帝请求批准②。在此,称这种程序为蒙古型。

在上一部分,总计对21起监候死刑案件进行了介绍。这些案件,在上述两种类型中,依据哪一种进行处理的呢?在21起案件之中,【光4】【光5】因事件重大性而与平常案件处理不同,【光8】因史料污损欠缺,未能彻底了解情况。若对上述3起之外的其余18起案件的判决过程进行归类,则可得到如下结论:

内地型:【道2】【道5】【光1】【光2】【光3】

蒙古型:【乾4】【道1】【道4】【道6】【光6】【光7】【光9】【光10】【光11】

折中型:【乾1】【乾2】【乾3】【道3】

其中,归类为内地型的各起案件,在《秋审招册》的史料原文上明记“该刑部等衙门题前事内开。该臣等会同都察院、大理寺会看得”一文。并且,上呈给皇帝的判决案获得了认可。可见,这是以刑部为主体,限于三法司的审理。而蒙古型的各起案件,同样在史料原文记有“该理藩院等衙门题前事内开。该臣等会同都察院、都察院、大理寺会看得”一文。可见,这是以理藩院为主体,与三法司进行会审。从此例可知,这是按与蒙古例规定的程序不相抵触的流程来处理实际案例。但此处特别需要注意的是,存在与上述内地型、蒙古型之任何一种类型不相适合的第三种类型。在上面归类为折中型的4起案件中,史料上均见“该刑部等衙门题前事内开。该臣等会同理藩院、都察院、大理寺会看得”一文。即,会审与蒙古型相同,有四家机构参与,但需注意的是主体为刑部。这说明,主持对该案的会审,并负责起草向皇帝提交之文本的机构是刑部(因此,蒙古型的情况下,该职责应由理藩院负担)。

---

① 关于理藩院在组织体系与司法方面承担的责任,见岛田正郎:《清代蒙古例の研究》,第180—183页;赵云田:《清代蒙古政教制度》,北京:中华书局,1989年,第55—63页;那思陆:《清代中央司法审判制度》,第149—150页。

② 《蒙古律例·断狱·凡死罪人犯札萨克等审讯报院》:“一、凡应拟斩绞之蒙古人犯,由该札萨克处审讯,声叙罪情,院报,由院会同三法司定拟具奏请旨。”道光《理藩院则例·审断·秋审会议》:“一、蒙古拟定死罪人犯,由各该处审明报院。由院会同三法司定拟具奏。其应监候秋后处决者,归刑部秋审,会同九卿、科道拟议。”同《理藩院则例·审断·死罪人犯札萨克等审讯报院》:“一、凡应拟斩绞之蒙古人犯,由各札萨克审讯,声叙罪情,呈报盟长。由盟长核转报院,会同三法司定拟具奏请旨。”(该二条在光绪《理藩院则例》亦无变更)

如此，根据清代后期案例，可明确得知，当时的蒙古死刑案件之处理，至少存在三种方式。接下来的问题是，这三种类型分别各自适用于何种情况呢？下面，笔者另立一节，就此问题进行探讨。

（二）仅限三法司参与之类型：内地型

本节讨论在中央仅限三法司审理、理藩院不参与的内地型的程序。首先，介绍一下内地型的具体案例，然后探讨该程序被选择采纳的条件。下面引用的是，被归类为内定型的【光 2】《卓蚁希诱拐唐氏致令羞愤投井身死一案》[①]。

卓蚁希为图木沁[②]蒙古，来到了黑龙江，与唐氏丈夫六指尔相识并有来往。六指尔离家充当雇工，卓蚁希常寄住六指尔家。4 月 8 日，唐氏为见女儿回娘家，遂让卓蚁希驾马车与其同行。途中，卓蚁希见唐氏容貌秀美，忽起淫心。对唐氏言诱逃至原籍结为夫妇，但唐氏不从。卓蚁希以言语胁迫，强拐唐氏至塔勒哈站投宿吃饭。趁卓蚁希外出饮驴马之际，唐氏向旅店店主哭诉事情的来龙去脉。（事情经过）报至塔勒哈站官员，（官员）捉拿卓蚁希，决定与唐氏一同送往黑龙江。唐氏羞愤难堪，言欲自杀。虽六指尔弟防范，但唐氏乘隙投井身死。

---

① 史料全文如下（段落由引用者划分。以下史料同）：

奉天司一起。绞犯一名卓蚁希。年三十二岁。系西边外图木沁蒙古。该刑部等衙门题前事内开。该臣等会同都察院、大理寺会看得。卓蚁希诱拐唐氏致令羞愤投井身死一案。据黑龙江将军恩泽等咨称。缘卓蚁希系图木沁蒙古，来至黑龙江。与唐氏之夫六指尔素识往来。六指尔出外庸工，卓蚁希常在六指尔家寄住。四月初八日，唐氏欲接女回家，令卓蚁希赶车同往。行至中途，卓蚁希见唐氏貌美，陡起淫心。当向唐氏称说，意欲拐逃前往原籍，作为夫妇，唐氏不从。卓蚁希用言恐吓。唐氏无奈跟随。卓蚁希将唐氏拐至客店打尖。唐氏趁卓蚁希出外，向店主哭诉前情。报经站官，将卓蚁希拿获，连唐氏一并送省。唐氏羞愤难堪，称欲自尽。经六指尔之弟时加防范，讵唐氏乘间投井殒命。报验审供不讳。查卓蚁希诱拐唐氏，不从，致令羞愤投井身死，例无加重治罪明文。卓蚁希虽系蒙古，惟在内地犯事，应按刑律仍照本例问拟。除唐氏附请旌表外，卓蚁希合依诱拐妇女被诱之人不知情绞例，拟绞监候秋后处决。等因。光绪二十四年十二月十七日题。十九日奉旨。卓蚁希依拟应绞着监候秋后处决。余依议。钦此。咨行黑龙江将军，将卓蚁希监候。在案。

光绪二十五年秋审。据黑龙江将军恩泽会审得。卓蚁希前往依普奇屯，与小儿等种豆。即在素识之旗丁六指家中常住。六指之妻唐氏央求该犯，与其赶驾驴车，前往东图莫台屯，接伊出嫁之女归宁。行至中途，该犯陡起淫念，即向唐氏言说，意欲将伊拐带回籍，作为夫妇。唐氏闻言不从。该犯即用强言恐吓。硬将唐氏拐，至塔勒哈站投店打尖。该犯出外饮驴之际，唐氏向店主哭诉前情。控经该站官人，将该犯捕获，拟将唐氏等一并送省。正欲呈递间，讵唐氏羞愧难当，乘人不防，投井身死。有夫之妇欲霸为妻，用言恐吓拐逃，以致羞忿自尽。情状强横。蓄意淫恶。卓蚁希应情实。等因。具题。奉旨。三法司知道。

② 图木沁一地不详。但在与黑龙江接壤的哲里木盟域内，现有图木吉之地名（《中华人民共和国政区标准地名图集》，星球地图出版社，1999 年）。该地位于从黑龙江省进入哲里木盟的卓蚁希逃走路线之延长线上。图木沁（tumuqin）有可能指图木吉（tumuji）。

该案由黑龙江将军上报中央。在中央,以刑部与都察院、大理寺会审这一程序进行审理。在记录三法司判决案的题本上有如下一文:

> 卓蚁希虽系蒙古,惟在内地犯事,应按刑律仍照本例问拟。(中略)卓蚁希合依诱拐妇女被诱之人不知情绞例,拟绞监候秋后处决。

即,考虑到卓蚁希在内地犯法,使用刑律——《大清律例》之条文进行处置。无疑可认为,这是援引下面的《大清律例·名例律》“化外人有犯律条例”的前段之论理。

> 蒙古与民人交涉之案,凡遇斗殴、拘捕等事,该地方官员与旗员会讯明确,如蒙古在内地犯事者,照刑律办理。如民人在蒙古地方犯事者,即照蒙古律办理。[1]

卓蚁希一案,虽规定被害人不是民人而是旗人,但同属内地之民这点上是相通的。本案说明上述条例之规定在实际发挥作用,并且适用于斗殴、拘捕以外的刑事性色彩强烈的案件中,受人关注。进而言之,似乎可认为,本条款之论理,不仅规定了需要定罪用条款的场合,而且还规定了按何种顺序推进审理的手续方面的问题。即刚才介绍的内地型程序,原本是依据《大清律例·刑律·断狱》“有司决囚等第律”之规定的程序[2],说起来应称之为刑律范畴之规定。而且,这次被归类为内地型的5起案件,案发地均在内地的可能性很大[3]。涉及的案例,虽犯罪人是蒙古人,但属于蒙古例之外与理藩院管辖之外,可认为是专以刑律范畴之规定进行裁决的案例。

(三)刑部与理藩院、都察院、大理寺进行会审之类型:折中型

笔者亦首先介绍具体案例,然后探讨选择这一程序的条件。下面列出

---

① 关于该条例,见仁井田陞:《中国法制史研究　刑法(補訂)》,东京:东京大学出版会,1980年,第446页;岛田正郎:《清代蒙古例の研究》,第93页。另,与本条主旨相同规定,亦见于《蒙古律例·断狱》“蒙古人在内地犯事照内地律治罪”、“民人在蒙古地方犯事照蒙古律治罪”条,以及道光与光绪《理藩院则例·审断》“蒙古民人各按犯事地方治罪”条。有关与该规定之重要性相关的判例收集之必要性,见二木博史对萩原守:《清代モンゴルの裁判と裁判文書》的书评(《法制史研究》第57辑,355页)。

② 《大清律例·刑律·断狱》“有司决囚等第律”,“至死罪者,在内法司定议,在外听督抚审录,无冤依律议拟[斩绞情罪]”,法司复勘定议,奏闻”([ ]内为小注)。

③ 【光1】为由黑龙江将军上报的黑龙江地域蒙古之案,可认为事件本身亦发生于同地。【光3】事案中明记“在内地犯事”。另道光期内的两案,均不适用蒙古例,而适用《大清律例》条文定罪。亦不见当时援引“蒙例并无治罪专条,应按刑律”这一蒙古例之痕迹。可认为,这是适用《大清律例·名例律》“化外人有犯律条例”“如蒙古在内地犯事者,即照刑律办理”之规定,两起案件事发地均在内地的可能性很大。

的是【乾 2】《嘎尔的殴伤民人陈添甲身死一案》[1]的事件概要。

土默特人嘎尔的与陈添甲自前相识，并无隙。乾隆四十八年（1783）二月，嘎尔的将一块田地给予民人白五，（白五）明言种植大蒜，收货后均分。七月五日，嘎尔的子敏珠尔路过该地，拔取三颗大蒜。见此，白五至嘎尔的家提出抗议。嘎尔的放言，因儿子被污蔑偷盗大蒜，土地不给予（白五）。白五未谈拢回家。途中，碰见陈添甲，就诉说了事情经过。陈添甲劝说道，（自己）同去赔礼息事宁人。于是，白五与陈添甲同去嘎尔的家赔礼。但嘎尔的认为诬赖自己孩子，不予理睬。陈添甲责骂，嘎尔的怒取木棍，殴伤陈添甲额头左侧。（陈添甲）倒地，仍继续责骂。嘎尔的又以木棍殴伤其左腿与左膝外侧。六日后，（陈添甲）死亡。

这起案件，由直隶总督报至中央。在中央，以刑部与理藩院、都察院、大理寺会审之程序进行审理。刑部以下会审判决案写道：

> 查嘎尔的系蒙古且在外藩地方犯事。自应照蒙古例问拟。（中略）嘎尔的合依蒙古斗殴伤重五十日内死者绞例，拟绞监候秋后处决。

即，明记加害者为蒙古，且犯罪地点为外藩——蒙古地区之后，适用蒙古例之条文。本案的特点是：适用蒙古例之时，在记录犯罪人为蒙古之上，特别记录到犯罪地点为蒙古地域。而且，就除上述【乾 2】之外的折中型【乾 1】【乾 3】【道 3】而言，与上引判决案相同，适用蒙古例的斗殴杀人之条款。可认为，这些也是发生于蒙古地域之事件。上报这些案件至中央的，分别是：【乾 1】

---

① 史料全文如下：

直隶司一起。为报明事。绞犯壹名嘎尔的。年三十五岁。系土默特旗章京扎木彦佐领下台吉巴拉克扎布管下蒙古。

据直隶总督刘峨审得。嘎尔的殴伤民人陈添甲身死一案。将嘎尔的依例拟绞。等因。乾隆四十九年二月二十七日题。闰三月初十日奉旨。三法司核拟具奏。钦此。该臣等会同理藩院、都察院、大理寺会看得。嘎尔的与陈添甲素识无嫌。乾隆四十八年二月间，嘎尔的将地一段给与民人白五，种蒜，言明成熟均分。至七月初五日，嘎尔的侄子敏珠尔从白五所种蒜地经过，将蒜拔取三颗。白五瞥见，前赴嘎尔的家理论。嘎尔的以白五诬赖伊子窃蒜，声言不与种地，白五并不与较而回。行至中途，与陈添甲撞遇，将前情述知。陈添甲劝令同往赔礼息事。白五即与陈添甲同至嘎尔的家赔礼。嘎尔的因其诬子为窃，置之不理。陈添甲用言斥骂，嘎尔的气忿遂取木棍，殴伤陈添甲囟门偏左，倒地。陈添甲仍骂不休。嘎尔的复用棍殴伤其左腿偏外并左膝偏外。延至初六日殒命。报验审供不讳。查嘎尔的系属蒙古且在外藩地方犯事。自应照蒙古例问拟。除白五拟杖外，查嘎尔的合依蒙古斗殴伤重五十日内死者绞例，拟绞监候秋后处决。查此案并无犯病展限。合并声明。等因。乾隆四十九年六月初五日题。初九日奉旨。嘎尔的依拟应绞着监候秋后处决。余依议。钦此。咨行直隶总督。将嘎尔的监候。在案。乾隆五十年秋审。据直隶总督刘峨审得。嘎尔的因陈添甲嗔其不理斥骂，该犯气忿用棍殴打，不期致伤陈添甲毙命。殴由被骂。死出不虞。情尚可原。嘎尔的应缓决。等因。具题。奉旨。三法司知道。

【乾 2】的直隶总督,【乾 3】的察哈尔八旗都统,【道 3】的热河都统。看来,这些犯罪地点虽为蒙古地域,但属于与内地比较接近的长城沿线之地[①]。

另外,引人关注的是,上面介绍的【乾 2】之另一特色,其加害者为蒙古,被害者为民人,即属于所谓的蒙民交涉案件。实际上,【乾 1】【乾 3】在其史料上亦明记同样的当事者关系,至于【道 3】,被害者据其姓名(赵太)而言,其为民人的可能性很大。即,统观这些被归类为折中型的 4 起案件,可归纳出其共同之处为,这些案件均为在长城沿线蒙古地域发生的蒙民交涉案件。大体可认为,这正是适用折中型程序之条件。

(四)理藩院与三法司进行会审的类型:蒙古型

理藩院充当主体与三法司进行会审的蒙古型,共有 9 起案件归为此类。按上报给中央的官员之不同进行整理,这些案件可分类为:外蒙古驻防官报告的【道 4】【道 6】【光 7】【光 10】(以上由库伦办事大臣);【光 6】(科布多参赞大臣);【道 1】(定边左副将军);长城沿线地带报告的【乾 4】(察哈尔八旗都统);【光 11】(热河都统);以及满洲地区报告的【光 9】(吉林将军)。最后的【光 9】,在案文中记录犯罪地点为“蒙界”[②]。大概是在外蒙东部与满洲交界地带犯事的犯人,因在吉林地域被捕(明记逮捕后“送县”),故由吉林将军上报此案。如将此案与其他由外蒙地域报告上来的案件合在一起,观察各案件中被害者情况,如下所示:

【道 1】蒙古(加害者亲属)

【道 4】未明记

【道 6】民人

【光 6】喇嘛

【光 7】民人

【光 9】蒙古台吉

【光 10】未明记

可见,案件中当事者关系多种多样,包括从加害者、被害者双方均为蒙

① 长城沿线之地这一表达方式略欠严密性。《秋审招册》中,多数情况下不明记案发地,仅依据这次收集的案例来明确指定折中型所及范围是很困难。详论有待今后考证,本稿姑且采用上述表达方式。

② 《光绪招册》奉天第十一册《赫萌得偷窃马三十匹以上一案》:“赫萌得先未为匪。嗣该犯与在逃之于二成子遇道。贫难该犯起意偷马,于二成子允从。即于是月同伙二人各携绳索,偕至蒙界。见蒙古台吉色得勒吉家马群在彼放牧,与于二成子窃得杂色马三拾匹,用绳联住,牵至空地,俵分各散。”

古之案，至蒙民交涉之案。可认为，外蒙古地域的蒙古人犯罪案件中，不论被害者身份如何，均原则上按蒙古型程序进行处理。

另由长城沿线驻防官上报的两件中，【乾 4】被害者为牧场牧丁，【光 11】被害者为喇嘛。可认为，该两案中，被害者、加害者均为蒙古。据前部分考察，看得出在程序上，长城沿线蒙古地域发生的蒙古人间的案件被划定为蒙古型，蒙民交涉案件被划定为折中型。但在这次调查中，折中型的该类案例不包括光绪期的案例。此类划定是否延续到清末，有必要另作考察。

至此，如以图展示本部分的讨论结果，可得到如下概念图：

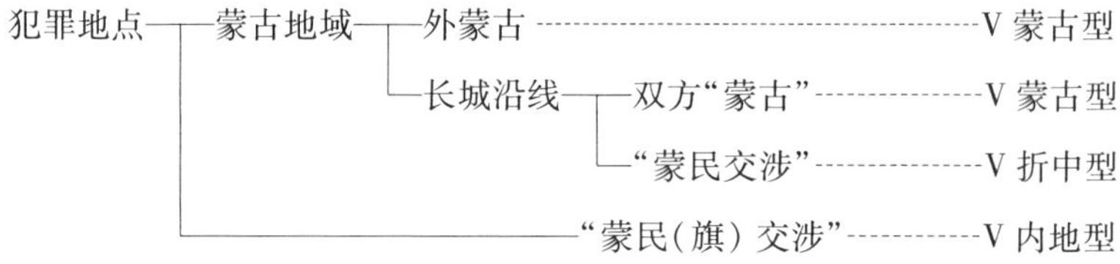

顺便提到的是，这个蒙古型的程序，不仅适用于加害者为蒙古的情况，有时亦适用于民人。《乾隆招册》第八（二）册所收《张玉库掷伤蒙古阿尔宾仓身死一案》，即为其例。山西汾州府平遥县张玉库杀害蒙古阿尔宾仓的该案言：“查张玉库虽系民人，但阿尔宾仓系蒙古且在蒙古地方犯事。自应照蒙古例问拟。”即明记被害者为蒙古，以及犯罪地点为蒙古地域之后，适用蒙古例的斗殴杀人条（《蒙古斗殴伤重五十日内身死者将殴打之人绞例》）。本案例是表明适用前引化外人有犯罪条例这一规定后半段——严格而言应是与此趣意相同的《蒙古律例》断狱条文①——的珍贵案例。由此可以看出，其正与内地蒙民（旗）交涉案件构成对应关系②。

三、蒙古秋审

（一）蒙古秋审方式——围绕地方秋审之实施

不论采用内地型、折中型、蒙古型之中的任何一个判决方式，批准适合监候的囚犯之判决案，并给予其功效的，是皇帝。通常的监候判决，由皇帝

① 《蒙古律例·断狱》“蒙古人在内地犯事照内地律治罪，民人在蒙古地方犯事照蒙古律治罪”条：“一、蒙古等在内地犯事，照依刑律定拟。民人在蒙古处犯事，照依蒙古律定拟。”

② 另就蒙古地域民人之间的案件，以及内地蒙古人之间的案件，这次调查未能发现具体案例。关于这些案件之处理，有必要另寻案例进行考察。

下达“某某应绞(斩)者监候秋后处决”字样的旨意。之后,该案件被转入秋审程序。

如在第一部分所提到,《秋审招册》中的议案之构成,通常分为如下三部。但从《秋审招册》抽出的蒙古人犯的议案中,有的包括,有的不包括第(3)条之记述。

(1) 议案的基本情况;

(2) 下达监候判决的经过;

(3) 地方秋审报告上报至中央的经过。

如以有无关于地方秋审之记述为基准,对本文的考察对象蒙古秋审之案例进行归类的话,可分类如下(缺页造成史料后半段内容欠缺的【光 8】除外):

A 附有关于地方秋审之记述的:

【乾 1】【乾 2】【道 2】【道 3】【道 5】【光 1】【光 2】【光 3】【光 4】【光 5】【光 9】【光 11】

B 无关于地方秋审之记述的:

【乾 3】【乾 4】【道 1】【道 4】【道 6】【光 6】【光 7】【光 10】

对比上述 A、B 两组议案,可知二者之间具有相当明了的区别。那就是各地承接皇帝监候判决的官员是何种身份之问题。在 A 组中,直隶总督、盛京刑部侍郎、吉林将军、黑龙江将军,以及热河都统受领皇帝的监候判决,他们在各地负责监候人犯之人身管理工作。在 B 组中,处于同一立场的是察哈尔八旗都统、库伦办事处、定边左副将军、科布多参赞大臣,这些均为在蒙古地域的驻防官。其中,A 组直隶总督至黑龙江将军的前四者为内地官员。据此,可得到如下对应关系:即内地官员负责管理的罪囚基本上附有地方秋审之记述,而蒙古地域官员负责管理之罪囚则无地方秋审之记述。而热河地区,虽民人行政与蒙古行政二机构并存,但仍是京畿之一部。可认为,热河都统在此被视作内地官员①。

那围绕地方秋审的《秋审招册》记述内容之不同,是如何反映不同类型秋审程序之内容呢?首先,A 类如招册所述,无疑是在各地制作秋审原案。可认为,归类为 A 类的各议案,按与内地民人议案相同方式进行处理。问题

① 关于在热河都统之下进行地方秋审一事,参见《刑案汇览》卷五九《刑律·断狱·有司决囚等地·道光七年说帖》“热河民蒙案件悉归都统办结”。该史料中谈到道光七年(1827)以前,热河进行地方秋审。

在于B类之处理。作为跟踪探讨B类议案之处理方式的案例，探讨一下【道1】《根墩扎普扎伤小功服叔三巴扎布身死一案》①。下面，笔者追述对这一议案的审议过程，进而对被监管于蒙古地域官员处的罪囚所实际进行的秋审过程，进行重新构筑。

根墩扎普与小功服叔（父亲之从兄弟）三巴扎布本无隙。道光七年十月十八日（1877年12月6日），根墩扎普丢失马嚼，未能找到。根墩扎普的妹妹得里克说，三巴扎布在野外拾到的马嚼，与根墩扎普所丢失的相似。于是，根墩扎普前往三巴扎布家，要求还给自己。但不凑巧三巴扎布外出不在家。根墩扎普告知其母亲，即刻取回了（马嚼）。三巴扎布回家听到这一事情，就去根墩扎普家，认为马嚼是自己捡回之物，欲立即取走。根墩扎普欲夺回，但三巴扎布不松手。于是，二人吵起架了。三巴扎布手掐根墩扎普脖子，并殴打。根墩扎普为使其松手，情急之下拔出随身携带小刀扎伤三巴扎布左肋部。（三巴扎布）在十一月十三日死亡。

本案件由定边左副将军上报至中央，经理藩院与三法司会审，结案出具判决案。但该案件最初按立决报至皇帝处，经皇帝指示，更改为监候议案。

> 核其情节，被搭情急，抵扎壹伤，尚非有心逞凶干犯。惟死系小功服叔，服制攸关，仍应按律问拟①。根墩扎普合依卑幼殴本宗小功服叔死者斩律，拟斩立决。等因。道光八年九月初六日题。初八日奉旨。

---

① 史料全文如下：

山西司一起。斩犯壹名根墩扎普。年二十七岁。系三音诺彦部落公扎木色楞扎布旗下台吉喇布坦属下人。该理藩院等衙门题前事内开。该臣等会同刑部、都察院、大理寺会看得。据调任定边左副将军格布舍咨报。根墩扎普扎伤小功服叔三巴扎布身死一案。缘根墩扎普与小功服叔三巴扎布素无嫌隙。道光七年十月十八日，根墩扎普失去马嚼，找寻无获。根墩扎普之妹得里克，以三巴扎布在野外使得马嚼，与伊所失原物相似。根墩扎普随至三巴扎布家讨要，适三巴扎布外出。根墩扎普向其母告知，当即携回。三巴扎布回家闻知，亦至根墩扎普家，以马嚼系其拾来，即拿收欲走。根墩扎普向夺，三巴扎布不肯放手，致相争吵。三巴扎布用手搭住根墩扎普咽喉，连殴。根墩扎普冀其放手，一时情急顺拔身佩戴小刀向扎，致伤其左后肋。至十一月十三日殒命。报验审供不讳。查根墩扎普因被小功服叔三巴扎布用手搭住咽喉，连殴，一时情急，拔刀向扎适伤三巴扎布，殒命。核其情节，被搭情急，抵扎壹伤，尚非有心逞凶干犯。惟死系小功服叔，服制攸关，仍应按律问拟。根墩扎普合依卑幼殴本宗小功叔死者斩律，拟斩立决。等因。道光八年九月初六日题。初八日奉旨。根墩扎普改为应斩着监候秋后处决。余依议。钦此。咨行定边左副将军，将根墩扎普监候。在案。

道光九年秋审。该臣等会同九卿、理藩院、詹士、科道等官会审。根墩扎普应情实。等因。具题。奉旨。这情实根墩扎普着复奏。册留览。钦此。据刑科掌印咨行给事中托明等题。为遵旨复奏事。奉旨。着候勾到。钦此。据掌陕西道监察御史宗室博通等题。为处决重囚事。等因。道光九年十月二十七日题。本日奉旨。根墩扎普着牢固监候。钦遵在案。

① 虽承认酌情考虑之事由，但因属晚辈损害尊长，故言依据制定严刑之律的规定。

根墩扎普改为应斩着监候秋后处决。余依议。钦此。咨行定边左副将军、将根墩扎普监候。在案。

此处,由斩立决改定为斩监候,是依据《大清律例·刑律·斗殴》“殴大功以下尊长律条例”之一条“凡殴死本宗期功尊长,罪干斩决之案,如系情轻(中略)核其所犯情节,实可矜悯者,夹签声明[①],恭候钦定”,并非特例。在此更应关注的是,对从外蒙古地域呈报上来的蒙古人亲属间的杀伤事件,适用以中国法之家族概念为基础的殴大功以下尊长律及其条例进行处理。总之,监候命令之皇帝圣旨,被转送至定边左副将军处,根墩扎普被监禁起来,等候秋审之结论。

而归为B类的各议案之中,上述【道1】除外的7件,均以“咨行○○,将△△监候。在案”结束记述部分。之后的审议经过,无法继续探讨。既然是《秋审招册》之对象,肯定在九卿会审席上进行讨论。但史料表面上不能明确证明此点。实际上,《秋审招册》之一部分,包括秋审长达数年之议案。如属此类议案,可跟踪探讨监候判决后该议案的审议流程。根墩扎普之议案,正属此类。在前引“咨行定边左副将军、将根墩扎普监候。在案”之后,史料言:

道光九年秋审。该臣等会同九卿、理藩院、詹士、科道等官会审。根墩扎普应情实。等因。具题。奉旨。这情实根墩扎普着复奏。册留览。钦此。据刑科掌印咨行给事中托明等题。为遵旨复奏事。奉旨。着候勾到。钦此。据掌陕西道监察御使宗室博通等题。为处决重囚事。等因。道光九年十月二十七日题。本日奉旨。根墩扎普着牢固监候。钦遵在案。

据此可知,根墩扎普在道光九年(1829)秋审上,受到以九卿、理藩院、詹事、科道等为成员之会审,并被断为情实。此处值得关注的是,与一般的九卿会议(以九卿、詹事、科道等为成员)不同,该处能够证明理藩院的堂官也专此参加[②]。另外,亦值得关注的是,此处完全不能确认到其前一阶段的工作——地方秋审原案以及报告的制作过程。九卿会议的复奏、

---

① “夹签声明”是指向皇帝报告时,以付笺注记酌情考虑之事由的程序。如根墩扎普一案中,“被搭情急,抵扎壹伤,尚非有心逞凶干犯”之处,疑为注记。

② 规定上可见到理藩院堂官参加蒙古秋审之会审。如道光《理藩院则例·通例·秋审》上班有“届日,本院堂官赴天安门外朝房、会同大学士、九卿、詹士、科道等官会审”等。

勾决（勾到）是对情实人犯采取的通常的处理手续，勾决之程序决定是否处决该人犯。根墩扎普的情况是，免予下达执行命令，皇帝下达指示“着牢固监候”，将其置于监候①。因本案件处理方式如此，故跨年于第二年才接受秋审。道光十年（1830）秋审时所做的文件，即为上述《秋审招册》之议案。

若根据本案之内容，关于前述B组，可推定出如下审议程序。即关于在蒙古地域官员处被管押人身的监候人犯，在地方处理阶段，不进行制作秋审原案的地方秋审②，其秋审审议专门在中央进行③。除通常的参加人员之外，理藩院的堂官也参加中央的九卿会审，其基本过程与其他议案几乎相同。其中，亦有可能包括免予死刑，被监禁数年的罪囚。看起来可认为，虽然地方的参与是有限度的，但至少从国家机构整体而言，清代后期仍推行具有一定实效性的以蒙古人犯为对象之秋审。

另，不进行地方秋审，不意味蒙古地域官员完全不参与秋审之“实务”。虽属清末完成，但《乌里雅苏台志略》月咨言“应入秋审斩绞人犯，每年四月造册咨行（刑部·理藩院④）”，《科布多政务总册》事宜则简言“每年四月办理秋审案件”⑤。可认为，这可能是在进行有关各自地域监候人犯的收监情况等的预备报告。

（二）蒙古秋审的免死减刑

以蒙古人犯为对象的秋审，当其作为具有实效性的制度发挥作用时，随之会产生一些现实的问题。即通过秋审判处的囚犯分为两种，一种是死刑犯，另一种是非死刑犯。前者暂且不论，而后者的处理，即便在中国本土也成了一个很大的问题。在整个清代，随着这些非死刑人犯数量的增加，管理

---

① 在根墩扎普一案中，采取双重的缓和措施——从立决至监候，从情实至监候的留置。这样的处理方法，作为同时期案例，绝不特殊。虽然在法律上重视亲属关系的名分而设置严厉的惩罚，但实际应用上，在经由皇帝（译者补：核审）时，适当斟酌罪状减缓执行这一措施，在同时期中国本土的服制命案处理上频繁出现。本案说明，19世纪前半期，外蒙古之案件按与中国本土同样的应用原理来处理，引人关注。关于秋审的服制命案处理，有赤城美惠子：《清代服制事案に関する一考察——秋審手続を通じてみたる》，东京大学《东洋文化研究所纪要》第155册，2009年。

② 可认为，不进行地方秋审（译者补：这一形式），也适用于在蒙古地域官员之下受管理的民人罪囚。如，处理民人在库伦所犯放火事件的《光绪招册》山西第七册所收《段城滢谋财放火尚未延烧房屋一案》，与其他蒙古案例相同，招册内容欠缺地方秋审之记述。

③ 可认为，对该人犯下达监候判决时的文件，在中央存储于刑部等。而对未实施地方秋审的囚犯，是以这些文件为基础进行秋审的。

④ 新修方志丛刊本（台湾学生书局，1967年影印。引文中的［］表示夹注）。另，乌里雅苏台为定边左副将军驻在地。

⑤ 《科布多史料辑存》所收（书目文献出版社，1986年影印）。

上的问题[①],以及关于对这些犯人的减刑政策等问题[②],经常被提到朝廷议题上来。关于清代蒙古地域的监狱制度,其详细情况尚不明了。但,关于蒙古人犯的免死减刑问题,乾隆三十七年(1772)九月,理藩院奏准的条例有如下规定。其中,有关人命案,规定有蒙古例特有的家畜罚或是发配往内地等措施。

> 一、凡伤人致死,拟绞缓决之蒙古重犯,遇恩诏减等后,仍照蒙古律[③]罚取三九牲畜,给付尸亲完结。如照数无获者,即发山东、河南等省,交驿站,充当苦差。[④]

关于盗窃、抢劫等案件的减刑之规定,例如道光八年(1828)《缓决三次减等章程》的《减发河南、山东驿站当差》,以及《减发云、贵、两广驿站当差》两款中,列举了《蒙古偷窃牲畜》之议案[⑤]。即,此处发配内地亦是其基本措施。而且,在《缓决三次减等章程》中可了解到,根据发配地的远近,对减刑后的处置划定差别。例如,“蒙古偷窃牲畜二十匹以上为从”的,发配往河南、山东;“蒙古偷窃牲畜三十匹以上为从”的,发配往云南、贵州、两广。

另《刑案汇览》所载道光十年(1830)说帖,记录有经过秋审后发配往内地的蒙古犯人,从发配地逃出并再次犯罪的事例[⑥]。除此之外,根据道光十二年(1832)《蒙古遣犯病故应汇报理藩院》的记载,当时各省向理藩院就关于发配往内地的蒙古人犯的报告,每年“一、二百件之多”[⑦]。当然,这一概数不是仅限经历秋审的犯人数字。但从中可看得出,道光年间的前半期间,蒙古犯人被发配往内地是习以为常的事情。岛田正郎指出,在嘉庆末、道光

---

① 特别是高远拓儿:《清代地方秋審の手続と人犯管理—乾隆年代における提犯・巡歷・留禁の問題をめぐって—》。讨论了围绕中国本土秋审之罪囚管理问题。有中村茂夫:《秋審余滴》,《愛大史学》第8号,1999年;赤城美惠子:《清朝朝審における緩決人犯の減等について》,《法史学研究会会报》第12号,2008年,则论及未执行死刑而增加的罪囚问题。

② 关于秋审人犯的免死减罪等问题,有赤城美惠子:《清朝朝審における緩決人犯の減等について》。

③ 此处“蒙古律”指的是康熙二十六年(1687)之规定:“凡打死人命应拟绞之蒙古等。遇赦免其绞罪。出免罪人犯。追罚三九牲畜。给付尸亲。”关于本条,参见岛田正郎:《清代蒙古例の研究》,第820—821、836页。

④ 《蒙古律例・断狱》:“缓决减等之蒙古人犯应罚牲畜无获。”

⑤ 作为早于《刑案汇览》卷末《本部查办缓决三次减等章程》之事例,乾隆四十七年(1782)缓决三次减等条款《蒙古抢窃什物未伤人》规定极边四千里。参见赤城美惠子:《清朝朝審における緩結人犯の減等について》《法史学研究会会報》第12号,2008年,第10页。

⑥ 《刑案汇览》卷57《刑律・捕亡・徙流人逃・道光十年说帖》:“蒙古拟绞减遣逃后抢窃拘捕。”

⑦ 《刑案汇览》卷59《刑律・断狱・有司决囚等第・道光十二年通行》:“蒙古遣犯病故应汇报理藩院。”

初年以后，蒙古例中关于发配的规定“有了快速而显著地发展”①。在考虑内外蒙古的广阔地域上，监候人犯频繁出现之状况产生的时期——亦即随着蒙古人犯的免死减刑处理而发配往内地的事例频发时期这一问题时，上述指摘极富寓意性。本文以报自长城沿线地域的《乾隆招册》之议案，以及报自内外蒙古各地的《道光招册》《光绪招册》之议案作为讨论对象。可认为，将来通过解明本文中未能提及的自嘉庆年间至道光初年间的状况，能够就蒙古秋审之拓展，以及内地发配等问题，展开进一步深刻的讨论。

结　语

本文通过对清代后期蒙古人犯议案之分析，对（1）中央上对蒙古死刑议案的判决程序，（2）蒙古秋审问题，进行了探讨。以下对阐明的事项，略加整理，权当结尾。

首先，通过对问题（1）之探讨，释清了清代后期存在三种处理蒙古死刑议案的判决程序。其中，内地型程序，仅限于三法司制作判决案，适用于在内地发生的或蒙旗交涉之案件。在此，不仅可确认到遵照《化外人有犯律条例》前段之论理——规定“如蒙古在内地犯事者，照刑律办理”的判决案，还可知该条文的论理贯彻到了司法程序面上。本文还指出，关于同一条文后半段的“如民人在蒙古地方犯事者，即照蒙古律办理”一文，能够找到与其相对应的具体案例。另外，本文确认到以理藩院为中心、会同三法司的蒙古型程序，广泛适用于外蒙古地域的蒙古死刑议案。而且还确认到，如案件的加害者、被害者双方均为蒙古的情况下，上述蒙古型程序还适用于长城沿线蒙古地域。除此之外，还存在蒙古型与内地型的折中型这一类型，这是刑部充当核心，与理藩院、都察院、大理寺进行会审的类型。可认为，这种折中型适用于发生在长城沿线蒙古地域的案件之中的蒙民交涉案件。前辈学者早已指出，关于清代蒙古裁判问题，应考虑地域间差异②。可以说，就这次探讨的

---

① 岛田正郎：《北方ユーラシア法系通史》，东京：创文社，1995 年，第 69 页；关于嘉庆、道光之交可按蒙古例之崭新时代来处理之观点，岛田正郎：《北方ユーラシア法系の研究》，东京：创文社，1981 年，第 342—352 页已详述。

② 岛田正郎的《清朝蒙古例の実効性の研究》与《北方ユーラシア法系通史》留意到外藩、内属之别展开考察。另萩原守：《清代の蒙古例》以及《清代モンゴルの裁判と裁判文書》（第 185 页）指出地域间差异之研究为今后课题。

结果而言,通过具体案例,了解到了上述指摘的分析视角之正确性。

另外,关于蒙古秋审,以往围绕其时效性意见分歧。本文阐明,根据收到监候判决的地方官员之不同,其处理方式分为两种。首先,就被内地官员管理人身的罪囚而言,按与通常的民人之议案相同的程序处理。而就被蒙古地域的官员管理人身的罪囚而言,不实施内地进行的地方秋审,可认为蒙古官员不参与判定秋审。以往,怀疑蒙古秋审之实施及其实效性的最大原因即在此。然而,关于未成地方秋审之对象的议案,朝廷中央亦进行审议。从分类处置监候罪囚这一侧面而言,以这些议案为对象的秋审,亦作为充分具备实效性的制度而发挥着作用。但其并非与内地秋审完全相同。即内地地方秋审办理“提犯会勘”[①]这一手续,至少形式上具备发现、更正冤案,以及多官会审等功能。进而言之,“提犯会勘”制度的仪式化,本身构成了宣示王朝权威的一个机会。另还可认为,中央对地方原案进行复审而带来的管制效果等,亦在发挥作用。有必要留意,以蒙古地域的罪囚为对象之秋审,忽略了编入制度内的类似上述的种种机能。可认为,这是以贯彻清朝刑罚体系,即由划分死刑为立决与监候,划分监候为情实、缓决等之规定构筑起来的刑罚体系——的必要性为优先,并不是因为秋审制度被导入当地而引起。

据本文考察结果,可了解到如下内容。即,清朝针对蒙古地区的司法程序,因犯罪地点、事件当事者的归属、负责官员等不同,以复杂的不同方式得到有效利用。其中的一大发现是,不论是在判决程序之中,抑或是在秋审程序之中,是否属于内地这一指标构成具备相当分量的条件。另值得注意的是,如同判决程序中的折中型,为易于选择提取交壤地带的交涉案件,清朝设定了中间型的处理框架。这样的组织体系,是清朝在掌握并控制交错生活于广阔地域内的族群集团时摸索出来的。而且,构筑这一体系的过程与背景,其本身就是一个饶有兴趣的课题。笔者拟以这一制度之由来为今后研究课题,以此结束本稿之讨论。

(与高雪辉合译,原载周东平、朱藤主编:《法律史译评》,北京大学出版社,2013 年,第 248—271 页。)

---

① 关于“提犯会勘”,参见高远拓儿:《清代地方秋審の手続と人犯管理—乾隆年代における提犯・巡歴・留禁の問題をめぐって》;关于秋审制度的诸理念与机能,参见高远拓儿:《清代秋審制度の機能とその実態》,《东洋史研究》第 63 卷第 1 号,2004 年。

英国图书馆藏“蕃汉语词对译”残片(Or.12380/3948)再考

松井太(大阪大学)

20世纪初,斯坦因(Aurel Stein)率领的英国中亚探险队挖掘并收集到大量多语种文献。其中大部分现藏于伦敦的英国图书馆。《英国国家图书馆藏黑水城文献》全5卷(以下略成为KKBL),收录有内蒙古自治区额济纳旗境内西夏与蒙元时代的黑水城(Qara-Qota, Khara-Khoto)遗迹出土资料的图版。本文题目中的Or.12380/3948文书残片,即出自该书。正如名之为“蕃汉语词对译”,该文书断片是个对译词汇集,是在以汉字音译的24条蕃语(以下按①—㉔标示)的右侧,添加了稍小的汉字汉语译文。文书断片现存规格为28.0×9.0厘米[①]。

关于该文书片段,西田龙雄最早指出其作为对译资料的价值。不过,西田仅给出了词汇①②③⑥⑧⑯的录文,未能确定蕃语[②]。宫纪子则对该文书进行了全面探讨,视不明蕃语为波斯语,并把该文书定性为蒙元时代站赤驿站内为应对使用波斯语的使节客商而作[③]。然上述前人之解释有必要更正。本文将论证该文书是属于公元8世纪的古突厥语和汉语的对译词汇集,是可与突厥鄂尔浑碑文相提并论的最早期的古突厥语资料。

一、文书出土地与年代

斯坦因为自己在黑水城所获资料,给出了以“K.K.”(=Khara Khoto)打

---

① 《英国国家图书馆藏黑水城文献》(全5卷),上海古籍出版社,2005—2010年,第5卷,第359页。

② 西田龙雄:《批評と紹介:英藏黑水城文献⑤》,《东洋学报》第93卷第1期,2011年,第62页。

③ 宫纪子:《カラ・ホト出土文书の对译语彙集断片について》,载窪田顺平编:《ユーラシアの东西を眺める》,京都:综合地球环境学研究所,2012年,第27—36页。

头的出土地标号,KKBL 所收资料的大部分均带有 K.K.标号。不过,Or.12380/3948 文书出土地标号,在 KKBL 中标作“mi-lagh 0393”。显然,该“mi-lagh”是今和田(Xoten)市东北约 180 公里的麻扎塔格(MazarTagh)遗址的出土地标号 Mr. Tagh(或 M. Tagh)的误读。这一点,也可从被标于该文书纸背的出土地标号的字样中得到确认。即,该文书并非黑水城出土资料,而是属于麻扎塔格出土资料①。

麻扎塔格遗址位于连接龟兹和于阗的交通干线要冲,公元 8 世纪由唐朝作为军事基地设置,9 世纪初陷于吐蕃。9 世纪中叶吐蕃势力退出塔里木盆地后,麻扎塔格即被荒废。这是因为,该地自然环境并不适合定居村落的自然形成。②

鉴于上述状况,麻扎塔格出土的 Or.12380/3948 文书不可能属于蒙元时代。因该文书是以汉字音译蕃语,并翻译成汉语,故应考虑是在 8 世纪由汉人在唐朝羁縻统治时期的麻扎塔格制作。

二、蕃语的可能性

宫纪子把该文书中傍译作“字”的㉓“寒的”,比定为阿拉伯语起源的波斯语ḫaṭṭ“字;文字,证文”,进而把其他词汇也以波斯语来解释③。这一见解是基于该文书产生于波斯语作为国际语而被使用的蒙元时代这一前提。前一节已经阐明,该文书属于 8 世纪,故文书中的蕃语,需要重新探讨。

在距麻扎塔格遗迹东南 100 公里处的丹丹乌里克(Dandan-Uilik)遗迹,发现有 2 件公元 800 年左右的犹太—波斯语信札断片④。故,地理上与丹丹乌里克邻近的麻扎塔格出土的 Or.12380/3948 文书的蕃语,不能否定波斯语

① 不过,在这个出土地标码中,表示麻扎塔格遗迹具体挖掘地点的代码(i, ii, iii, iv, v; a, b, c)并未在 Mr.Tagh 之后标出。故,该文书并非斯塔因自身挖掘,而应被视作从挖掘麻扎塔格的当地人手中收集到的资料之一。相关内容,见 A. Stein, *Serindia*, 5 vols. London, 1921, vol.3, pp.1284 - 1288, Plate 59; A. Stein, *Innermost Asia*, 4 vols. Oxford, 1928, vol.1, pp.92, 94 - 96.

② 吉田丰:《コータン出土 8—9 世纪のコータン语世俗文书に关する覚え书き》,神戸市外国语大学外国学研究所,2006 年,第 64、87 页;荒川正晴:《ユーラシアの交通、交易と唐帝国》,名古屋大学出版会,2010 年,第 299—300 页。

③ 宫纪子:《カラ・ホト出土文书の对译语彙集断片について》,第 27 页。

④ B. Utas, “The Jewish-Persian Fragment from Dandān-Uiliq,” *Orientalia Suecana*, vol.17, 1968, pp.123 - 136;张湛、时光:《一件新发现犹太波斯语信札的断代与释读》,《敦煌吐鲁番研究》第 11 卷,上海古籍出版社,第 71—99 页,图版 1。

的可能性。然，麻扎塔格出土非汉语资料的大多数是于阗文、藏文，还有一部分为粟特文[①]。进言之，8—9世纪的于阗地区还通行梵文、犍陀罗文和上述犹太—波斯文。是故，即使其中某一词汇是波斯语，但也不能即刻把其他词汇也断定为波斯语。这是因为我们可以想象到——这些语言之间存在彼此间的借用现象。

在8世纪唐朝的羁縻统治之前，7世纪时期塔里木盆地处于西突厥汗国的间接统治下。据麻扎塔格出土唐代汉文文书可明断，用于西突厥交通制度的、“驿马”之意的突厥语 ulaγ 被汉语借用为“乌骆 * *uo-lâk*”[②]。鉴于上述历史状况，该文书中的蕃语存在主要指突厥语的可能性。

实际上，宫纪子以为蕃语中的4条（⑤⑦⑬㉒），是借自突厥语的波斯语。不过，这些词汇也可以原封不动地解释作突厥语。另，把㉓寒的视作波斯语ḫaṭṭ 的宫纪子之想法，从汉语古音而言难言正确（见后文㉓）。而且，宫纪子的录文及其相关波斯语的比定，存在诸多问题。如下节所述，若比定为突厥语，则这些问题可迎刃而解[③]。

三、录文与古突厥语转写

下面，笔者就词汇①—㉔，分别给出汉字音译录文及其推定中古音[④]，以及由此构建出来的突厥语形式，最后是汉字傍译录文。录文与推定的突厥语中，未能确定者后附“？”。

① 阿笃 * ˙*â-tuok*<T. adut? = 手

表示“手”之义的古突厥语，通常情况下预判是 elig。不过，此处第2个音译文字笃与-lig 不符。姑把阿笃 * ˙*â-tuok* 复原作突厥语 adut“手掌，掌；掌（表示程度）”[⑤]。只是古典突厥语中元音之后的-d 被认为是摩擦音

---

① 曾被介绍作回鹘文（“Uigur?”）。Or. 8212/112（M.Tagh. a. 0049）和 Or. 8212/114（M.Tagh. c. I. 0071）文书应是粟特语文书。见 N. Sims-Williams, “The Sogdian Fragments of the British Library,” *Indo-Iranian Journal*, vol.18, 1976, pp.44, 62, 67.

② 荒川正晴：《ユーラシアの交通、交易と唐帝国》，第23—32、298—306页。

③ 针对宫纪子比定的详细反驳，见松井太：《大英図書館所藏对訳語彙集断片 Or. 12380/3948 再考》，《东方学》第132卷，2016年，第87—74页。

④ 中古音复原据 B. Karlgren, *Grammata Sericarecensa*, Stockholm, 1957.

⑤ G. Clauson, *An Etymological Dictionary of Pre-Thirteenth Century Turkish*, Oxford, 1972, p.44; cf. A. von Gabain, *Alttürkische Grammatik* (3. ed.), Wiesbaden, 1974, p.317; Maḥmūd al-Kāšγarī, *Compendium of the Turkic Dialects* (*Dīwān Luγāt at-Turk*), 3 vols. Tr. and ed. by R. Dankoff/（转下页）

[δ][1],此处可考虑到若以笃来表示-dut[-δut]存在问题[参见后文⑧⑯]。但也有必要考虑到汉字音译的误记,以及“手”“腕”等未知突厥语单词的存在可能。

② 纥诺 * *γət-nâk*<T. * hadaq? ~adaq? =脚

就傍译的“脚”而言,预判为突厥语 adaq“脚、足”。参考较多残留有古突厥语要素的哈拉吉语 hadaq~ha̯da̯q“脚”[2],此处纥诺或许应考虑作 hadaq(~adaq)的形式[3]。唯后面所述的⑩⑪词条中,诺 * *nâk* 与突厥语的-naq/-näk 音相对应,故此处很难视作与-daq 对应。关于此词,有必要考虑到未知的突厥语单词和音译时的误写。

③ 举 * *ki̯wo*<T.küp=瓮

“瓮,瓷,瓶”之意的 küp,亦频见于回鹘语文献。西州回鹘时代,存在作为液体计量单位的 küp 与汉语的“瓮;甕”(约 36 公升)对应的可能性[4]。另参见后面第⑱。

④ 监? 史? 何? * *kam-ṣi-γâ*<T.kämišgä? =袍?

看起来,傍译应是衣偏旁的文字。但除末尾的何字外,音译不清。依据此何 * *γâ* 字,笔者建议复原作突厥语 kämišgä~kimišgä“喀什产的被刺绣的毡子”[5]。该词被认为是于阗语 kamaiśkä“套子;外套”的借用语[6],从文书出土地点看也比较符合。此处,据突厥语 kämišgä,音译第 1 字、第 2 字录文作“监”“史”,傍译追加“袍”字。

⑤ 雍 * ˙*i̯wong*<T.üm=袴

该录文与突厥语 üm“裤子”之间的比定毫无问题[7]。突厥语与汉语之

(接上页)J. Kelly. Cambridge, MA, 1982 - 1985, vol.3, p.5; Kâşgarlı Mahmud, *Dîvânu Lugâti't-Türk*, Ed. A. B. ERCILASUN & Z. AKKOYUNLU, Ankara, 2014, pp.24, 40.

① M. Erdal, *A Grammar of Old Turkic*, Leiden, 2004, pp.67 - 69.

② G. Doerfer, *Khalaj Materials*, Bloomington, 1971, p.290; L. Johanson & É. Á. Csato, *The Turkic Languages*, London & New York, 1998, pp.71, 96; Igor De Rachewiltz & V. Rybatzki, *Introduction to Altaic Philology*, Leiden & Boston, 2010, p.41.

③ 回鹘汉字音中,诺 * *nâk* 在回鹘字中以 daq 音译。见庄垣内正弘:《ロシア所藏ウイグル语文献の研究》,京都大学大学院文学研究科,2003 年,第 55—56 页。

④ 松井太:《西ウイグル時代のウイグル文供出命令文書をめぐって》,《人文社会论丛》(人文科学篇)第 24 辑,2010 年,第 39 页。

⑤ G. Clauson, *An Etymological Dictionary of Pre-Thirteenth Century Turkish*, p.724; Maḥmūd Al-Kāšγarī, *Compendium of the Turkic Dialects*, vol.1, p.364; Kâşgarlı Mahmud, *DîvânuLugâti't-Türk*, p.214.

⑥ H. W. Bailey, *Dictionary of KhotanSaka*. Cambridge, 1979, p.52.

⑦ Maḥmūd Al-Kāšγarī, *Compendium of the Turkic Dialects*, vol.3, p.60; Kâşgarlı Mahmud, *Dîvânu Lugâti't-Türk*, p.93; G. Clauson, *An Etymological Dictionary of Pre-Thirteenth Century* (转下页)

间，词末的-*m* 与-*ng* 经常互换。

⑥ 寒约 ＊*γân-˙i̯ak*<T.qïngraq？ ＝刀子

就转写而言，未能发现与寒约（＊*γân-˙i̯ak*）相适应的古突厥语。姑推定为突厥语 qïngraq（～qïngïraq～qïngaraq）“双刃菜刀，切肉刀”的不确切听音或音译[②]。

⑦ 讫礼支 ＊*ki̯ət-liei-tśi̯e*<T. qïlïč＝刀

该比定毫无问题。

⑧ 吉礼思 ＊*ki̯ĕt-liei-si*<T.kidiz～kiδiz＝毡

古突厥语 *kidiz* 的词中-*d*-是摩擦音［δ］[③]，故-di-［δi］音译作礼＊*liei*。唐代的汉文资料中，古突厥语的 täŋri-δä“从天”常常音译作登里啰＊*təng-lji-lâ*[④]。另，中世伊朗语的［δ］音也有被音译作［l］音汉字之例[⑤]。亦请参见后文⑯。

⑨ 錒物？约 ＊*kâ-mi̯uət-˙i̯ak*<？ ＝贵

很遗憾，未能发现与此处的音译和傍译恰好对应的古突厥语。

⑩ 割思诺 ＊*kât-si-nâk*<T.qaznaq＝库房

前面介绍的丹丹乌里克出土犹太—波斯语信札中，出现来自阿拉伯语ẖazīna“库藏，宝库”的 P. kwzynh［＝xuzīna］“费用，支出”一词[⑥]。不过，此处应考虑古突厥语形式的 qaznaq。突厥语 qaznaq～qïznaq“库房”，被认为是从阿拉伯语ẖazīna 经由中世伊朗语而被借入到突厥语中[⑦]。该词亦可在回鹘

（接上页）*Turkish*, p.155；山田信夫：《ウイグル文契約文书集成》（全 3 卷），大阪大学出版会，1993 年，第 101 页；Y. Çağbayïr, *ÖtükenTürkčesözlük*, 5 vols. İstanbul, 2007, vol.2, p.2156, vol.5, p.5041.

② G.Clauson, *An Etymological Dictionary of Pre-Thirteenth Century Turkish*, pp.639－640; Maḥmūd Al-Kāšγarī, *Compendium of the Turkic dialects*, vol.1, p.15, vol.2, p.346; Kâşgarlı Mahmud, *Dîvânu Lugâti't-Türk*, p.714.

③ M. Erdal, *A Grammar of Old Turkic*, pp.67－69; G.Clauson, *An Etymological Dictionary of Pre-Thirteenth Century Turkish*, p.707; Maḥmūd Al-Kāšγarī, *Compendium of the Turkic Dialects*, vol.1, p.282; Kâşgarlı Mahmud, *Dîvânu Lugâti't-Türk*, p.719。另见前文①。

④ 森安孝夫：《ウイグル＝マニ教史の研究》，《大阪大学文学部纪要》第 31、32 合卷，1991 年，第 182—183 页。

⑤ 例如：中世波斯语 c'yδ'n“永久”>喏夷嚂＊*ńźi̯a-i-lân*；帕提亚语 pyδr“父”>卑嘌＊˙*pji̯e-li̯et*；帕提亚语 wz'yδw'δ“被选择的”>于而勒＊*ji̯u-ńźi-lək*。见吉田丰：《マニ教文献における汉字音写された中世イラン语について》，《内陆アジア言语の研究》第 2 辑，1987 年，词表中第 41、71、87 项。

⑥ 张湛、时光：《一件新发现犹太波斯语信札的断代与释读》，第 97 页。

⑦ G. Doerfer, *Türkische und Mongolische Elementeim Neupersischen*, 4 vols. Wiesbaden, 1963－1975, vol.3, Nr. 1485; G. Clauson, *An Etymological Dictionary of Pre-Thirteenth Century Turkish*, p.684.

语佛典和西州回鹘时代的回鹘文契约文书中得到确认[1]。故,该词是蒙元时代以前,在与伊斯兰文化尚未发生关系之前被突厥语诸族所借用。本文书的用例,表明上述借用可追溯到 8 世纪。

⑪ 本诺 * *puən-nâk*<T.bänäk = 钱

该比定没有问题。迄今为止,突厥语 *bänäk*“铜钱,小钱”的最古老用例见于麻赫默德 · 喀什噶里(Maḥmūd al-Kāšġarī)《突厥语大词典》(*DīwānLuġāt al-Turk*),被认为是波斯语 banak“种子;斑点,痔”的借用语[2]。不过,《突厥语大词典》中,bänäk“种子;斑点”与 bänäk“铜钱,小钱”是作为不同词汇而被分别收录[3]。在本文书成立的 8 世纪,突厥语诸族尚未伊斯兰化,很难考虑到波斯语被借用到突厥语中,故 bänäk“铜钱,小钱”应视作固有的突厥语词汇[4]。

⑫ □□□<T.ešgüti ~ ešgürti ~ ešgirti? = 绫

汉字三字音译不清,只有傍译的“绫”确切可见。回鹘文《慈恩传》中,汉文原文“金缕绫、罗、幡五百口”(《大正新修大藏经》第 50 册, 经号 2053, 第 259 页下段 4)对译作 altun yiplig ešgirti-lär la-lar pra-lar beš yüz“金丝的 ešgirti、罗(la)、幡(pra)五百”,可知绫与 ešgirti 间的对应[5]。突厥语词 ešgüti ~ ešgürti ~ ešgirti,在回鹘文《天地八阳神咒经》中被对译作汉语的“锦”,[6]《突厥语大词典》中说明作“中国产的丝织品”[7]。然在本文书中,与汉语“锦”对应的是 qutay(参见后文⑭)。另,8 世纪的突厥碑文中,并列提到 qutay 与 ešgüti (~ ešgürti ~ ešgirti)。是故,笔者推测本文书中与“锦”qutay 并列的“绫”的对译为 ešgüti ~ ešgürti ~ ešgirti。

⑬ □故 * [?] -*kuo*<T.torqu = 绢

与傍译的“绢”对应的古突厥语是 torqu“绢”[8]。因文书破损,音译部分不

---

① G. Clauson, *An Etymological Dictionary of Pre-Thirteenth Century Turkish*, p.684;山田信夫:《ウイグル文契約文书集成》全 3 卷,Lo04。

② G. Clauson, *An Etymological Dictionary of Pre-Thirteenth Century Turkish*, 1972. p.350; Maḥmūd Al-Kāšγarī, *Compendium of the Turkic Dialects*, vol.1, p.295; Y. Çağbayïr, *Ötüken Türkčesözlük*, vol.1, p.545.

③ Kâşgarlı Mahmud, *Dîvânu Lugâti't-Türk*, p.166.

④ 众所周知,突厥人与粟特人在经济、文化上有着密切关系。然据吉田丰教授,突厥语 bänäk“铜钱”难以考虑作借自粟特语 pny“铜钱(<梵語 paṇa)”。

⑤ K. Röhrborn, *Die Alttürkische Xuanzang-Biographie* VII. Wiesbaden, 1991, p.102.

⑥ 小田寿典:《仏说天地八阳神呪经一卷トルコ语译の研究: 研究编》,京都: 法藏馆,2010 年,第 243 页;山田信夫:《ウイグル文契約文书集成》(全 3 卷),WP03。

⑦ G. Clauson, *An Etymological Dictionary of Pre-Thirteenth Century Turkish*, p.350; Maḥmūd Al-Kāšγarī, *Compendium of the Turkic Dialects*, vol.1, p.164; Kâşgarlı Mahmud, *Dîvânu Lugâti't-Türk*, p.75.

⑧ G. Clauson, *An Etymological Dictionary of Pre-Thirteenth Century Turkish*, p.539; G. Doerfer, (转下页)

清，但末尾偏旁看来是反文旁“攵”，故推定为与torqu的-qu对应的故＊*kuo*。

⑭ 骨对＊*kuət-tuậi*<T.qutay～qotay＝锦

该突厥语qutay（～qotay），迄今只在突厥碑文中得到确认。据其文义，被推定为“某种丝织物”。例如，阙特勤碑南面第5行（即毗伽可汗碑北面第3—4行）有altun kümüš ešgüti qutay buŋsïz anča berür“（唐人）无限赠予金、银、绫（ešgüti～ešgirti）、qutay”之文；毗伽可汗碑北面第11行有［sarïγ altu］nïn ürüŋ kümüšin qïrγ aγlïγ qutayïn kinlig ešg［ütisin］“把黄金、白银、带花边的qutay、有条纹的绫”之文[①]。与突厥碑文同属于8世纪的本文书中，“骨对（qutay）”与“锦”对译。这点即使在古突厥语言学上仍显重要。作为突厥语qutay～qotay的词源，曾有人建议是汉语的“绂带”[②]，惜音韵方面难言恰当。最近提到的“缟带（＊*kâu-tâi*）”也有可能，但难断当否[③]。

⑮ 吉始＊*ki̯ĕt-śi*<T.kiši＝人

该比定无问题。

⑯ 骨睹寺＊*kuət-tuo-zi*<T. qoduz＝妇女

古突厥语qoduz为“寡妇，未婚女性”之意。该词中的-d-在古音中也被推定为摩擦音［δ］[④]。然前述⑧ kidiz～kiδiz的-di-～-δi-以礼＊liei音译，而此处-du-～-δu-以睹（＊tuo）音译。可见，上述音译并不保持一致。

⑰ 跱？（＊*d̑ʼi*）<T.ič-？ ＝吃？

因文书残缺，傍译不得而知。音译若非跱（＊*d̑ʼi*），则存在同属澄母的踌（＊*d̑ʼi̯ə̯u*）的可能性。古汉语澄母在粟特语、回鹘语中音译作［č］[⑤]。考虑到下一项⑱（*bägni*）是饮料之意，此处推定为把古突厥语动词词干*ič*-“喝，吃”标记作跱。不过，也可把音译读作踌，视作用于表示古突厥语čöb～čöp

（接上页）*Türkische und Mongolische Elementeim Neupersischen*, vol.2, Nr. 884; Maḥmūd Al-Kāšγarī, *Compendium of the Turkic Dialects*, vol.1, p.323.

① T. Tekin, *Orhonyazıtları*, Ankara, 1988, pp.1－2, 32－33; W. Radloff, *Die Alttürkischen Inschriften der Mongolei*, St. Petersburg, 1895, p. 111; A. von Gabain, *Alttürkische Grammatik* (3. ed.), Wiesbaden, 1974, p.360; G.Clauson, *An Etymological Dictionary of Pre-Thirteenth Century Turkish*, pp.607－608; H. S. User, *Köktürkve Ötüken Uygur Kağanlığıyazıtları*, Konya, 2009, p.239.

② Choi Han-woo, “On Some Chinese Loan Words in Uighur,” *Central Asiatic Journal*, vol.32, no.3/4, 1988, p.165.

③ M. Ölmez, “Eski Türk Yazıtlarında Yabancı Öğeler (3),” *Türk Dilleri Araştırmaları* 9, 1999, pp.60－61.

④ G.Clauson, *An Etymological Dictionary of Pre-Thirteenth Century Turkish*, p.608; Maḥmūd Al-Kāšγarī, *Compendium of the Turkic Dialects*, vol.1, p.282; Kâşgarlı Mahmud, *Dîvânu Lugâti't-Türk*, p.725.

⑤ 吉田丰：《ソグド文字で表記された漢字音》，第351—353页；庄垣内正弘：《ロシア所藏ウイグル语文献の研究》，京都大学大学院文学研究科，2003年，第57页。

"果汁"①。

⑱ 觅你 * *miek-ni*<T.bägni = 米? 酒?

觅 * *miek* 的回鹘汉字音是 PYK = beg,②音译的觅你 * *miek-ni* 可比定为古突厥语 bägni"麦酒,米酒,啤酒"③。因未能完整判读傍译,姑将第 1 字推定为米,第 2 字推定为酒。敦煌出土鲁尼文突厥语文书(Or. 8212/77)中,有以"瓮(küp)"(前项③)计量的"麦酒(bägni)"之用例④。

⑲ 谷刖? 干 **i̯wok-ngi̯wɒt-kân*<T.yoγurqan = 被

古突厥语 yoγ urqan"被"可在《突厥语大词典》和回鹘语文献中得到确认⑤。音译第 2 字最初印象似乎为别 * *b'i̯ät*,此处考虑到与-γur-的对应关系,推定为刖 * *ngi̯wɒt*⑥。

⑳ 吉吕挖? * *ki̯ĕt-li̯wo-t'â*<? =□子

未能发现符合转写的古突厥语。另,傍译亦不清。若设定为与前项⑲有关的表示衣服类、被服类的词汇,或与于阗语 kīḍakyä"衣服,上衣"有关⑦。

㉑ □养? *[?]-*i̯ang*<? =?:

音译、傍译均不清,无法复原作古突厥语。

㉒ 屋里 * ˙*uk-lji*<T.oγlï ~ oγul = 儿

转写、傍译均可比定为古突厥语的 oγlï ~ oγul"男儿,儿子"。傍译的儿之上,或写有男字。

㉓ 寒的 * *γân-tiek*<? =字

转写、傍译均清晰可见。如前所述,宫纪子把傍译"寒的"比定为波斯语

① G.Clauson, *An Etymological Dictionary of Pre-Thirteenth Century Turkish*, p.394; Maḥmūd Al-Kāšγarī, *Compendium of the Turkic Dialects*, vol.3 p.95; Kâşgarlı Mahmud, *Dîvânu Lugâti't-Türk*, p.628.

② 庄垣内正弘:《ロシア所藏ウイグル语文献の研究》,第 136 页。

③ G.Clauson, *An Etymological Dictionary of Pre-Thirteenth Century Turkish*, p. 328; Maḥmūd Al-Kāšγarī, *Compendium of the Turkic Dialects*, vol.1, p.327; P. Zieme, "Alkoholische Getränkebei den Alten Türken." In Á. Berta (ed.), *Historical and Linguistic Interaction between Inner-Asia and Europe*, Szeged, 1997, pp. 439 – 440; S. Eker, *Divanü Lugâti't-Türkve* İran Dillerindenkopyalarüzerine I. *International Journal of Central Asian Studies*, vol. 13, 2009, p. 250; Kâşgarlı Mahmud, *Dîvânu Lugâti't-Türk*, p.582.

④ 森安孝夫:《ウイグル語文献》,山口瑞凤编:《敦煌胡语文献》(讲座敦煌 6),东京:大东出版社,1985 年,第 27—28 页;松井太:《西ウイグル時代のウイグル文供出命令文书をめぐって》,第 39 页。

⑤ G.Clauson, *An Etymological Dictionary of Pre-Thirteenth Century Turkish*, p.907; Maḥmūd Al-Kāšγarī, *Compendium of the Turkic dialects*, vol.3, p.229; Kâşgarlı Mahmud, *Dîvânu Lugâti't-Türk*, p.979.

⑥ 与刖同音的月 * *ngi̯wɒt* 在回鹘汉字音中音译作 KWR = gur。见庄垣内正弘:《ロシア所藏ウイグル语文献の研究》,第 87、132 页。

⑦ H. W. Bailey, *Dictionary of Khotan Saka*, Cambridge, 1979, p.60.

ẖaṭṭ“字，文字；证文”。如前介绍，本文书蕃语的大多数可比定为古突厥语，故“寒的”的比定亦可不局限于波斯语。

喀喇汗王朝统治下的莎车出土的公元 11—12 世纪回鹘体突厥文契约文书中，可确认到借自阿拉伯语、波斯语ẖaṭṭ 的突厥语 X'T = xat“字；证文”，及其派生语 xatčï“书记”[①]。故，在公元 11 世纪后半叶之前，阿拉伯语、波斯语的ẖaṭṭ 已经被借入并根植于喀喇汗王朝古突厥语中[②]。可是，这种来自阿拉伯语、波斯语的借用语应考虑为源自 10 世纪以降喀喇汗王朝的伊斯兰化。相对而言，在 8 世纪的古突厥语中不应视作一般化。不过，本文音译寒的音值（ * *γân-tiek*）与突厥语的ẖaṭṭ ~ xat 亦不能正确对应。而傍译的“字”所对应的古突厥语是 užïk（ ~ užak ~ užik ~ üzük），但其音译亦不对应。相比而言，音译第 2 字“的”音值（ * *tiek*）令人想起古突厥语 bitig“文，书；证文，书信”。或许，音译第 1 字寒 * *γân* 是带有[bi]音的汉字之误写。但这纯属推测，有待将来解决。

㉔ 寒的 * *γân-tiek*

未加傍译，大概是㉓的衍字。

四、简 要 考 释

如上所述，见于本文书的 24 条词汇中，12 条（③⑤⑦⑧⑪⑬⑭⑮⑯⑱⑲㉒）明显是古突厥语，1 条（⑪）作为借用语而植根于古突厥语中。尤其重要的是，⑮kiši“人”、⑯qoduz“夫人”、㉒oγul“男儿，儿子”等基础性词汇可按突厥语来解释。至于其他词汇，虽难以确切比定出来，但①④⑥⑫⑰可用突厥语解释的可能性较高。上述几点，力证本文书是古突厥语、汉语词汇对译文。属于公元 8 世纪的本文书，与蒙古高原的突厥、漠北回鹘汗国时期的突厥鲁尼文碑文属同一年代。从历史语言学方面而言，该文书具备最古老的

---

① M. Erdal, “The Turkish Yarkand Documents,” *Bulletin of the School of Oriental and African Studies*, vol.47, no.2, 1984, I - 25, II - a2, c2, IV - 1, 11, VI - 1, 10, V - a3, b3; M. Gronke, “The Arabic Yārkand Documents,” *Bulletin of the School of Oriental and African Studies*, vol.49, no.3, 1986, p.503.

② 进言之，公元 1326 年（回历 726 年）的伊儿汗国阿拉伯文回鹘文进奉文书中可见 xatï bitig“证书”之例。参见 A. Temir, “Die Arabisch-uigurische Vaḳf-Urkunde von 1326 des Emirs Şeref El-Din Aḥmed Bin Çaḳırça von Sivas,” *Wiener Zeitschriftfür die Kunde des Morgenlandes*, vol.56, 1960, p.236; D. J. Roxburgh (ed.), *Turks: a Journey of a Thousand Years, 600 - 1600*, London, 2005, p.137.

突厥语资料之价值。

下面从历史学方面入手,略谈本文书成立背景。本文书除外,麻扎塔格遗迹尚未发现有其他古突厥语资料出土。在8世纪唐朝的羁縻统治下,突厥游牧民以集团为单位居住在麻扎塔格的可能性很低。而文书记录的古突厥语词汇中,③—⑭可认为是与商业、商品有关。特别是,钱(⑪)、绫(⑫)、绢(⑬)和锦(⑭),作为通货、贡物与赏赐品,曾从北朝隋唐中原王朝和塔里木盆地诸绿洲城邦国家流入到蒙古高原和天山以北、以西的东突厥、西突厥、突骑施等诸族①。另,唐代针对麻扎塔格(神山镇)的物资补给事业中,汉商与粟特胡商起着很大作用②。基于上述史实,可推定本文书是汉族商人在担任麻扎塔格物资补给工作的同时,与草原地区的突厥语系游牧诸族进行商业贸易时为学习突厥语而作成。

值得一提的是,据了解,唐朝为汉人学习突厥语而编撰过称之为《突厥语》的读物,该书在9世纪末之前曾传入日本③。唐代,汉语言文化与突厥语言文化之间有着密切关系。可以说,本文书是旁证古突厥语与古汉语之间交流关系的物证。

结　　语

本文阐明标题给出的Or.12380/3948文书并非黑水城出土资料,而是属于麻扎塔格出土资料,是8世纪古突厥语、汉语对译词汇集,并对其历史背景做了初步考察。今后若能利用西域、中亚的多语种资料,对本稿中未能完整比定的蕃语词汇进行确认与考释,想必对进一步构建本文书产生的历史背景有所裨益。

(原载《敦煌研究》2017年第3期,第60—65页。)

---

① 荒川正晴:《ユーラシアの交通、交易と唐帝国》,第21—26、91—96、506—533页。另见前项⑭。

② 吉田丰:《コータン出土8—9世纪のコータン语世俗文书に关する覚え书き》,第133页;荒川正晴:《ユーラシアの交通、交易と唐帝国》,第318—325页。

③ 森安孝夫:《东西ウイグルと中央ユーラシア》,名古屋大学出版会,2015年,第381、406页。

敦煌莫高窟、安西榆林窟的回鹘语题记

松井太(大阪大学)

敦煌地区诸石窟(即莫高窟、榆林窟、东千佛洞、西千佛洞等)的壁画中,存在部分以汉语、藏语、西夏语、回鹘语、蒙古语等语言写成的题记。这些题记,可分类为两大类。第一类为榜题,用于特定描绘与石窟营造、重修有关的当地的政治上层人物或权力统治者的供养人像。第二类为漫题,是来自欧亚各地的拜访敦煌石窟的佛教巡礼者,为纪念自身巡礼而所留。这两种题记,均反映出历史上支持过敦煌石窟与敦煌佛教的政治权力构造,以及佛教徒的信仰实态,是珍贵的历史资料。

这些题记之中,有关汉语题记,以谢稚柳《敦煌艺术序录》(上海,1955年)、敦煌研究院编《敦煌莫高窟供养人题记》(文物出版社,1986年)为首,已经有相当程度的研究基础。但关于纪年属于10至14世纪的回鹘语题记,就质与量双方面而言,还未得到充分研究①。

1998年,哈密顿(James Hamilton)、牛汝极两位教授,在法国《亚洲学杂志(*Journal Asiatique*)》发表《榆林佛教石窟回鹘语铭文》一文,对总计达二十条的榆林窟回鹘语题记进行了介绍,使得研究状况得到了很大进展②。本文

---

① 1907—1908年,伯希和(Paul Pelliot)在调查莫高窟时,对汉语以外的诸语言题记进行了摹写。这些记录,在伯希和去世后,作为《伯希和敦煌石窟笔记(*Grottes de Touen-houang*)》六卷(巴黎,1981—1992年)出版。但1907—1908年之际,伯希和尚未通晓回鹘文字,其回鹘字的摹写存在很多不正确之处。故萨仁高娃论文中,依据伯希和的摹写而提出的题记解读案,需要注意(参见萨仁高娃[Sarangowa]):《伯希和洞窟笔记所见少数民族文字题记》,敦煌研究院编:《2004年石窟研究国际学术会议论文集》(下),上海古籍出版社,2006年,第774—791页。除此之外,关于莫高窟、榆林窟个别回鹘语题记的研究,有G. Kara, "Petites Inscriptions Ouigoures de Touen-Houangm," In: Gy. Kaldy-Nagy (ed.), *Hungaro-Turcica*, Budapest, 1976, pp.55-59.关于蒙古语题记,则有哈斯额尔敦、嘎日迪、巴音巴特尔的出色研究:《莫高窟第61窟甬道南壁回鹘蒙文题记释读》,《敦煌研究》1989年第1期,第30—34页。

② J. Hamilton and Niu Ruji, "Inscriptions Ouïgoures des Grottes Bouddhiques de Yulin," *Journal Asiatique*, vol.286, 1998, pp.127-210. 同年,哈密顿、牛汝极、杨富学三位教授联名发表了中文论文,见哈密顿、杨富学、牛汝极:《榆林窟回鹘文题记译释》,《敦煌研究》1998年第2期,第39—54页。进而,牛教授就榆林窟第12窟题记,发表了论文:《敦煌榆林千佛洞第12(转下页)

的著者,依据哈密顿与牛汝极两位教授的研究,在 2006 年对榆林窟回鹘语题记进行了调查,并在 Matsui 2008 论文中发表了一部分成果。进而,笔者利用 2010 年至 2012 年的三年时间,对为数更多的莫高窟、榆林窟石窟进行了调查,搜集到了更多的资料。在此,就其中部分成果进行介绍。

一、榆林窟第 39 窟回鹘贵族人像榜题

榆林窟第 39 窟,属于所谓的"沙州回鹘时期"。前室甬道南壁绘有总计 23 身回鹘男性供养人像,北壁绘有总计 27 身回鹘女性供养人像①。

北壁供养人群像分为上下两段,上段顶端(左端,即西端)为比丘尼像。紧接该比丘尼像的东侧女性供养人像,可认为是世俗人物中占据最高地位的重要人物。在紧邻该女性供养人像的西侧赤褐色的空间内,写有半楷书体回鹘文榜题 1 行。该榜题,森安孝夫先生释读如下。

> tngrikän oγšaγu qatun tngrim körki bu ärür qutluγ q[ïv]lïγ bo(l) maqï bolzun
>
> 此乃神圣的斡忽沙忽可敦(Oγšaγu qatun)殿下之肖像。愿她能得到上天之宠而幸福!②

上文中的斡忽沙忽可敦,附有尊称"神圣(tngrikän)""殿下(tngrim)"。据此可认为,该人物是回鹘王室之一员③。并且,可推定,她嫁给了绘于对面甬道南壁顶端的回鹘男性供养人,或为该回鹘男性供养人的女儿,因嫁给了回鹘王室而成为了可敦。

该回鹘男性供养人,头戴无檐三叉冠。头戴同样无檐三叉冠的回鹘供

(接上页)窟回鹘文题记》,《新疆大学学报》2002 年第 1 期,第 120—129 页。但发表于上述中文论文中的回鹘文校订,基本上沿袭了 J. Hamilton and Niu Ruji,"Inscriptions Ouïgoures des Grottes Bouddhiques de Yulin," pp. 127 - 210 的校订。相关介绍,见 Matsui Dai, "Revising the Uigur Inscriptions of the Yulin Caves," *Studies on the Inner Asian Languages*, vol.23, 2008, p.18.

① 彩色图版刊出于《中国敦煌壁画全集 10 · 敦煌西夏元》,天津人民美术出版社,1996 年,第 11—13 页。

② 见森安孝夫:《2006 年度内モンゴル宁夏陕西甘肃调查行动记录》,森安孝夫编:《ソグドからウイグルへ》东京:汲古书院,2011 年,第 521 页。

③ Moriyasu Takao, "Uighur Buddhist Stake Inscriptions from Turfan," In: L. Bazin/P. Zieme (eds.), *De Dunhuang à Istanbul: Hommage à James Russell Hamilton*, Turnhout (Belgium), 2001, p.164;另关于 tngrim 作为对王族之尊称"殿下"的用法,参见森安孝夫:《シルクロード东部出土古ウイグル手纸文书の书式(前编)》,《大阪大学大学院文学研究科纪要》第 51 辑,2011 年,第 30 页。

养人形象，在柏孜克里克石窟回鹘供养人画像中，存在很多。据对这些供养人像所进行的美术史方面研究，回鹘可汗与回鹘王族头戴莲瓣形镂花高冠，但不属于回鹘王族的贵族、官员头戴无檐三叉冠。因此可认为，我们在此讨论的回鹘男性供养人，其地位低于回鹘王族，属于贵族①。

紧邻该回鹘男性供养人的西侧，是题写榜题用的绿色榜牌。有关该榜题，以往的报告只介绍到写有已经褪色不能判读的回鹘语题记。但经过现场调查，笔者成功解读了这一行题记。该题记，字体为半楷书体，确与斡忽沙忽可敦的榜题属于同一时代，内容如下。

il'ögäsi sangun ögä bilgä bäg qutï-nïng körmiš ätöz-i bu ärür qutluγ qïvlïγ bolmaqï bolzun yamu

此乃颉于迦斯(宰相)·相温·于越·毗伽·匐阁下之真影。愿他能得到上天之宠而幸福！

词注

起始处的“颉于迦斯(il'ögäsi ~ il ögäsi)”，为自漠北回鹘汗国至西州回鹘时期通用的回鹘语称号。其原意为“国(il)之顾问(ögä)”，但实际上是漠北回鹘汗国、西州回鹘的最高职官“宰相，摄政”②。在该处，不同于一般的写法('YL 'WYK'SY = il ögäsi)，而是两个单词连成一体，写作 'YL'WK'SY = il'ögäsi。

紧随其后的四个单词“相温·于越·毗伽·匐(sangun ögä bilgä bäg)”，指的是绘于此处的男性供养人。回鹘语 sangun 为汉语“将军”的借用语，但五代宋时似乎已被遗忘，汉文资料音译为“相温；萨温；索温；娑温；撒温”等。回鹘语 ögä 是义为“顾问、大臣”之称号，汉文资料音译为“于越”。将上述二者连缀的 sangun ögä 视作义为“将军(兼)宰相；军机大臣”的官称号，未尝不可③。而回鹘语 bilgä 义为“贤明的”，bäg 义为“长官，头领，领导”。该毗

① Battacharya-Haesner, Chhaya, *Central Asian Temple Banners in the Turfan Collection of the Museum für Indische Kunst, Berlin*, Berlin, 2003, pp.352 – 355, MIK III 4524; Russell-Smith, Lilla, *Uygur Patronage in Dunhuang*, Leiden/Boston, 2005, pp.24 – 25；谢静、谢生保：《敦煌石窟中回鹘、西夏供养人服饰辨析》，《敦煌研究》2007 年第 4 期，第 83 页；竺小恩：《敦煌石窟中沙州回鹘时期的回鹘服饰》，《浙江纺织服装职业技术学院学报》2012 年第 1 期，第 39—40 页。

② Moriyasu Takao, “Uighur Buddhist Stake Inscriptions from Turfan,” pp.175 – 177.

③ 另高昌出土回鹘文“第三木杵文书(Stake Inscription III)”中，见到 Alp Sangun Ögä Alpyaruq 这一人物。参见 Moriyasu Takao, “Uighur Buddhist Stake Inscriptions from Turfan,” pp.175 – 177. 该人物名亦可解释作“勇猛的(alp)军机大臣(sangun ögä)Alp-Yaruq(勇猛的光辉)”。

伽·訇(Bilgä-Bäg,义为"贤明的首领")不属官号,确为个人名号。接下来的回鹘语 qutï,经常作为相当于"陛下;殿下;阁下;猊下"之意的尊称而被广泛使用①。

上面提到的男性回鹘供养人的呼称中,不包含如其对面的斡忽沙忽可敦那样的"神圣(tngrikän)""殿下(tngrim)"等称呼。据此可推断,该男性供养人,并非回鹘王族之一员,而是身居高位的贵族。这可进一步补充前面所介绍的美术史方面根据其装束、头冠等的研究而得出的结论。回鹘语 körmiš 意为"见了",ätöz('TWYZ;通常写作 'T'WYZ=ät'öz)意为"身体、肉体"。因此,körmiš ätöz 可解释作"如同见到的(本人)一样的(一模一样的)姿态;真影"。

除榆林窟第 39 窟之外,敦煌诸石窟中还存在其他属于"沙州回鹘时期"的石窟。有关"沙州回鹘",当今学界两种学说对立。其一说认为以东部天山地区为统治核心的西州回鹘掌控下的一派回鹘;另一说为从西州回鹘分离出来的一派与从东方移居过来的甘州回鹘合流,在沙州地区创建的独立王国。主张第一种学说的森安孝夫,列举众多论据,批判了第二种学说,所言甚是②。进言之,上面提到的有关西州回鹘与沙州回鹘供养人像的美术史方面的研究,亦反映两者的装束服饰文化完全共通③,力证森安孝夫之说。因此,可认为,榆林窟第 39 窟的回鹘供养人像,亦属于西州回鹘的统治阶层。

然而,迄今为止,从东部天山地区至吐鲁番地区出土的西州回鹘时期的回鹘语文献之中,尚未发现相当于上述"颉于迦斯·相温·于越·毗伽·訇(il ögäsi sangun ögä bilgä bäg)"与"斡忽沙忽可敦(Oγšaγu qatun)"的贵族人物。但需要关注的是,西州回鹘的统治阶层中,存在带有"沙州将军(šaču sangun)"这一称号的强势人物。可认为,该"沙州将军"负担西州回鹘的沙州、敦煌地区之统治任务④。如榆林窟第 39 窟的"相温·于越·毗伽·

---

① 森安孝夫:《シルクロード东部出土古ウイグル手纸文书の书式(前编)》,第 29—31 页。

② Moriyasu Takao, "The Sha-chou Uighurs and the West Uighur Kingdom," *Acta Asiatica*, vol.78, 2000, pp.28-48.中译文见梁晓鹏译:《沙州回鹘与西回鹘国》,《敦煌学辑刊》2000 年第 2 期,第 136—146 页;森安孝夫:《沙州ウイグル集团と西ウイグル王国》,《内陆アジア史研究》第 15 辑,2000 年,第 21—35 页;森安孝夫:《2006 年度内モンゴル宁夏陕西甘肃调查行动记录》,第 529 页。

③ 谢静、谢生保:《敦煌石窟中回鹘、西夏供养人服饰辨析》,第 83 页。

④ 森安孝夫:《ウイグルと敦煌》,载榎一雄编:《講座敦煌 2　敦煌の歴史》,东京:大东出版社,1980 年,第 334 页。

訇(sangun ögä bilgä bäg)”名号中的“相温(将军)·于越(sangun-ögä)”,与吐鲁番地区回鹘语文献中的“沙州将军(šaču sangun)”有关的话,则榆林窟第 39 窟的“相温·于越·毗伽·訇(sangun ögä bilgä bäg)”存在是由西州回鹘以“沙州将军”之名派至沙州的重臣,负责敦煌地区统治的可能性①。

二、莫高窟第 332 窟蒙元时期供养贵族夫妻榜题

莫高窟第 332 窟,创建于初唐,五代、蒙元时代、清代亦曾重修。在通往主室的甬道两侧(南壁·北壁),绘有蒙元时代的供养人像。南壁绘有三位男性供养人与二位侍者,北壁绘有头戴蒙古族女性贵族特有的顾姑冠(蒙古语 boγtaγ)的三位女性供养人及其子女一位。该供养人像因体现蒙元时代统治阶层的佛教信仰而著名,其彩色图版亦被公开发行②。

这些供养人像,被绘于用绿色框线区分开的空间内。在上述绿色框线上,用草书体回鹘文记有榜题。

① 甬道南壁,打头的男性供养人像前方(西侧)竖框线

[ ]D(.)y [ ] ön(š)i-ning körki ol

……是院使(önši)之像。

② 甬道南壁,最末尾的男性供养人像后方(东侧)竖框线

män s(o)sï tu küsüš ödigläp yụkündüm

我,苏失都统(Sosï tu)记下愿望并进行了参拜。

③ 甬道北壁,女性供养人像前方(西侧)竖框线

[ ](-ning?) körki qïzïm la[čï]n? tigin-ning'ol

……像是我女儿剌真的斤(Lačin-Tigin)之像。

---

① 《宋会要辑稿》“蕃夷五·瓜沙二州”记录的皇祐二年(1050)四月,沙州派往北宋的使节名“符骨笃末似婆温”中,末尾的“婆温”为“娑温”之讹,相当于回鹘语“相温;将军(sangun)”。参见森安孝夫:《沙州ウイグル集団と西ウイグル王国》,第 26 页。

② 敦煌研究院编:《中国石窟敦煌莫高窟》第 5 卷,东京:平凡社、北京:文物出版社,图 161、162;段文杰编:《中国敦煌壁画全集 10·敦煌西夏元》,天津人民美术出版社,1996 年,图 175、176。

词注

① 汉语"院使"的借词 önši,亦见于黑水城出土蒙元时期的回鹘语书信[①]。

② 该题记的作者"苏失都统(Sosï tu)"的称号 tu,是汉语僧官号"都统"借词 tutung 之略记。

③ "剌真(Lačin)"是人名,意为"鹰"。原本专指男性王族成员的"的斤(Tigin)"用于女性贵族成员之称号,亦有其他事例[②]。

上述回鹘语题记①②③,与绘于本窟的蒙元时代供养人像有关,此点无疑。而供养人像装束,为典型的蒙古贵族阶层及统治阶层之装束。由此产生一个问题,即供养人是蒙古族出身,抑或回鹘族出身。若供养人出身蒙古族,但描绘他们的供养人像榜题,不是用蒙古语,而是用回鹘语记录,这说明当蒙古族接受佛教文化之际,回鹘族佛教徒给予了他们重大影响。反言之,若供养人属于回鹘族,但他们身着典型的蒙古族装束,这说明操回鹘语的回鹘族佛教徒的一部分,当时已同化于河西地区的蒙古统治阶层。总之,从中可窥见蒙元时代敦煌地区的蒙古族、回鹘族通过佛教文化紧密地结合在一起[③]。

另根据题记①②③的笔迹,可推定这些题记均为②的作者"苏失都统"所书。但该人物是否就是③女性贵族"剌真的斤"之父,尚不能速断。

三、榆林窟第 12 窟游人题记 H

该题记为榆林窟第 12 窟众多回鹘语游人题记之一,写于前室甬道南壁。哈密顿、牛汝极二位教授,以 Inscription H 之名对此进行了介绍。笔者曾对上述两位的释读进行若干补正,阐明该题记为蒙元时期以哈密为大本营的威武西宁王家族之普颜忽里(Buyan-Quli)的家臣所写[④]。

---

① 梅村坦、松井太:《ウイグル文字テュルク语文书》,吉田顺一、齐木德道尔吉编:《ハラホト出土モンゴル文书の研究》,东京:雄山阁,2008 年,第 192 页。

② P. Zieme, "Materialien zum Uigruischen Onomasticon I," *Türk Dili Araştırmalar Yıllığı Belletin* 1977 [1978], pp.81, 82; Moriyasu Takao, "Uighur Buddhist Stake Inscriptions from Turfan," p.166.

③ 关于此问题,松井太:《东西チャガタイ系诸王家とウイグル人チベット佛教徒》,《内陆アジア史研究》第 23 辑,2008 年,第 37 页已经指明。

④ J. Hamilton and Niu Ruji, "Inscriptions Ouïgoures des Grottes Bouddhiques de Yulin," pp.127-210, Inscription H; Matsui Dai, "Revising the Uigur Inscriptions of the Yulin Caves," *Studies on the Inner Asian Language*, vol.23, 2008, pp.17-32, Inscription H.

之后，笔者利用性能优良的设备进行再次调查，发现笔者的校订稿存在需要修正之处，故在此对最新判读结果进行介绍。

1 quḍluγ [luu] yïl (...)
2 YYL(...) (...)
3 qaγan-qa (s)oy[u]rqadïp qamïl-qa in[čü? birilgä]n?
4 [b]uyan qulï ong bašlaγ-lïγ biz X'D(...) P(...)
5 [ ]ḍämür qïsaq-čï napčik-lig qamču taγa[y?
6 [ ](.) ṭaruγačï-nïng oγ[u]lï tärbiš bašlap
7 [ ]KWY-lar birlä kä[li]p
8 [ ] ong-nïng s(u)burγan sụm-ä-tä kälip
9 [yan]mïš-ta bu süm-ä-tä män yavlaq baxšï [
10 [bï]žï (b)itig-či tämür kin körgü
11 [ödig] bolzun tip bitip bardïmïz
12 satu satu bolzun

幸福的[龙]年[某月某日]……以蒙皇帝恩赐、于哈密[受封领地(inčü)的]、普颜忽里王(Buyan-Qulï ong)为首领的我们'D(...)，P(...)，……帖木儿([…]-ḍämür)驾车者，纳职(Napčik)的甘出·塔海(Qamču-Taγay)，……达鲁花赤之子帖儿威失(Tärbiš)以及[…]，与[……]KWY们一起来，来到[……]王的塔寺(s(u)burγan sụm-ä)，[回去]时，在该寺，我拙劣的僧师[……]-[bï]žï与书记帖木儿，我们为以后留作纪念写完出发了。善哉，善哉。

词注

2行：旧稿此行遗漏。

3行，qaγan-qa (s)oy[u]rqadïp qamïl-qa in[čü? birilgä]n?："蒙皇帝恩赐(qaγan-qa soyurqadïp)"这种表达方式，亦见于亦都护高昌王世勋碑回鹘文面(第III截第45、49行)①。众所周知，qamïl为现在的哈密。该行末尾部分，旧稿只换写作Y[ ]N。破损部分之前的文字确切读为'YN[…]。因第4行普颜忽里王(Buyan-Qulï ong)可比定为以哈密为大本营的威武西宁王普

---

① Geng Shimin and J. Hamilton, "L'inscription Ouïgoure de la Stèle Commemorative des Iduq qut de Qočo," *Turcica*, vol.13, 1981, p.20；刘迎胜、卡哈尔·巴拉提：《亦都护高昌王世勋碑回鹘文碑文之校勘与研究》，《元史及北方民族史研究集刊》第8辑，1984年，第67页。

颜忽里,故该处破损部分推定复原作 in[čü birilgä]n“受领封地的”。突厥语 inčü~enčü“封臣,领民;封土,领地”在 10 至 11 世纪前后的回鹘文书,以及于阗文钢和泰藏卷(Staël-Holstein scroll)中均能得到验证。蒙古语 inǰü~ömčü 与波斯语 īnčū,均为借用突厥语 inčü①。

4 行,[b]uyan qulï ong:旧稿只读出人名 Buyan 的末尾的-N,但经过这次调查,确定判读作[P]WY'N=[b]uyan。该普颜忽里王(Buyan-Qulï ong)是与在哈密受领封地的威武西宁王普颜忽里(Buyan-Quli)为同一人物,属于察合台后裔术伯(出伯,Čübei)一族。

8 行,s(u)burɣan süm-ä:旧稿记作(.)YPWR(....),但这次考察,确定读作 S(.)PWRX'N=s(u)burɣan。突厥语 suburɣan 意为“墓”,但借用该单词的蒙古语中,suburɣan 意为“塔;塔形墓”②。但并无史料记录蒙元时期榆林窟之地为墓葬之所,故该处的 s(u)burɣan süm-ä 应解释作“塔寺”(回鹘语 süm-e 是蒙古语 süm-e~süme“寺、庙”的借用语)。

9 行,bu süm-ä-ta:此处更正旧稿的 buyanïmïz-(nï) ta。

10 行,[bï]žï:能见到词末的-Z-Y,据此补正。该佛教称号 bïžï 存在来自汉语“毗尼”的可能性,但音韵学方面不敢确定③。

10 行,(b)itig-či:~bitkäči“书记”。旧稿只推测为(P)Y(....)K-čï,但这次考察后确定可改读。

11 行,bitip:更正旧稿的 sümtä“于寺”。

11 行 b:旧稿在 bardïmïz“去了”之后,读作 män(?) bi[t]i(p?)“我写”。但该字属于其他人书写的另一题记。

12 行,satu satu bolzun:“善哉,善哉”。更正旧稿的 quḍ[luɣ] bolzun。另该字之后的 bardïmiz“我们去了”,属于其他人书写的题记。

---

① 村上正二:《元朝秘史に現はれた“奄出”(ömčü)の意味について》,《和田博士还历记念东洋史论丛》,东京:讲谈社,1951 年,第 703—716 页;G. Doerfer, *Türkische und Mongolische Elemente im Neupersischen*, 4 vols., Wiesbaden, 1963 - 1975, vol. 1, Nr. 670; J. Hamilton, *Manuscrits Ouïgours du IXe-Xe Siècle de Touen-houang: Textes Établis, Traduits*, Paris, p.91;森安孝夫:《ウイグル=マニ教史の研究》,第 196 页。

② G. Clauson, *An Etymological Dictionary of Pre-Thirteenth Century Turkish*. p.792; L. Ferdinand, *Mongolian-English Dictionary*, Berkeley/Los Angeles, 1960, p.733;《蒙汉词典》,呼和浩特:内蒙古大学出版社,1999 年,第 949 页。

③ Matsui Dai,“A Sogdian-Uigur Bilingual Fragment from the Arat Collection,”新疆吐鲁番学研究院编:《语言背后的历史:西域古典语言学高峰论坛论文集》,上海古籍出版社,2012 年,第 120 页。

如上所述，该回鹘语题记是以哈密为大本营的威武西宁王普颜忽里的臣僚〔X'D(...)，P(...)，[……]〕，帖木儿，甘出・塔海，帖儿威失等人与佛僧某 bïžï，书记(bitigči)帖木儿，巡礼榆林窟之际的纪念题记。上面介绍的更正，均为题记细微之处，不会大幅改变旧稿中提到的对题记整体内容之理解①。

四、莫高窟第61窟的回鹘文游人题记

莫高窟第61窟，即归义军节度使曹元忠功德窟，建成于950年前后。元代在此窟窟前修建木构佛堂，命名"皇庆寺"。其甬道南壁，描绘有西夏时期的供养比丘尼像。该供养比丘尼像，因左肩旁(西侧)有汉文与西夏文合璧榜题"扫洒尼姑播盃氏愿月明像"而著名，其彩色图版也已公开发行②。

该比丘尼像两边腋下，标有回鹘语与回鹘体蒙古语题记。西侧的回鹘体蒙古语题记共5行，业已由哈斯额尔敦、嘎日迪、巴音巴特尔三位圆满解读③。但关于东侧共计4行的回鹘语题记，只是森安孝夫先生曾作过部分介绍，尚未完全解读④。另实地调查发现，在上述4行回鹘语题记的左侧(东

① 最近，杨富学、张海娟二位利用笔者在旧稿中刊出的该题记校订，主张以下三点。(一)该题记中的"普颜忽里王"与元代汉文史料中的"邠王嵬厘/豳王嵬力"实指同一人，(二)当时威武西宁王应居于纳职(Napčik；现在的拉布楚喀 Lapčuq)一带，(三)威武西宁王普颜忽里家族本为蒙古人，但在赴榆林窟朝山拜佛时，却用回鹘语文而非蒙古语文书写题记，体现了元代蒙古贵族的回鹘化。参见杨富学：《榆林窟回鹘文威武西宁王题记研究》，《朔方论丛》第1辑，2011年，第102—103页；张海娟、杨富学：《蒙古豳王家族与河西西域佛教》，《敦煌学辑刊》2011年第4期，第88—89页；杨富学、张海娟：《蒙古豳王家族与元代西北边防》，《中国边疆史地研究》2012年第2期，第21—37页。但笔者对上述主张，均不敢苟同。其中，第一点，将《元史》顺帝本纪所记至正十二年(1352)秋七月对邠王嵬厘之恩赏一事，与该题记的"蒙皇帝恩赐(qaγan-qa(s)oy[u]rqadïp)"一节联系起来，属牵强附会。并无直接证据能够证明以肃州为据点的豳王(邠王)，与以哈密为据点的威武西宁王为同一人物。第二点，只是将巡礼者中的一员甘出・塔海(Qamču-Taγay)的出生地纳职(Napčik)，做了夸大解释。第三点，只是单纯臆测，因依据题记内容，无法明断威武西宁王普颜忽里本人是否参加了该巡礼。而且，需要注意的是，诚如哈斯额尔敦、嘎日迪、巴音巴特尔1990年所介绍，莫高窟、榆林窟遗留有众多蒙元时期的巡礼者以蒙古语写成的题记。关于蒙元时期河西地区的蒙古族与回鹘族之间佛教文化交流，结合本文介绍的莫高窟第332窟蒙古装束供养人像等，有必要综合多个事例进行细致探讨。

② 敦煌研究院编：《中国石窟敦煌莫高窟》第5卷，图160。

③ 哈斯额尔敦、嘎日迪、巴音巴特尔：《莫高窟第61窟甬道南壁回鹘蒙文题记释读》，第30—34页。

④ 森安孝夫：《敦煌出土元代ウイグル文书中のキンサイ緞子》，《榎博士颂寿记念东洋史论丛》，东京：汲古书院，1988年，第441—442页。

侧），另有大概由同一人物所写的2行回鹘语题记。到目前为止，在已公开发行的图版目录中，尚不能确认到后者。下面，笔者列出上述4行题记（A）与2行题记（B）的解读案。

A 1 yïlan yïlïn tangut čölgä-täki manglay
2 taykim baγatur bu mančuširi bodistv-qa yụküngäli
3 kälip yụkünüp barïr-ta kin-ki körgü bolzun tip qop
4 kiši-tä qour köngül-lüg qočo-luγ mungsuz šabi qy-a bitiyü tägintim

蛇年，西夏路先锋台金·拔都儿（Taykim-Baγatur），来拜此文殊菩萨，拜完回去时，为作日后纪念，所有人中最毒心肠的我，高昌的孟速思·沙弥谨书。

B 1 yïlan yïl tangut čölgä-täki
2 manglay-taqï tümän（bä）gi tayk（im）

蛇年，西夏路先锋万户长台金〔Tayk（im）〕（后缺）

词注

A1行，B1行，tangut čölgä：tangut 相当于汉文史料所见"唐古；党项"，指西夏及其统治下的河西地区。čölgä 为蒙古语 čölge 的借用语，相当于蒙元时期行政区划的"路"。即，"西夏路（Tangut čölgä）"指的是在原西夏国首都中兴府（兴庆）设置的西夏中兴路，也即后来的宁夏府路。

A1行，B2行，manglay：蒙古语 manglai"先锋，头哨，前卫"的借用语［TMEN I，Nr. 369］。汉文资料音译作"莽来"[①]。

A2行，B2行，taykim baγatur：Taykim 为人名，baγatur 为含有"英雄，勇士"之意的人名或称号。

A2行，mančuširi bodistv："文殊菩萨"。指写有该题记的莫高窟第61窟本尊文殊菩萨像。

A4行，qour：蒙古语 qour ~ qoor"毒、危害、恶毒"的借用语[②]。即，qour köngül 意为"毒心"，相当于梵语的"毒心、恶心、恶鬼（duṣṭa ~ duṣṭa-citta）"。"有毒心的（qour köngül-lüg）"，应是对自身的佛教信仰之不成熟的一种谦虚表现。

---

① 《元史》中数次出现"莽来"之用例。党宝海先生视其为漠北蒙古高原之地名，见党宝海：《元朝延祐年间北方边将脱忽赤叛乱考》，《西域研究》2007年第2期，第63页。但党先生提到的用例，亦可用蒙古语原意"先锋、前卫"来解释。

② L. Ferdinand，*Mongolian-English Dictionary*，p.973；《蒙汉词典》，第641页。

A5 行，qočo-luγ mungsuz šabi："高昌的孟速思·沙弥"。回鹘人名 mungsuz 在汉文史料中音译作"孟速思"。蒙元时期的同名人物，有世祖即位时作出贡献的别失八里（Biš-Balïq）出身的回鹘人孟速思，但与本题记孟速思当为别人[①]。

B2 行，tümän（bä）gi：意为"万户长，万人之长"，亦存在于蒙元时代的回鹘语文献中。另借用蒙古语 tümen noyan"万户长"的 tümän noyïn 这一形式，亦存在于回鹘语中[②]。蒙元时期中兴路、宁夏路曾存在"万户，万户府"，这可在蒙元时代编纂史料中得到确认[③]。

森安孝夫将该题记中的"高昌的孟速思·沙弥"，视作反映蒙元时期吐鲁番、敦煌两地间人员交流之证据[④]。但依据上举题记整体内容而言，即便孟速思·沙弥的出生地为高昌（Qočo），但他是随行万户长，从宁夏路直接出征到西方之敦煌的可能性很大。

五、来自吐鲁番的回鹘游人题记

上举莫高窟第 61 窟题记之作者"高昌的孟速思·沙弥"，是从宁夏访问敦煌之人物。与此相对，作为从吐鲁番地区访问莫高窟—榆林窟的游人之题记，可举出如下 2 条。二者均以草书体回鹘文写成，确切无疑属于蒙元时代。

① 榆林窟第 33 窟，主室北壁，劫魔变相图中央短册部分

1 qočo balïq-lïγ-ï darm-a（……）bu ïduq

2 aranyadan-qa yṳküngäli kälip yṳkünüp yanar-ta

3 bitiyü tägintim kinki körgü ödig bolzun tip

高昌城民答儿麻（Darm-a）……来拜这神圣的阿兰若，拜完回去时

---

① 程钜夫：《程雪楼文集》卷 6《武都智敏王述德之碑》；《元史》卷一二四《孟速思传》；F. Herbert, "A Sino-Uighur Family Portrait," *The Canada-Mongolia Review*, vol.4, 1978, pp.33 – 40；森安孝夫：《敦煌出土元代ウイグル文书中のキンサイ緞子》，第 441 页。

② 松井太：《ヤリン文书：14 世纪初头のウイグル文供出命令文书 6 件》，弘前大学人文学部《人文社会论丛》第 10 辑，2003 年，第 58—59 页。

③ 《元史》卷三〇《泰定帝本纪》泰定三年（1326）十月条"宁夏路万户府，庆远安抚司饥，并赈之"；《元史》卷三九《顺帝本纪二》至元三年（1337）正月癸丑"立宣镇侍卫屯田万户府于宁夏"。

④ 森安孝夫（Moriyasu Takao）：《敦煌出土元代ウイグル文书中のキンサイ緞子》，《榎博士颂寿记念东洋史论丛》，东京：汲古书院，1988 年，第 441 页。

谨书。愿日后成为纪念。

词注

1 行，qočo balïq-lïγ-ï：“高昌城民”。回鹘语 balïq-lïγ 意为“属于城市（balïq）的”，即“城民”。

2 行，darm-a：来自梵语 dharma 的人名。之后的部分，文字模糊，未能判读。大概记有与答儿麻（Darm-a）同行的榆林窟巡礼者之名。

3 行，aranyadan：“阿兰若；寂静处，远离处”。梵语 araṇya 经由吐火罗语借入回鹘语中。

写有该题记的短册部分共存 4 行字空间，但实际上只写 3 行，末尾留有 1 行字空白。

② 榆林窟第 12 窟，游人题记 H（本文第 3 节刊出）西侧

1　quluḍï turpan-lïγ šinšiṭu（.）

仆奴，吐鲁番的禅师奴生略……

上述题记②以装饰文字写成。人名 šinšiṭu 来自汉语“禅师奴”。后续文字只写有第 1 字就中断。蒙元时代的莫高窟、榆林窟的回鹘语、蒙古语题记中，作为巡礼者的出生地，提到沙州（Saču）、瓜州（Qaču）、肃州（Sügčü）、永昌（Yungčang）、哈密（Qamïl）、纳职（Napčik）等地①。在此基础上，依据上举题记①②可明断，高昌（Qočo）、吐鲁番（Turpan）等吐鲁番盆地内城市亦包含于敦煌诸石窟的巡礼圈内。

以往，笔者根据敦煌北区出土蒙古语 B163：42 文书之分析，阐明 14 世纪后半叶，元朝统治下的敦煌与察合台汗国治下的高昌、吐鲁番之间，回鹘佛教徒频繁进行巡礼活动②。上举题记题记①②，亦力证连接新疆与河西的回鹘佛教徒的移动与交流状况。

结　语

本文利用的回鹘语题记，是莫高窟、榆林窟所留数百条题记中的一小部分而已。笔者希望经过今后整体详细的调查，在本文中提出的见解能得到

① Matsui Dai, “Revising the Uigur Inscriptions of the Yulin Caves,” pp.27－28.

② 松井太：《东西チャガタイ系诸王家とウイグル人チベット佛教徒》，第 25—48 页。

进一步的补充与扩展。

（原载阿不都热西提·亚库甫主编：《西域—中亚语文学研究：2012 年中央民族大学主办西域—中亚语文学国际学术研讨会论文集》，上海古籍出版社，2015 年，第 210—225 页。）

黑城出土蒙古语契约文书与吐鲁番出土回鹘语契约文书

——黑城出土蒙古语文书 F61：W6 再读

松井太（大阪大学）

众所周知，对内亚发现的蒙元时期蒙古语（先古典期蒙古语、中期蒙古语）文献资料的研究而言，与同一时期的回鹘语文献进行比较至为重要。最早提出这一看法的是柯立夫（F. W. Cleaves）。他分析科兹洛夫（P. K. Kozlov）从蒙元时期的黑城（黑水城，Qara-Qota）遗址发掘得到的一件蒙古文契约文书，阐明这件文书在格式和用语方面，受到了回鹘文契约文书的很大影响[①]。之后，卡拉（G. Kara）对科兹洛夫所获黑城出土蒙古语文书进行了整体性的考察[②]。

1983—1984 年，中国内蒙古文物考古研究所、阿拉善文物考古站对黑城遗址进行调查，获得了大量的出土文献。其中的汉文文书，刊载于李逸友编《黑城出土文书》（科学出版社，1991 年。以下简称 HCW）。而蒙古文、回鹘文、叙利亚文、波斯文、藏文、西夏文资料的大部分解读，刊载于吉田顺一、齐木德道尔吉编《黑城出土蒙古文书研究》（雄山阁，2008 年。以下简称 MDQ）。另外，上述中国藏黑城出土文书的高清照片刊载于《中国藏黑水城汉文文献》全 10 册（塔拉、杜建录等主编，国家图书馆出版社，2008 年），以及《中国藏黑水城民族文字文献》（塔拉、杜建录等主编，天津古籍出版社，2013 年）。依靠这些成果，我们对蒙元时期蒙古语文化与回鹘语文化之间的相互影响进行更进一步的考察，出现了可能。

---

① F. W. Cleaves, "An Early Mongolian Loan Contract from Qara-Qoto," *Harvard Journai of Asiatic Studies*, vol.18, 1955, pp.1 – 49, +4 pls.

② G. Kara, "Mediaeval Mongol Documents from Khara Khoto and East Turkestan in the St. Petersburg Branch of the Insitute of Oriental Studies," *Manuscripta Orientalia*, vol.9, no.2, 2003；卡拉著，敖特根译：《东方学研究所圣彼得堡分所收藏哈喇浩特及西域出土中世纪蒙古文文献研究》，北京：民族出版社，2006 年。

本文就 MDQ 刊载的一件黑城出土蒙古语文书进行探讨，以从回鹘语借入蒙古语的 yanud“收据，票据”为中心，致力于阐述蒙古语文化和回鹘语文化之间的密接关系。

一、黑城出土蒙古语文书 F61：W6 校订、译注

本文重点讨论的回鹘式蒙古语文书，编号是 F61：W6，1983—1984 年出土于黑城遗址。这件文书的校订稿，以编号 No.002 收入 MDQ。关于其内容，MDQ 编者解释作“这是一件契约文书。其内容为申朵儿只承包了以前由（中略）五人转流前去搬运地租（五石五斗已经脱去皮壳的谷物）的差事，由申朵儿只负责把地租运送到接收地租人那里”[①]。此后，白玉冬发表专文，对 MDQ 的转写、解释进行若干订正，并进行了详细的分析[②]。笔者未能对该文书进行实地调查，下面是根据 MDQ 提供的图版所做的校订[③]：

［转写］

1 γaqai ǰil γurban sara-yin qorin yisün-e
2 ba 　 šin dorǰi a̤de üimi siuγsi
3 oldi singküri lorsi sayiǰai ürkü
4 siiγi li singgi tan tabun kümün-e
5 yanuḏ bičig ögürün a̤de tabun
6 kümün-ṯür sang ačiqu kesig kürügsen
7 tabun taγar tabun šim čaγan amun-i
8 bi dorǰi ačiǰu sang-i tüsürkü γaǰar-a
9 kürgekü bolba ene amun-i ačiǰu qor
10 qoms-a bolqui-yi taγar-ṯur niǰegel šim
11 ögbe kölesün inu qamuγči tabin
12 tabun süke čao-yi mon üdür nigen γar

---

① 吉田顺一、齐木德道尔吉编：《ハラホト出土モンゴル文书の研究》，东京：雄山阁，2008 年，第 40 页。

② 白玉冬：《关于元代地税征收的一篇蒙古文文献》，《元史论丛》第 14 辑，2014 年，第 413—421 页。

③ 塔拉、杜建录等主编：《中国藏黑水城民族文字文献》，天津古籍出版社，2013 年未刊出此文书图版。

13 -iyar taγulǰu abuγ-a bi kölesün-i ačiǰu

14 tende kürtele yaγun bar osal omtaγai

15 bolbasu bi dorǰi ögkü bolba basa

16 mon-a qoyin-a kürgeǰü ireǰü

17 basa kölesün erigesü abuγsan sükes-i nigen

18 -t̲ür nigen qolbaǰu ögiged

19 ǰrlγ-un yosuγar kündü erigütü bolsuγai

20 kemen ene bičig ögbe

21 tabun taγar tabun šim-t̲ur tabun šim

22 kemenkü(nesün?)

23 ene nišan š̲in dorǰi

24 ene nišan bičig ögügči nökür nibi(...)

25 gereči bi šakyaba

26 ger[eči]

27 [...] sirsi

[译文]

〔1〕猪儿年三月二十九日。〔2〕我们申朵儿只，给这些乌密即兀束、〔3〕温迪省忽里、鲁即赛斋、拽臼〔4〕失吉、李省吉们五人〔5〕开具收据。这五〔6〕人处，搬运仓粮的番役已经到达。〔7〕五石五斗白米，〔8—9〕由我朵儿只运送至注入仓粮的地方。运送这些米〔10—11〕产生的损耗，每石各给一斗。其工钱合计五十五〔12〕锭钞，我当日直接〔13〕确认领取了。其工钱，在运〔14〕至彼处之前，若出现任何怠慢或过失，〔15〕我朵儿只偿还。还有，〔16〕此后运来(仓粮)时，〔17〕若再讨要工钱，则将领取的锭，一〔18〕个上加一个奉还，〔19〕依圣旨治重罪。〔20〕为此，给了这份证文。〔21—22〕按五石五斗给五斗仓粮(计算?)〔23〕此花押是申朵儿只(的)。〔24〕此花押是给予证文的同伴(就是同立文字人)……(的)。〔25〕证人我沙加巴。〔26〕证人[我……]。〔27〕[证人，我]昔儿失。

[词注]

2 行 a：ba“我们”和人名申朵儿只(šin dorǰi)之间有未写文字的空隙。恐怕是因为纸张表面质差，未能书写文字。

2 行 b，šin̲ dorǰi：šin̲ ~ šin 是汉姓申的音译。词头的 Š-在第 23 行加有

两点。

2 行 c，üimi siuγsi：üimi 应视作汉文史料写作“乌密，兀乜，于弥”的西夏姓氏[①]。人名 siuγsi 词中的-Q-加有二点。另 siuγsi 存在与黑城出土元代汉文文书（F249：W22，F175：W7）的汉文标记西夏语人名“即兀束”对应的可能性[②]。

3 行 a，lorsi sayiǰai：lorsi 视作黑城出土元代汉文文书标记的西夏姓氏“鲁即，罗即”的回鹘字标记[③]。MDQ 编者把此处的 lorsi 转写作 lorsai。此处，按与 MDQ 收入的其他蒙古语文书所见 lorsi 之例订正[④]。

3 行 b，üikü siiγi：üikü 可能是汉文史料写作“拽臼，拽厥”的西夏姓氏[⑤]。人名 siiγi 词中的-Q-加有二点。

5 行，yanuḏ：关于此处 yanuḏ～yanud“收据，票据”，详见后文。

6 行 a，sang：回鹘语 sang～tsang 的借用语，最初源自汉语“仓”，意思为“仓，仓粮，地税”[⑥]。MDQ 编者译作“地税”。慎重起见，笔者译作粮食实物，即“仓粮”。

6 行 b，kesig：回鹘语 käzig～käṣig“顺序，轮番”的借用语。此处可理解作轮番制的徭役——运送仓粮[⑦]。

7 行，čaγan amun：该词还出现于黑城出土蒙古文文书 F17：W9（MDQ，No.011）中，MDQ 编者解释作“已去壳的谷粒”[⑧]。在俄罗斯科学院圣彼得堡东方文献研究所藏黑城出土蒙古文借贷契约文书（SI G 109）中，čaγ-an amun“白米”、qara amun“黑米”与 tarïγ“小麦”（<Uig. tarïγ），qara tarïγ“黑麦”一同作为借贷物品而出现，卡拉教授把蒙古语 čaγan amun“白米”解释

---

① 于弥、兀乜、乌密均是西夏王姓“嵬名”的异形。参见佟建荣：《西夏姓氏辑考》，银川：宁夏人民出版社，2013 年，第 9、10、11 页；佟建荣：《西夏姓名研究》，北京：社会科学文献出版社，2015 年，第 10—15 页。

② 李逸友编：《黑城出土文书》，北京：科学出版社，1991 年，第 138 页。

③ 参见佟建荣：《〈中国藏黑水城汉文文献〉中的西夏姓氏考证》，《宁夏社会科学》2010 年第 5 期，第 90 页；佟建荣：《西夏姓名研究》，第 183—184 页。

④ 吉田顺一、齐木德道尔吉编：《ハラホト出土モンゴル文书の研究》，Nos.001，006，012，014。

⑤ 参见佟建荣：《西夏姓氏辑考》，第 31、32、37 页；佟建荣：《西夏姓名研究》，第 37—38 页。

⑥ 松井太：《カラホト出土蒙汉合璧税糧纳入簿断簡》，《待兼山论丛（史学篇）》第 31 辑，1997 年，第 30、31、44 页；松井太：《モンゴル时代のウイグル农民と佛教教团》，《东洋史研究》第 63 卷第 1 号，2004 年，第 8、9 页。

⑦ 吉田顺一、齐木德道尔吉编：《ハラホト出土モンゴル文书の研究》，第 38 页。

⑧ 吉田顺一、齐木德道尔吉编：《ハラホト出土モンゴル文书の研究》，第 65 页。

作“用碾子碾好的米”，把 qara amun“黑米”解释作“未加工的米”[1]。另，蒙元时代的《蒙古译语（至元译语）》五谷门出现对译例，即米：札匣阿木<ǰaqa amu（~čaγan amun）；瀫（谷）：匣剌阿木<qara amu（n）[2]。

8 行，γaǰar-a：MDQ 编者读作 sangči“征税人”。笔者订正作 γaǰar“土地，场所”后续与位格词缀-a。

9—10 行，qor qoms-a：把此处的 qor qoms-a~qour-a qomsa“危害，损伤；少量，缺少”解释作元代的“损耗”，这是 MDQ 编者的卓越见识。唯笔者以为蒙古语 qor 借自回鹘语 qor“损害，损失，支出”。关于此点，笔者将另稿别述。

11 行，qamuγči：词中的-Q-加有两点。吐鲁番出土蒙古语文书（BTT XVI，Nr. 82）存在“合计”之意[3]。MDQ 编者解释作 qamuγ“全部”后续对格词缀-i，另白玉冬转写作 tamuγači，推定为 tamγači“掌印官，征税官”的异形字[4]，均需订正。

12 行，üdür：相应古典期蒙古语 edür“日”。除吐鲁番出土蒙古语文书之外，《元朝秘史》《蒙古译语（至元译语）》《华夷译语》也见 üdür 词形[5]。

---

① G. Kara，“Mediaeval Mongol Documents from Khara Khoto and East Turkestan in the St. Petersburg Branch of the Insitute of Oriental Studies，” p.26；卡拉著，敖特根译：《东方学研究所圣彼得堡分所收藏哈喇浩特及西域出土中世纪蒙古文文献研究》，第 39—42 页。

② 石田干之助：《〈至元译语〉に就いて》，《东亚文化史丛考》，东洋文库，1973 年，第 101 页；L. Ligeti and G. Kara，“Un Vocabulaire Sino-mongol des Yuan：le *Tche-yuan yi-yü*，” *Acta Orientalia Academiae Scientiarum Hungaricae*，vol.44，no.3，1990，pp.267－268；G. Kara，“*Zhiyuan yiyü*：Index Alphabétique des Mots Mongols，” *Acta Orientalia Academiae Scientiarum Hungaricae*，vol.44，no.3，1990，p.282.

③ D. Cerensodnom and M. Taube，*Die Mongolica der Berliner Turfansammlung*，Berlin，1993，pp.187－188.

④ 白玉冬：《关于元代地税征收的一篇蒙古文文献》，第 417 页。

⑤ D. Cerensodnom and M. Taube，*Die Mongolica der Berliner Turfansammlung*，p. 225；栗林均：《〈元朝秘史〉モンゴル语汉字音译・傍译汉语对照语彙》，东北大学东北亚研究中心，2009 年，第 497—498 页；L. Ligeti and G. kara，“Un Vocabulaire Sino-mongol des Yuan：le *Tche-yuan yi-yü*.” *Acta Orientalia Academiae Scientiarum Hungaricae*，vol.44，no.3，1990，p.275；Antoine mostaert and Igor de Rachewiltz（eds.），*Le materiel mongol du Houa i i iu 华夷译语 de Houng-ou*（1389），2 vols. Bruxelles，1977－1995，vol.1，107；《华夷译语》（北京图书馆古籍珍本丛刊 6，书目文献出版社），第 5 页，“昼：兀都儿 üdür”。另见哈斯额尔敦：《〈华夷译语〉（汉蒙译语）研究》，《内蒙古师大学报》1987 年第 1 期，第 67 页；松川节：《批判と紹介：D. Cerensodnom & M. Taube，Die Mongolica der Berliner Turfansammlung》，《东洋史研究》第 54 卷第 1 号，1995 年，第 110—111 页。此外，拉苏勒王朝《国王词典（The Rasūlid Hexaglot）》以阿拉伯字 AWDWR 为蒙古语 üdür“日”，见 P. B. Golden（ed.），*The King's Dictionary*：*The Rasūlid Hexaglot* － *Fourteenth Century Vocabularies in Arabic*，*Persian*，*Turkic*，*Greek*，*Armenian and Mongol*，tr. T. Halasi- Kun，P. B. Golden，L. Ligeti，and E. Schütz，Leiden：Brill，2000，pp. 235－236.

MDQ 编者读作'WNKDWR=ongdur“在(同)年”,应该订正。

12—13 行,nigen γar-iyar：此处遵循 MDQ 编者,解释作“一手(不经过他人,直接)”。MDQ 编者未能提到,回鹘文契约文书中频见同样表述 eligtä“用手,从手里,手交,直接”①。

13 行,taγulǰu abuγ-a：MDQ 编者解释作 daγuliǰu abuγ-a“强行取得”。按动词 daγuli-(>daγuliǰu)解释,恐怕是基于《元朝秘史》的傍译“虏,掠夺”②。不过,此处的字形并非 T'QWLYČW=daγuliǰu,而应读作 T'QWLČW=taγulǰu。诚如白玉冬所指摘,吐鲁番出土蒙古语文书(BTT XVI, Nr. 82)可见 taγul-“分配,分发”的用例③。另,《元朝秘史》(09：47：05, §229)中,动词 ta'ul-(~taγul-)~da'ul-(~daγul-)傍译作“分付”④,《华夷译语》也把 taγul-对译作“分付”⑤。此处把 taγulǰu ab-试译作“领取,领受”。可能与见于回鹘文契约文书(SUK Mi23)的 tapšurup al-“亲手领取”这一表达方式相对应。

14 行,osal omtaγai：osal 是回鹘语 osal“怠慢”的借用语⑥。在蒙古语文语中,第 2 音节的-a-发生顺行同化,变为 osul⑦。此处,与蒙古语 omtaγai ~ omtuγai“怠慢,忽略”构成同义词连缀。

17 行,erigesü：MDQ 编者作a̤ribesü(~eribesü<v. eri-)“如讨要”,并加问号,以示存疑。白玉冬遵循此读法。这种解释在文义上可获支持。不过,字形似乎写作'YRKWSW=irgüsü。此处推定为动词 eri-“寻,找;物色,探求”后续表示假定的词缀-gesü 而构成的 erigesü='RYK'SW 的误写⑧。

17—18 行,nigen-dür nigen qolbaǰu：诚如 MDQ 编者所指出,这种“一个上加一个(即双倍)”的表达方式,与见于回鹘文契约文书(SUK Lo16)的 birkä bir qoš-“一个上加一个”相对应。

---

① 山田信夫:《ウイグル文契约文书集成》(全 3 卷),大阪大学出版会,1993 年,Sa09, Sa16, Sa27, RH03, WP06.

② 参看栗林均:《〈元朝秘史〉モンゴル语汉字音译・傍译汉语对照语汇》,东北大学东北亚研究中心,2009 年,第 131 页;F. D. Lessing, *Mongolian-English Dictionary* (3. rep), Bloomington, 1995, p.766(v. taγuli-).

③ D. Cerensodnom and M. Taube, *Die Mongolica der Berliner Turfansammlung*, p.188;白玉冬:《关于元代地税征收的一篇蒙古文文献》,第 418 页。

④ 栗林均:《〈元朝秘史〉モンゴル语汉字音译・傍译汉语对照语汇》,第 131、449 页。

⑤ 《北京图书馆古籍珍本丛刊》第 6 卷,北京:书目文献出版社,第 41 页。

⑥ D. Cerensodnom and M. Taube, *Die Mongolica der Berliner Turfansammlung*, p.178; G. Doerfer, *Türkische und Mongolische Elemente im Neupersischen*, 4 vols, Wiesbaden, 1963－1975, vol.2, p.149.

⑦ F. D. Lessing, *Mongolian-English Dictionary* (3. rep), Bloomington, 1995, p.624;《蒙汉词典》,呼和浩特:内蒙古大学出版社,1999 年,第 207 页。

⑧ N. Poppe, *Grammar of Written Mongolian* (4. pr.), Wiesbaden, 1991, p.96.

19 行,ǰrlγ-un yosuγar kündü erigütü bolsuγai:“依圣旨治重罪”。吐鲁番出土回鹘文契约文书的违约文言中也出现相同表述 aγïr qïyn-qa täg-“构成重罚”[①]。因这些回鹘语契约文书属于蒙元时代[②],上述回鹘语的表述有可能来自蒙古语。

21—22 行:插入第 20—23 行之间。MDQ 编者注释作“关于在运送途中所造成的谷物损失该如何赔偿的内容,但它究竟意味着什么,尚不清楚”。“五石五斗”与所运送的仓粮有关,此点无疑。其中,第 21 行末 tabun šim“五斗”可能表示根据第 9—11 行内容算出的五斗五升的损耗(qor qoms-a)“额度减额至五斗”。第 22 行末的单词仅能读取词头的 KWY-。白玉冬解释作 kürgesen(<v. kürge-)“送至”,但从字形而言较为困难。作为试案,笔者推定作 kü(nesün)~künesün~günesün“粮,行粮”。甲种本《华夷译语·捏怯来书》可见与“仓粮”对应的表达方式 tsang günesün>仓古捏孙[③]。

24 行 a, bičig ögügči nökür:MDQ 编者把 nökür 解释作人名(那可儿),白玉冬遵此。不过,蒙古语 nökür 的原意为“同伴,朋友”。而黑城出土元代汉文契约文书中,在主要的当事者“立文字人;立契人”之后提到“同立文字人;同立壳契人”等[④]。是故,笔者以为此处的 bičig ögügči nökür“给予证文的同伴”对应汉文文书的“同立文字人”。另,MDQ 的日文译注中,提到其他解释案,详见后文。

24 行 b, nibi(...):关于该人名,MDQ 编者读作 irüči,白玉冬转写作 irinči〔~irinči(n)〕。笔者看来,词头为 N-,第 3 字为-B-,惜图版不清,无法判读。

25 行,šakyaba:可认为是来自藏语 śākya dpal 的人名 šakyabal(>沙加班)的异体。

27 行,sirsi:也可读作 sinsi,视为汉语“禅师”的回鹘语形式 šenši 的借用语。

---

① 山田信夫:《ウイグル文契约文书集成》(全 3 卷),Ad01, WP01, WP02, Mi01, Mi03。

② 梅村坦:《違约罰纳官文言のあるウイグル文书》,《东洋学报》第 58 卷第 3、4 号,1977 年,第 1—40 页。

③ A. Mostaert and Igor de Rachewiltz (eds.), *Le Matériel Mongol du Houa i i iu* 华夷译语 *de Houng-ou* (*1389*), 2 vols, Bruxelles, 1977-1995, vol.1, p.12, vol.2, p.99;栗林均:《〈华夷译语〉(甲种本)モンゴル语全单语、语尾索引》,东北大学东北亚研究中心,2003 年,第 104—105 页。

④ 李逸友编:《黑城出土文书》,北京:科学出版社,1991 年,第 186—190 页。

二、yanut“收据，票据”

在把握 F61：W6 文书内容时，关键在于第 5 行开头处的 yanuḏ（～yanud）“收据，票据”。关于此用语，MDQ 编者读作 vabtan，视作人名“瓦不坛”，译文中解释作是给乌密修失等 5 人给予本文书的人物。而在第 24 行的日文词注中，解释作瓦不坛文书被送至申朵儿只处[①]。即，围绕该文书，乌密修失等 5 人与瓦不坛、申朵儿只处于何种关系，MDQ 编者并未给予充分说明。

总之，按 MDQ 编者之说，这个名为瓦不坛的人物，在签订契约上起到了重要作用。不过，契约末尾的当事者、知见人的签字盖印处，并未涉及瓦不坛。是故，不能认为该瓦不坛参与了本文书所言契约。实际上，在文书末尾（第 23 行），申朵儿只作为第一当事者而签名盖印。而且，据本文书第 2—5 行文义，应视作把该契约文书交给乌密修失等 5 人的是申朵儿只。据以上几点而言，MDQ 编者读作 vabtan 的词语并非人名，而应考虑作修饰 bičig“文书，证文”的某一表达或术语。

大概是经过这一考虑，白玉冬推测 vabtan 是借用汉语“法”的回鹘汉字音形式 vap 在蒙古语中的形式 vab，后续共同格复数形词缀-tan，把 vabtan bičig 解释作“带有律令之文书；依据律令制定的文书”[②]。不过，难以想象在表达“法；律令”时，不适用蒙古语〔例如：yosu（n），töre，ǰasa（γ）等〕，而特意借用汉语“法”的回鹘汉字音。

相反，笔者把关键的 vabtan 一词，订正作 yanuḏ（～yanud），视作回鹘语 yanut（～yanuḍ）的借用语。回鹘语 yanut 原意是“充当返还的某一物品”，在 2 件吐鲁番出土回鹘语文书（U 5251 = SUK Mi18；U 5960v）中出现 yanut bitig“收据，票据”这种表述[③]。而且，在最近得到确定的吐鲁番出土回鹘语

① 吉田顺一、齐木德道尔吉编：《ハラホト出土モンゴル文书の研究》，第 36、39、40 页。

② 白玉冬：《关于元代地税征收的一篇蒙古文文献》，第 415、416 页。

③ 松井太：《ウイグル文契约文书研究補说四题》，《内陸アジア言语の研究》第 20 辑，2005 年，第 25—36 页；松井太著，许赛锋译：《回纥文契约文书研究补说四题》，《吐鲁番学研究》2008 年第 2 期，第 118—123 页；Matsui Dai, “Eski Uygur Hukuk Belgelerinde Geçen Borun ve Borunluq Üzerine,” In: A. Mirsultan, M. Tursun-Aydın and E. Aydın (eds.), *Eski Türkçeden Çağdaş Uygurcaya: Mirsultan Osman'ın Doğumunun 85. Yılına Armağan*, Konya, 2015, pp.102－103.

文书断片(74TB60：6－2)中,仅 yanut 一词就有“收据”之意[1]。

值得关注的是,这些回鹘语文书的 yanut 的字形。这些 yanut,均写作 Y'NWD(＝yanuḍ),词中的-W-看起来像是-P-,而且词末的-D 的运笔像是-DZ～-D'N。相比较回鹘语 yanuḍ＝Y'NWD 的字形,我们也可以把上述黑城出土蒙古语文书第 5 行中,MDQ 编者读作 vabtan＝V'BD'N 词汇字形解读作 Y'NWD＝yanuḏ(～yanud)。另外,很显然,与后续的 bičig“文书,证文”结合在一起的 yanuḏ bičig 这种蒙古语的表达方式来自回鹘语 yanut bitig“收据,票据”。

进言之,被借入到蒙古语的 yanud,与回鹘语 yanut～yanuḍ 相同,单独也产生了“收据,票据”的意思。此点可从黑城出土蒙古语文书 M1－060(F270：W1)得到明证。该文书并未收于 MDQ,据《中国藏黑水城民族文字文献》(62 页)给出的图版,可判读出 1 行蒙古文“这个收据是午年的收据(ene yanuḏ morin ǰil-ün yanuḏ bui)”。这一行蒙古文,恐怕是领取亦集乃路总管府发行的汉文纳税收据的蒙古人在文书背面所做的记录。据以上用例,可确认到在蒙元时代的黑城地区,来自回鹘语的蒙古语 yanud“票据,收据”获得广泛使用。

即,该 F61：W6 文书是申朵儿只交给乌密修失等 5 人的“收据(yanuḏ bičig)”。申朵儿只开具此“收据(yanuḏ bičig)”,收取了运送仓粮(sang)的运费 55 锭钞(第 11—13 行)。之后,签订契约,规定如因过失、怠慢等致使仓粮运送不能完成的话,返还运费(第 13—15 行)。另外,MDQ 言“第 17 行中的‘(如果)再索要工钱(的话)’”一语之含义难以理解,也许为针对再度索取工钱而言。不过,站在该文书为工钱收据的立场上重新考虑的话,第 17—19 行内容可很容易理解作是为禁止再次领取业已支付的工钱而加入的条款。

另外,MDQ 编者还从黑城出土蒙古文文书 F42：W1(MDQ, No.068)中读出 vabtan 一词。该文书由 2 个断片构成,但均破损严重。尤其是前半部(第 1—4 行)文义不明,属于另一断片的后半部分(第 5—9 行)可推定为是相关以月为单位的分例(kesig)酒(darasun)的出纳。MDQ 编者把前半部末尾第 4 行解读作 aqa vab ṯan noya[n]“兄瓦不坛官人”。

---

① Li Gang and Matsui Dai, “An Old Uighur Receipt Document Newly Discovered in the Turfan Museum,” *Written Monuments of the Orient*, vol.4, 2016, pp.68－75.

然，草书体回鹘文字的 '(aleph)，N，Q 的字形判断非常困难，aqa = "Q' 可以订正作 "N' = a̤ne ~ ene "这个"，noya[n] = NWY'[N] 可以订正作 'WY(K)[B'] = ög[be](<v. ög-)。故，笔者把 MDQ 编者所读的 V'BT'N = vabṯan 改读作 y(a)nu-d(~yanud)，将该第 4 行的蒙古文读作 a̤ne y(a)nu-d ög[be] "(我)给了这个收据"。笔者关注的 y(a)nu-d，看起来写作 YNW-T'。这可以视作是 Y'NWT 的误写，或是词中的-W-运笔时暂停了一下。

值得一提的是，前面介绍的回鹘语文书的 yanuḍ 与蒙古语文书 F61：W6 的 yanuḏ 的字形 Y'NWD，很容易被误解作 Y'NWD'N = yanudan ~ yanutan 或 Y'BD'N = yabdan ~ yabtan。也可认为，F42：W1 文书的书写者并不通晓 Y'NWD = yanuḏ 的写法，误读误认该词是 yanudan ~ yabdan，进而把词中的-D- 置换为-T-，并误写作 Y'BT'N。就此点而言，F42：W1 文书或可认为是习字用文书。

总之，在物品的买卖收受、税粮钱物的交纳等社会经济活动中，发行收据是不可或缺的。关于这种重要的社会经济文书"收据、票据"，蒙古人使用来自回鹘语的借用语 yanud，表明当时的蒙古人在书写文化、文书文化和各种契约惯行上，受到了回鹘文化的很大影响。

结　　语

本文以黑城出土蒙古语文书所见回鹘语借词 yanud"收据，票据"的讨论为核心，再次阐明回鹘文化对蒙古文化的影响。这一事例，同时表明在分析黑城出土蒙古语文书时，与回鹘语文书之间的比较研究较为重要。在 MDQ 刊出的蒙古语文书中，还散见其他未能被正确理解的术语和表达方式。在推定是来自回鹘语的影响这一前提下，我们可以期待这些问题能得到更为确切的解释。

（原载《北方文化研究》2016 年第 7 期，韩国：檀国大学，第 203—214 页。）

蒙元时代回鹘佛教徒和景教徒的网络

松井太(大阪大学)

关于13—14世纪突厥系回鹘历史的研究,释清了突厥系回鹘对蒙元帝国起到的较大作用。13世纪初,占据东部天山地区的高昌回鹘王国率先归附"大蒙古国"。此后,对蒙元帝国统治体制而言,回鹘人成为其最重要的协助者。蒙元帝国采用了回鹘人所使用的回鹘文字为公用文字。是故,在蒙元各地,回鹘人被任命为行政、经济、文化官僚。另外,梵语佛教词汇大多通过回鹘语进入蒙古语。这表明最早给蒙元帝室带来佛教文化的是回鹘佛教师父(baxši)。贯穿13—14世纪,回鹘人与蒙元帝国共享繁荣,活动范围横跨帝国东西部。

出自回鹘人故地——东部天山吐鲁番地区的大量古回鹘语佛教文献,表明回鹘人是佛教徒。不过,据蒙元帝国时期来访东方的柏朗嘉宾(John of Plano Carpini)、鲁布鲁克(William of Rubruck)以及马可·波罗(Marco Polo)等的记录,可知回鹘人的一部为景教徒①。对出自吐鲁番与敦煌,以及欧亚东部不同地域的以回鹘文、叙利亚文书写的回鹘语景教文献的解读研究,近年取得了显著的进步②。

---

① P. jackson and D. Morgan, *The Mission of Friar William of Rubruck*, London, 1993; P. G. Borbone, "Some Aspects of Turco-Mongol Christianity in the Light of Literary and Epigraphic Syriac Sources," Journal of Assyrian Academic Studies, vol.19, no.2, 2005, pp.5 – 20; Ttang Li (唐莉), *East Syriac Christianity in Mongol-Yuan China*, Wiesbaden, 2011.

② 例如: P. G. Borbone, "Some Aspects of Turco-Mongol Christianity in the Light of Literary and Epigraphic Syriac Sources";牛汝极:《十字莲花》,上海古籍出版社,2008年,第156—158页;R. Simone-Christiane, "Traces of Christian Communities in the Old Turkish Documents," 张定京、阿不都热西提·亚库甫编:《突厥语文学研究:耿世民教授八十华诞纪念文集》,北京:中央民族大学出版社,2009年,第408—425页。M. DICKENS, "Multilingual Christian Manuscripts from Turfan," *Journal of the Canadian Society for Syriac Studies*, vol.9, 2009, pp.22 – 42; L. Eccles and Samuel N.C. Lieu, "Inscriptions in Latin, Chinese, Uighur and Phagspa," In: Samuel N. C. Lieu et al. (eds), *Medieval Christian and Manichaean Remains from Quanzhou (Zayton)*, Turnhout, 2012, pp. 129 – 149; M. Franzmann and Lieu, Samuel N. C, "Nestorian Inscriptions in Syro-Turkic (转下页)

本文将纵观蒙元帝国时期回鹘语文献所反映的回鹘佛教徒、景教徒所编织的网络。同时，给出笔者近年对敦煌地区佛教石窟题记铭文进行调查而得到的新信息。

一、回鹘佛教徒的网络

重新构建蒙元帝国时期回鹘佛教徒网络时，吐鲁番地区出土的回鹘语印刷佛典的序跋所见情报最为重要。这些印刷佛典大多是在供事于蒙元朝廷的回鹘高级官僚与高僧的援助之下，出版于大都与杭州的印刷所①。另外，敦煌出土蒙元时期回鹘语文献中，言及元廷高僧翻译成回鹘文的《圣妙吉祥真实名经（*Mañjuśrīnāmasaṃgīti*）》的授受②。而且，同属敦煌出土的回鹘语残破历书和文书断片表明，"行在缎子（qïngsaytavar）"，即江南杭州（行在）特产的缎子的买卖③。这些材料表明，蒙元帝国统治下的回鹘佛教徒，在自他们的故地吐鲁番地区，直至敦煌、甘肃河西，乃至华北、江南等广大地域内，广泛从事着佛典与各种商品的交易、运送等活动④。

不言而喻，这些交易均由人的实际移动而获得支撑。笔者以往曾对敦煌莫高窟北区石窟出土的一件蒙古文令旨（B163：42）文书进行了探讨。这件令旨由统治高昌地区的察合台汗国地方代官，交付给具有"灌顶国师"称号的元朝宫廷高僧。因这一令旨，"灌顶国师"及其随员在高昌、北庭、巴里坤等举办佛事（法会）时，以及向敦煌移动时，其安全获得了保证。即"灌顶

（接上页）from Quanzhou," In：Samuel N. C. Lieu et al.（eds），*Medieval Christian and Manichaean Remains from Quanzhou（Zayton）*，pp.171－214；Zieme Peter，*Altuigurische Texte der Kirche des Ostensaus Zentralasien*. Piscataway，2015.

① P. Zieme，"Bemerkungenzur Datierunguigurischer Blockdrucke，" *Journal Asiatique*，vol.269，1981，pp.385－399；Kasai Yukiyo（笠井幸代），*Die Uigurischen Buddhistischen Kolophone*，Turnhout，2008.

② 森安孝夫：《元代回鶻佛教徒の一書簡》，护雅夫编：《内陸アジア・西アジアの社會と文化》，东京：山川出版社，1983年，第209—231页；J. Hamilton，"Étude Nouvelle de la Lettre Pelliot Ouïgour 16 Bis D'un Bouddhiste D'époque Mongole，" In：Alfredo Cadonna（ed.），*Turfan and Tunhuang: The Texts*，Firenze，1992，p.97－121，+5 pls.

③ 森安孝夫：《敦煌出土元代回鶻文書中のキンサイ緞子》，载《榎博士頌壽记念東洋史論叢》，东京，1988年，第417—441页。

④ P. Zieme，"Bemerkungenzur Datierunguigurischer Blockdrucke，" *Journal Asiatique*，vol.269，1981，pp.385－399；小田壽典：《1330年の雲南遠征餘談》，《内陸アジア史研究》第1辑，1984年，第11—24页；P. Zieme、百濟康義：《回鶻语の觀無量壽經》，永田文昌堂，1985年，第43—48页；森安孝夫：《敦煌出土元代回鶻文書中のキンサイ緞子》，第417—441页。

国师”一行越过元朝与察合台汗国间的边境进行着佛教活动。可以认为，这与自吐鲁番扩展至甘肃地区的回鹘人的商业网络有着密切联系①。

诸如这样的回鹘佛教徒在广大区域的活动状况，也可从他们巡礼敦煌诸石窟（莫高窟、榆林窟等）时作为纪念书写下的回鹘语题记铭文资料中窥得一斑。据以往的研究，可知回鹘佛教巡礼者的出发地点，有当地的沙州（Šaču，敦煌）、瓜州（Qaču），甘肃的肃州（Sügčü，酒泉）、甘州（Qamču，张掖），乃至位于敦煌西北四百公里处的哈密（Qamïl）等②。在此之上，据笔者调查，还得以确认出自哈密西面的纳职（Napčik，现 Lapčuq>洛布楚克）或北庭（Beš-Balïq>别失八里）、吐鲁番（Turfan）等回鹘中心城市的巡礼者。另，还可知道更为东方的“唐兀路（Tangut čölgä）”，即蒙元时期西夏中兴路，亦即宁夏路（现银川），也是回鹘佛教徒巡礼起点③。同时，也发现了二处由敦煌周边前往五台山的回鹘佛教徒题记。众所周知，五台山作为文殊信仰的圣地，自古受到尊崇，蒙元宫廷的帝室一族与西藏佛教高僧也崇敬五台山并加以重点保护。看得出，处于蒙元统治下的被藏传佛教所感化的回鹘佛教徒，高举五台山信仰旗帜，将其巡礼圈扩大到华北地区④。

进言之，榆林窟的一条回鹘语题记铭文，也反映了连接华北地区与敦煌地区的回鹘佛教徒巡礼。这条题记最早由哈密顿（J. Hamilton）、牛汝极二位公开⑤。下面是依据笔者实地调查而提出的修正案。

【铭文 1】榆林窟第 12 窟，主室甬道南壁，男性供养人像第 1 身头顶上方：

1 biz aq balïq-ta liusirpu luödigä

2 siki a(....) üčägü qaču

---

① 松井太：《東西チャガタイ系諸王家と回鶻人チベット佛教徒》，《内陸アジア史研究》第 23 辑，2008 年，第 25—48 页。中译文见杨富学、刘宏梅：《东西察合台系诸王族与回鹘藏传佛教徒》，杨富学编：《回鹘学译文集新编》，兰州：甘肃教育出版社，2015 年，第 93—116 页。

② J. Hamilton and Niu Ruji, “Inscriptions Ouïgoures des Grottes Bouddhiques de Yulin,” *Journal Asiatique*, vol.286, 1998, pp.127 – 210.

③ Matsui Dai, “Revising the Uigur Inscriptions of the Yulin Caves,” Studies on the Inner Asian Languages, vol.23, 2008, pp.17 – 33；松井太：《敦煌諸石窟の回鹘语题记銘文に關する劄记》，《人文社会論叢（人文科学篇）》第 30 辑，2013 年，第 29—50 页；松井太：《敦煌莫高窟，安西榆林窟的回鹘语题记》，阿不都热西提 · 亚库甫编：《西域 · 中亚语文学研究》，上海古籍出版社，2015 年，第 211—227 页。

④ 松井太：《敦煌諸石窟の回鹘语题记銘文に關する劄记（二）》，第 27—44 页。

⑤ J. Hamilton and Niu Ruji，“Inscriptions Ouïgoures des Grottes bouddhiques de Yulin，” pp.127 – 210，Inscription A，Though Modified Here.

3 süm kälip yu̯künmäyu̯ künmiš

4 k[ ]ümiš ärdi o̯künčimiz

5 qaldï

我们 Aqbalïq 的刘 Sirpu、鲁 Ödigä、Siki-A(……)三人来到瓜州寺顶礼膜拜……我们的悔悟留下了。

写下这条回鹘语题记的三名佛教徒，自 Aqbalïq 来访榆林窟。Aqbalïq (~Aq-Balïq)，回鹘语意为"白色城市"。马可·波罗记载了两个华北地区城市名为 Achbaluch 和 AcbalecMangi。其中，前者 Achbaluch(<T. Aq-Balïq)被堪同为真定路，该城在同时期蒙古语中也被称为"白色城市"(Čaγan Balγasun)①。而后者 AcbalecMangi (<T. AqbalïqManzi)，曾被伯希和(P. Pelliot)堪同为兴元路②。上述榆林窟题记中的 Aqbalïq，可比定为两者之一，但难以断言③。总之，这个 Aqbalïq 之地存在回鹘移民集团，他们构成了西达敦煌石窟的佛教巡礼网络之一环。

敦煌之外，内蒙古自治区呼和浩特市的"万部华严经塔(白塔)"，亦可发现由佛教巡礼者写下的回鹘语题记铭文。最近，笔者与白玉冬教授合作，对这些题记进行了调查。获白教授许可，这里给出其中的数条。这些题记均以草书体写成，确切属于蒙元时代。

【铭文 2】呼和浩特万部华严经塔，第 5 层南面，外侧窗东壁：

1 m(ä)n q(a)mïl-lïγ

2 sanggadaẓ ačari

3 yu̯künü täginti(m)

我，哈密(Qamïl)出身的桑哥答思(Sanggadaẓ)阿阇梨谨拜。

【铭文 3】呼和浩特万部华严经塔，第 7 层北面内壁西侧：

---

① P. Pelliot, *Notes on Marco Polo*, vol.1, Paris, 1959, pp.8–9；杉山正明：《蒙漢合璧命令文の研究(一)》，《内陸アジア言語の研究》第 5 辑，1990 年，第 15—16 页。

② P. Pelliot, *Notes on Marco Polo*, vol.1, p.7.

③ 真定历来是睿宗拖雷(Tolui)家投下领，潜邸时期的忽必烈(Qubilai)亦把真定作为汤休邑。供奉于睿宗家的回鹘人中，有昔班(Šiban，《元史》卷一三四)、布鲁海牙(Bolad-Qaya，《元史》卷一二一)、小云赤脱忽邻(Sävinč-Toγrïl)、八丹父子(《元史》卷一三四)等被任命为真定路达鲁花赤与札鲁花赤(<ǰarγuči，断事官)的人物。另仁宗朝时晋升为礼部尚书的回鹘人脱烈海牙(Töläk-Qaya)传(《元史》卷一三七)云："祖八剌术，始徙真定，仕至帅府镇抚。富而乐施，或贷不偿，则火其券，人称为长者。"考虑到这些回鹘人官僚与真定间的关系，榆林窟回鹘语题记的 Aqbalïq 也许应勘定为"真定"。

1 bičinyïlsäkṣinč ay säkizyangï-ta

2 yụküngülüktägṣingülükvaxar-ta ayaγ olurup

3 bitiyütägindimkinkikörgülükbolṣun

4 män čam balïq-lïγ äsän biḍitim čïn ol

5 …

6 …

申年八月初八日。在巡礼之寺,怀着尊崇之心谨书。希望后人能看见。我,彰八里(Čam-Balïq)出身的也先(Äsän)写了。这是真的。

【铭文4】呼和浩特万部华严经塔,第7层南面内壁西侧:

1 toqsïn-lïγ buy(a)n q(u)lï šabï qay-(a)

2 bir käzig biḍimiš boldumuz yapïlmaṣun-lar tip biḍiḍ(i)m yamu

他古新(Toqsïn)出身的普颜忽里(Buyan-Qulï)沙弥写下一行。希望这铭文不被覆盖!

铭文2的巡礼者——带有阿阇梨(ačari)称号的桑哥答思(Sanggadaẓ< Skt. Saṃghadāsa)是哈密出身。铭文3的书写者也先(Äsän)是天山山脉北麓的彰八里(昌八剌<Čam-Balïq)出身。铭文3的书写者普颜忽里(Buyan-Qulï)是吐鲁番盆地西部的他古新(Toqsïn;现在的Toqsun>他古新、托克逊)的出身。换句话说,上述三条题记铭文,表明回鹘佛教徒网络是把东部天山地区的原高昌回鹘王国领土与内蒙古地区连接起来而展开的。

另外,《一百大寺看经记》记录了世祖忽必烈朝时,回鹘人官僚亦黑迷失(Yïγmïš)向元朝统治下的一百所佛教寺院布施,这一百所寺院的所在地中包括“真定”“宁夏路”“西凉府”“甘州”。这些地名与巡礼敦煌莫高窟、榆林窟的回鹘佛教徒出身地重复。又,《一百大寺看经记》还提到给“大都普庆寺”“杭州灵芝寺”布施[1]。如本节开头介绍,大都与杭州是回鹘语佛典的主要刊刻地。即,可以推测亦黑迷失施与喜舍的“一百大寺”,处于回鹘佛教徒巡礼网络之要冲[2]。

① P. Zieme、百濟康義:《回鹘语の觀無量壽經》,第48页;陈得芝:《从亦黑迷失身份看马可波罗》,《燕京学报》新26辑,2008年,第1—19页。

② P. Zieme、百濟康義:《回鹘语の觀無量壽經》;陈得芝:《从亦黑迷失身份看马可波罗》。另,加于该碑末尾的2行回鹘文铭文迄今尚未被解读。不过,仅据拓影而言,第2行(右行)开头处可判读为“我,亦黑迷失(mänYïγmïš)”。这令人想起亦黑迷失自身积极参加喜舍事业。

综上，留存在敦煌与呼和浩特的回鹘语题记铭文，可以重新构建出连接东部天山地区、甘肃河西（敦煌、酒泉、张掖、宁夏）、内蒙古（呼和浩特）、华北地区（五台山，真定/兴元）的回鹘佛教徒巡礼网络。将这一网络与刊刻于大都、江南（杭州）并被运至东部天山的回鹘语印刷佛典，以及记录活动于泉州的亦黑迷失的《一百大寺看经记》之内容综合起来考虑，可认为蒙元时期的回鹘人佛教徒网络，几乎覆盖欧亚东部。

二、回鹘景教徒的网络

《马可·波罗行纪（*Le Divisamentdou Monde*）》记载下述东方诸地域、城市中，有突厥系景教徒居住：可失哈耳（Cascar>Kāšγar，即喀什）、Yarcan>Yarkand（即莎车）、沙州（>Saciou）、畏兀儿地方（Iuguristan>Ūyġuristān）、哈剌火州（Carachoço>Qara-Qočo，即高昌）、Ghinghintalas（今地不明）、肃州（>Succiu）、甘州（>Campçio）、西凉（Ergiuul>Mong. Eri-ǰe'ü）、西宁州（>Silingiu）、宁夏（Egrigaia>Mong. Eri-Qaya）、天德（>Tenduc）、京兆府（>Quengianfu，即西安）、汉中（>Cuncun）、雅赤（>Iachi，即昆明）、镇江府（>Cinghianfu）、行在（>Quinsai，即杭州）[1]。实际上，从上述部分地区发现了属于蒙元时代的叙利亚文叙利亚语、回鹘文突厥语景教徒文献（使用的是叙利亚文、回鹘文）。而且，虽然马可·波罗未谈到景教徒的存在，但黑水城（Qara-Qota）和内蒙古赤峰地区的诸遗迹，亦出土有突厥语景教徒文献[2]。

众所周知，这些“突厥系景教徒”不仅包括回鹘出身者，还包括汪古（Önggüd）、怯烈（Kereid）、乃蛮（Naiman）等突厥系诸部族集团出身者[3]。不过，关于居住于上述诸都市的突厥系景教徒彼此间处于何种关系，马可波罗并未作详细记录。

虽然如此，我们可以推测到，这些突厥系景教徒自我认识到他们相互间

---

[1] A. C. Moule, and P. Pelliot, *Marco Polo, the Description of the World*, vol.1, London, 1938, pp. 143, 146, 150, 156, 158, 178, 179, 181, 264, 277, 323, 339 - 340. 关于地名的勘同，参见 P.Pelliot, *Notes on Marco Polo*, vol.1; P. Pelliot, *Notes on Marco Polo*, vol.2, Paris, 1963.

[2] 牛汝极：《十字莲花》，2008 年；Tang Li（唐莉），*East Syriac Christianity in Mongol-Yuan China*, pp.51 - 85. 在这些中国出土突厥系景教徒的语言与书写文化范畴内，叙利亚文突厥语占据优势。参见 P. G. Borbone, “Some Aspects of Turco-Mongol Christianity in the Light of Literary and Epigraphic Syriac Sources,” p.17.

[3] 译者补注：怯烈（Kereid）即克烈，不能简单归类为“突厥系”部族。

有着同一个信仰,且互相协助合作。最为典型的例子是,巴尔希伯来(Barhebraeus)认为是“回鹘人”的马古斯(Markus)与拉班·扫马(Rabban Sauma),自大都前往巴格达拜会景教会总大主教时,内蒙古天德地区的汪古部王子君不花(Kün-Buqa)、爱不花(Ay-Buqa)给予了大力援助[①]。据叙利亚文《马·雅巴拉哈三世与拉班·扫马传》,当时,汪古部二位王子对马古斯与拉班·扫马说:

> 你们为什么离开我们的地域而前往西方?因为我们祈望从西方有大德高僧来到我们这里。那你们为什么还要让自己离开这里呢?
>
> (中略)
>
> 你们好像不知道路程的距离与需要的旅费。不过,因我们知道这些,所以忠告你们不应该空手而去。你们不带钱财是达不到目的地的。所以,你们要把我们这些赠品当作借款收留,需要时支付它们。如果能安全抵达目的地,就请把这些(赠品)捐献给当地僧侣师父的修道院。这样,我们和西方的师父们会增强友好关系。

上文反映,汪古王国的景教徒与巴格达的景教总大主教持续保持有联系。就地理学而言,连接汪古王家与巴格达的通路,一定通过居住于“畏兀儿地(Iuguristan)”与高昌(Carachoço)的回鹘人景教徒之地。

最近,牛汝极教授与澳大利亚国立大学研究小组,分别独自刊出了留存于泉州地区的叙利亚文、回鹘文景教徒墓志铭校订数据集。其中,公元 1301 年(大德五年)的叙利亚文突厥语墓志铭(B17 = Z25)主人公(名叫 Uštạ-Tasqan)是“高昌城出身者(qočobalïq-lïγ)”之子,可知其属于回鹘人[②]。表明当时存在自回鹘故地,即东部天山地区移居至泉州的“回鹘人”景教徒的墓志铭,仅此一例。

不过,笔者以为公元 1331 年(至顺二年)的回鹘文景教徒墓志铭(B23 = Z6r)主人也是“回鹘人”景教徒。以往的研究,将其第 1 行开头处解读作 qup-luγ[③]。显然,此处应更正为 qočo-luγ“高昌出身者”,表明了墓主(名叫

---

① P. G. BORBONE, “Some Aspects of Turco-Mongol Christianity in the Light of Literary and Epigraphic Syriac Sources,” p.12.

② 牛汝极:《十字莲花》,第 241—244 页;M. Franzmann and Lieu, Samuel N. C, “Nestorian Inscriptions in Syro-Turkic from Quanzhou,” pp.179 - 183.

③ J. Hamilton and Niu Ruji, “Deux inscriptions funérairesturquesnestoriennes de la Chine Orientale,” *Journal Asiatique*, vol.282, 1994, pp.156 - 163;牛汝极:《十字莲花》,第 156—158 页;L. Eccles and Samuel N.C. Lieu, “Inscriptions in Latin, Chinese, Uighur and Phagspa,” pp.131 - 133.

Marḍa-Tärim)的寡夫景教徒(ärkägün)的出生地。

依据这两件墓志铭,可以认为移居或前往至泉州的“高昌出身”的回鹘人景教徒并非罕见。其历史背景,可推定为与回鹘人佛教徒相同,回鹘人景教徒伴随着蒙元帝国的扩张而将其活动范围扩展至东部中国。

另外,回鹘人景教徒与回鹘人佛教徒一起扩大其活动范围的可能性很高。至少可以认为,他们使用着互相重复的交通、交易、宗教巡礼之路径。这一看法,也由内蒙古自治区呼和浩特“万部华严经塔(白塔)”的题记铭文可知。白玉冬教授与笔者二人,在调查该佛塔的回鹘文题记时,与前一节介绍的佛教徒巡礼题记并列,发现了如下回鹘文突厥语题记。

【铭文5】呼和浩特万部华严经塔,第7层西南面内壁南侧:

1 küsküyïl t[o]quzunč ay yitiot(uz)-qa
2 [bi]z? pilipoẓ yošimut qïraqïz Y-' ČY b(ačaγ?)
3 (mon)gol-tay? munčaγu bu suburγan-nï körgäli
4 (kälü?) täginip bitiyü tägintimiz čïn'ol
5 LŠY KBZ' P

子年九月二十七日。我们,菲利浦思(Pilipoẓ)、药失谋(Yošimut)、吉剌吉思(Qïraqïz)Y-'-či(?)、八察(Bačaγ)、蒙古带(Mongoltay),这些人来看此塔谨书。是真的。

(第5行叙利亚文)……您的奴仆菲利[浦思?]

上述巡礼者中,菲利浦思(Pilipoẓ<Syr. Pilippōs)、药失谋(Yošimut<Sogd. 'yw-šmbd)具有基督教徒名[①]。接下来的人名吉剌吉思(Qïraqïz),亦有可能是基督教徒名Qïryaquẓ(<Sogd. qwryqws<Syr. qûryâqûs)的变异。另,除这一题记外,万部华严经塔内还发现有以名为薛里吉思(Särgiz)的神甫(qašïša)所留题记为首的、多条叙利亚文突厥语题记[②]。即,据回鹘文、叙利亚文突厥语铭文而言,与佛教徒巡礼者并列,景教徒也频繁参拜作为佛教寺院的万部华严经塔。

---

① 关于人名药失谋(Yošimut),参见P. Zieme Peter, *Altuigurische Texte der Kirche des Ostensaus Zentralasien*. Piscataway, 2015, pp.188-191.

② P. G. Borbone, "Syroturcica 2: the Priest Särgis in the White Pagoda," *Monumenta Serica*, vol.56, 2008, pp.487-503; P. G. Borbone, "More on the Priest Särgis in the White Pagoda," In: Tang Li/Dietmar W. Winkler (eds.), *From the Oxus River to the Chinese Shores*, Berlin/Münster/Wien/Zürich/London, 2013, pp.51-65.

进一步而言，笔者最近在榆林窟第16窟发现写有叙利亚文突厥语铭文。笔者虽尚未能解读全文，但据现阶段解读，其内容是“猴年五月十五日”，“瓜州出身（x'ṣw-lwk < qaču-luγ）”的某人来往“山寺（ṭ'kpwx'r < taγbuqar）”，即榆林窟停留“二日（'kykwyn = ikikün）”，并捐献“一只羊（pyrxwyn<birqoyn）”，为此而留下题记①。

依据以上给出的题记铭文，可得出如下结论：包括回鹘人在内的突厥人景教徒网络，在蒙元时期自东部天山地区直至甘肃、内蒙古，甚至泉州，而且，这一网络几乎与回鹘人佛教徒网络重叠。

关于“畏兀儿地（*Iuguristan*）”的景教徒，马可·波罗云“时常与偶像教徒通婚”②。吐鲁番出土回鹘语世俗文书中，存在同一文书中言及佛教徒和景教徒之例③。这表明佛教徒与景教徒间日常进行接触，佐证了马可·波罗的记述。有例证表明，在蒙元之前的高昌回鹘王国时期，即10—11世纪初，摩尼教徒与佛教徒在商业活动上进行协作，甚至共存于同一寺院内④。

如上所述，可以认为，多种宗教混合共处的回鹘人社会的特性，促进了蒙元时期回鹘人佛教徒、回鹘人景教徒的活动圈的扩大。

结　语

当前，敦煌吐鲁番出土古回鹘语文献的大多数，均已以某种形式向研究

---

① 此解读获得 P. Zieme 教授与 A. Muraviev 教授的帮助。谨表谢意。

② A. C. Moule, and P. Pelliot, *Marco Polo*, *Marco Polo*, *the Description of the World*, vol.1, p.156.

③ 例如：回鹘文举棉布契（SUK Lo 15）中，贷方名为佛教徒名“法奴（>Vaptu）”，借方为景教徒名“忽押忽思（Qïryaquẓ<Sogd. *qwryqws*<Syr. *qûryâqûs*）”；回鹘文举麦契（SUK Lo23）中，贷方为佛教徒名“华严奴（>Qayimtu）”，借方为景教徒名“忽押忽思（Pädroẓ<Syr.Petros）”；人名录断片 Ch/U 6321v 中，与佛教徒名“都统（tutung~tu）”同时提到景教徒名“典哈（Ṭïnxa<Syr. Denḥā）”“阔里吉思（Kövärgiẓ<Syr. Gīwargīs）”“撒吉思（Särgiẓ<Syr. Sargīs）”“扫马（Savma<Syr. Ṣaumā）”；另人名录断片 U 5623 也同时提到“阿萨兰阿阇梨（Arslanačari）”，景教徒名“马昔里门（Mar Šilimon<Syr. Šlīmūn）”“聂斯脱里（Nisḍiriẓ<Syr. Nesṭūriōs）”。参看松井太：《モンゴル時代ウイグリスタンの税役制度と徴税システム》，松田孝一编：In.MatsudaKōichi（ed.），*Research on Political and Economic Systems under Mongol Rule*，Osaka，2002，pp.87－127，文书 H 和 J；P. Zieme，*Altuigurische Texte der Kirche des OstensausZentralasien*，pp.179－last.

④ Matsui Dai：“A Sogdian-Uigur Bilingual Fragment from the Arat Collection，”吐鲁番学研究院编：《语言背后的历史：西域古典语言学高峰论坛论文集》，上海古籍出版社，2012年，第121—123页；Matsui Dai，“An Old Uigur Account Book for Manichaean and Buddhist Monasteries from Temple α in Qočo，”In：Team “Turfanforschung”（ed.），Zur lichten Heimat：Studien zu Manichäismus，Iranistik und Zentralasienkunde im Gedenken an Werner Sundermann，Wiesbaden，2017，pp.409－420.

者开放。值得一提的是，经过对这些文书的探讨，已经了解到蒙元时期的回鹘人自本土——东部天山地区向甘肃、华北、江南扩大其活动圈。而本文则以尚未向学术界进行详细介绍的敦煌与内蒙古诸遗迹的回鹘文题记铭文为主要材料，试图勾画出回鹘人佛教徒、景教徒编制的网络及其移动之姿态。笔者期望今后能够在中国诸地区发现新的材料，进而进一步深化本文的考察结果。

（原载徐忠文、荣新江主编：《马可·波罗　扬州　丝绸之路》，马可·波罗与丝绸之路国际学术研讨会论文集，北京大学出版社，2016 年，第 283—293 页。）

漠北回鹘汗国葛啜王子墓志新研究

森安孝夫(大阪大学)

本文核心所在汉文古突厥-鲁尼文双语“故回鹘葛啜王子墓志”(以下略称为葛啜墓志),自2013年以来令唐代史学界与古突厥学界为之振奋。墓主葛啜是贞元十一年(795)死于长安的回鹘王子。墓志出土地无疑是在西安(唐代长安),但具体出土地点与出土情况不明。现收藏单位为西安大唐西市博物馆,在2012年末购入。自为学界所知以来,短短2年间,获得发表的有关该墓志的中文、土耳其文、英文、日文论文与研究笔记近20篇。从这一数目可知该墓志是受到极大关注的珍贵史料。笔者在第53届日本女子大学史学研究会大会(2014年11月29日)上,曾以该墓志为主题做了特邀报告,并给出了古突厥-鲁尼文志文的新解读案。

以往,古突厥语鲁尼文碑文与文书的发现地,首先是漠北的蒙古地区(现蒙古国),其次是邻近蒙古地区的叶尼塞河上游流域至天山北路的草原地带,再次是出土大量古文书的敦煌吐鲁番等绿洲地区。漠南内蒙古地区理应存在,但实际获得发现迟至20世纪末①。而葛啜墓志发现地不仅是中国本土,更是历史上的京畿之地,故其深获唐代史研究人员之关注。《唐研究》第19卷(北京大学出版社,2013年)专设《〈葛啜墓志〉研究专栏》,刊出7篇相关论文,即为明证。

一、内亚型国家先驱安史乱党与漠北回鹘汗国

首先,为便于读者了解本文的撰写目的,主要引用或摘录已刊出拙稿②,

---

① 白玉冬、包文胜:《内蒙古包头市突厥鲁尼文查干敖包铭文考释》,《西北民族研究》2012年第1期,第78—86页;铃木宏节:《内モンゴル自治区発現の突厥文字銘文と陰山山脈の遊牧中原》,《内陸アジア言語の研究》第28辑,2013年,第67—100页。

② 森安孝夫:《ウイグルから見た安史の亂》,《内陸アジア言語の研究》第17辑,2002年, (转下页)

简述一下历史背景。

8 世纪中期爆发的安史之乱，对中国史而言意义巨大，相关研究成果众多。笔者近年对 8 世纪时期的康待宾之乱、安史之乱、仆固怀恩之乱，8 至 9 世纪之际的藩镇与节度使的势力扩大，以及 10 世纪时期五代沙陀突厥诸王朝与蒙古语族契丹辽王朝的成立加以关注。与以往的视角不同，笔者注意到担当上述事件的族群具有内亚背景，主张对安史之乱应该从正面进行评价。认为如安史之乱获得了成功，那就成立了安史王朝。不过，8 世纪时期，促使安史之乱能够获得成功的社会基础尚不完善。故此笔者把安史乱党势力定位为“过早的征服王朝”。同时主张对协助唐朝镇压粉碎安史之乱的漠北回鹘汗国，亦可有另外评价。一言以蔽之，笔者认为安史乱党势力与漠北回鹘汗国是 10 世纪时期出现于欧亚大陆的“中央欧亚型国家”之先驱。

漠北回鹘汗国自天宝三载（744）至开成五年（840），延命约百年。其间共有 10 多位可汗在位，其中值得一提的是第 3 代牟羽可汗和第 7 代怀信可汗二人。首先，牟羽可汗是镇压安史之乱、挽救唐帝国于危机的最大功臣。不过，安史之乱后，牟羽可汗统帅的回鹘在国力上压倒唐朝，对唐提出多种要求。改宗摩尼教的牟羽可汗优待粟特人，对活跃于自粟特本土至中国的内陆欧亚东部的粟特商人提供了极大便利。

从回鹘方面而言，介入安史之乱，绝不是简单的援助。据笔者看法，牟羽可汗是依据粟特人在欧亚大陆东部所编织的网络上收集的信息情报，经过与粟特政商和粟特武将的商定，抱着明确目的而积极参与到了安史之乱中。牟羽可汗挽救唐王朝于安史之乱——这是结果论。实际上，牟羽可汗是接受安史叛军（具体为史朝义政权）之邀，拟与其联合，为摧毁唐王朝而进军到了中国北部。越过戈壁沙漠的回鹘军队数量，据最初报告是十万人。第二次报告是四千成年男子与四万军马，外加可敦（王妃）为首的老幼子女一万以上，牛羊无数。此可谓举国而来①，看来是把征服后的移居也放在了

（接上页）第 117—170 页，收入作者著：《東西ウイグルと中央ユーラシア》，名古屋大学出版会，2015 年，第 1—48 页；森安孝夫：《シルクロードと唐帝国》（興亡の世界史 5），东京：讲谈社，2007 年，第 278—343 页；森安孝夫：《チベット語史料中に現れる北方民族——DRU－GUとHOR》，《東西ウイグルと中央ユーラシア》，第 129—130 页尾注〔书后 5〕。

① 《旧唐书》卷一九五《回纥传》，北京：中华书局，1975 年，第 5202 页；佐口透：《回鹘传（旧唐书、新唐书）》，《骑马民族史　正史北狄传》第 2 卷（东洋文库 223），东京：平凡社，1972 年，第 325 页；《新唐书》卷二一七上《回鹘传上》，北京：中华书局，1975 年，第 6118 页；佐口透：《回鹘传（旧唐书、新唐书）》，第 385 页；宋本《册府元龟》卷九七三《外臣部·助国讨伐》卷九七六《外臣部·褒异》，北京：中华书局，1989 年，第 3866 页 b 面、3882 页 b 面；《册府元龟》（明本），（转下页）

视野中。谈起牟羽可汗改变方针,反过来镇压安史之乱,有其偶然性。这是因为,与回鹘军队合作镇压安史之乱的唐朝将领中,有一重要人物仆固怀恩。恰巧,其女儿正是牟羽可汗正妻可敦。唐朝廷借助此父女二人的关系,以仆固怀恩充当使者,最终成功策反牟羽可汗。

不过,牟羽可汗此后并未放弃侵掠中国。大历十三年(778),他指使从父兄(或为从父)、宰相之一的顿莫贺达干入侵太原,掠得羊马数万。而且,翌年计划正式征服唐朝。即大历十四年(779)五月,代宗逝去、德宗即位之际,牟羽可汗听取亲信粟特政客意见,准备举国南下攻击唐王朝。如这一行动获得实现,唐朝在当时就已气脉断尽。然牟羽可汗的这一壮志,因保守派顿莫贺达干等的政变而被挫败,牟羽一党及其亲信粟特人共两千人遇害。换言之,牟羽可汗的革新政策——不仅允许摩尼教公开布教,而且亲自改宗摩尼教,优待与摩尼教徒表里合一的粟特人这一政策,当时尚未获得国人的压倒性支持。

长期以来,大唐帝国被认为是汉族所创建的黄金朝代。事实上,在唐朝内部,构筑其军事力量的骨干部分并不是府兵制与募兵制招募来的农民出身的汉人士兵,而是数量庞大的突厥系、蒙古系等游牧骑马民与粟特人(含粟特系突厥)集团。这些集团总括在羁縻州名下,汉籍史料对其没有给予更多关注。或应言之,实际上是因为属于委任统治,故未能掌握实情(故未能在汉籍留下较多踪迹)。换言之,对农民与游牧民的统治,在方式上截然不同,在同一地域亦可存在双重行政单位(即原有的州、郡、县与都督府、羁縻州并存)。催生笔者产生上述看法的契机是,敦煌出土伯希和(P. Pelliot)藏文 P.t. 1283 文书。笔者在硕士阶段重新解读该文书时深感惊愕,并在硕士论文中得以引用。之所以如此,是因为关于该文书中出现的唐帝国领土内的突厥部落,无论如何看待,我们只能解释作其是处于半独立状态的"国"。日后,伴随着笔者以内亚史视点重新观察中国史,这一事实愈加清晰,毫无可疑之处。石见清裕、荒川正晴、森部豊、斋藤胜、村井恭子、山下将司、平田阳一郎、中田美絵、铃木宏节、中田裕子、西村阳子、福岛恵、齐藤茂雄、石附

(接上页)北京:中华书局,1960 年,第 11435 页 a 面、11461 页 a 面;《资治通鉴》卷二二二,北京:中华书局,1956 年,第 7131 页。其中,《旧唐书·回纥传》言"回纥登里可汗倾国自来,有众十万",《册府元龟》云"回纥可汗举国兵马",《资治通鉴》则云"回纥举国十万众"。尤值得对"倾国""举国"之表达给予关注。相关探讨见森安孝夫:《シルクロードと唐帝国》,第 292—293 页。

玲等相继刊出的实证性论文，即便不是以羁縻统治为考察对象的，也渐次证明了笔者看法的正确性。其中，值得关注的是山下将司近期刊出的2篇论文[①]。首先，其2011年论文《唐突厥人蕃兵》表明，唐前半期的军事力量并不是府兵制招募来的以汉人农民为中心的军队，而是活跃在中国北部农牧接壤地带及其北侧草原地区的游牧民骑兵军团。2014年论文《唐“元和中兴”中的突厥军团》则阐明，即便府兵制在唐后半期难以发挥作用，但唐朝军事力量的骨干仍然是以半独立状态居住于帝国内部的游牧民骑马军团。尤其是后者，明证构成唐帝国军事骨干力量本质之所在——包括笔者使用过的P.t. 1283文书记录的默啜（'Bug-čhor）突厥十二部在内。其内容，令对唐帝国境内的羁縻州与游牧民骑马军团给予过小评价的中国史研究的今贤刮目相看。

二、漠北回鹘汗国药罗葛氏与跌跌/阿跌氏间的王朝革命

漠北回鹘汗国百年历史上的重大事件，包括第3代牟羽可汗时期举国介入安史之乱与引进摩尼教，789—792年间与吐蕃发生的北庭争夺战，以及第7代怀信可汗时期的王统交替。北庭争夺战是指以东部天山北麓为舞台，在回鹘与吐蕃之间展开的确定内亚格局的战斗[②]。当时统帅回鹘大军的宰相颉于伽斯/颉于迦斯（Il Ögäsi）正是接下来发生的王统交替的主角。

此处所言王统交替，是指可汗位自药罗葛（Yaγlaqar）氏向跌跌/阿跌（Ädiz）氏的转变。具体而言，第1代至第6代可汗出自药罗葛氏，因第6代奉诚可汗无子嗣承袭，作为颉于伽斯/颉于迦斯，即宰相先后辅佐3位可汗的跌跌/阿跌氏出身的骨咄禄将军，在国内统治阶层推举下于795年即位为新可汗，即怀信可汗[③]。此次王统更替，表面上是源自第6代可汗无后嗣的

---

① 山下将司：《唐のテュルク人蕃兵》，《歴史学研究》第881号，2011年，第1—11页；《唐の“元和中興”におけるテュルク軍団》，《東洋史研究》第72卷第4号，2014年，第1—35页。

② 森安孝夫：《増補：ウィグルと吐蕃の北庭争奪戦及びその後の西域情勢について》，流沙海西奖学会編：《アジア文化史論叢》3，东京：山川出版社，1979年，第199—238页（收入氏著《東西ウイグルと中央ユーラシア》，第230—274页）；森安孝夫：《シルクロードと唐帝国》，第346—357页。

③ 主要见安部健夫：《西ウィグル国史の研究》，京都：汇文堂书店，1955年，第169—170、266页；山田信夫：《九姓回鶻可汗の系譜——漠北時代ウイグル史覚書》，《東洋學報》第33卷第3、4号，1951年，第94—95页（收入氏著《北アジア遊牧民族史研究》，东京：东京大学出 （转下页）

禅让,实际上定是药罗葛氏以外的部族、氏族长承认骨咄禄克服了国家的最大危机——在与吐蕃间发生的北庭争夺战中取得胜利这一功绩,而获得了政权。怀信可汗即位后并未名其出身氏族跌跌/阿跌氏,而是僭称此前的王姓药罗葛氏。对照《唐会要》①《册府元龟》②《新唐书》③与《资治通鉴》④相关内容,前人一致公认⑤,怀信可汗采取的措施是将第4代天亲可汗(即顿莫贺达干)以前诸可汗子孙的年幼者送至唐廷。不过,唯有最晚成书的《资治通鉴》明言"冒姓药罗葛氏"。因《旧唐书》全无相关记载,其可信度颇令人怀疑。故安部健夫言"冒姓药罗葛氏",即便不是误传,也仅限于怀信可汗一代⑥。吴玉贵甚至认为,对应的《新唐书》"不敢自名其族"的"其族"不是一般认为的跌跌/阿跌氏,而是药罗葛氏,《资治通鉴》所言"冒姓药罗葛氏"是误解⑦。

不过,《资治通鉴》所言"冒姓药罗葛",恐怕是依据《唐会要》"奉诚无嗣,国(人)因奉为王"⑧。而且,"冒姓药罗葛"这一说法,业已由吉田丰2011年论文所澄清。据吉田关于九姓回鹘可汗碑粟特文面的最新研究,怀信可汗,即颉于伽斯/颉于迦斯在即位之前,是回鹘宫廷的buyruq"大臣"之

(接上页)版会,1989年,第112—113页);L. Clark, "The Conversion of Bügü Khan to Manichaeism," In: R. E. Emmerick et al. (eds.), *Studia Manichaica. IV. Internationaler Kongreß zum Manichäismus*, Berlin, Akademie Verlag, 2000, p.85, n.5.

① 《唐会要》卷九八《回纥》:"(贞元)十年(794)四月,奉诚可汗卒。奉诚无子,国人立其相骨咄禄将军。(中略)其骨咄禄将军,本姓跌跌,少孤,为回鹘大首领所养。及长,有武艺辩慧,自天亲可汗时,已掌兵马衙官,诸大首领多敬服之。奉诚无嗣,国因奉为王,其天亲以上诸可汗有子见幼小者,并送阙庭。"(上海古籍出版社,1991年,第2072页)

② 宋本《册府元龟》卷九六七《外臣部·继袭二》,第3828页b面,《册府元龟》(明本),第11373页。

③ 《新唐书》卷二一七下《回鹘传》,第6126页;佐口透:《回鹘传(旧唐书、新唐书)》,第407页;C. Mackerras, *The Uighur Empire According to the T'ang Dynastic Histories. A Study in Sino-Uighur Relations 744-840*, Canberra: Australian National University Press, 1972, p.109.

④ 《资治通鉴》卷二三五,贞元十一年(795)条:"回鹘奉诚可汗卒,无子,国人立其相骨咄禄:为可汗。骨咄禄本姓跌跌氏,辩慧有勇略,自天亲时,典兵马用事,大臣诸酋长皆畏服之。既为可汗,冒姓药葛罗氏。遣使来告丧。自天亲可汗以上子孙幼稚者,皆内之阙庭。"(第7568页)

⑤ 主要参见山田:《九姓回鶻可汗の系譜》,第113页注10;罗新:《葛啜的家世》,《唐研究》第19卷,2013年,第453—454页;吴玉贵:《回鹘"天亲可汗以上子孙"入唐考》,《唐研究》第19卷,2013年,第462、464—466页。

⑥ 安部:《西ウィグル国史の研究》,第193、199、266页。据护雅夫之说,克利亚什托尔内(S. G. Klyashtorny)意见与安部相近,认为跌跌氏出身者只有第7代怀信可汗与第8代保义可汗二人,以后可汗位又回到药罗葛氏手中。不过,护雅夫引用山田1951年论文,对上述看法持否定意见,并主张怀信可汗以后的漠北回鹘汗国可汗全员出自跌跌氏。见护雅夫:《スージ碑文の一解釈》,作者著:《古代突厥民族史研究》第2卷,东京:山川出版社,1992年,第162—166页(原载《榎博士還暦記念東洋史論叢》,东京:山川出版社,1975年)。笔者基本赞同护雅夫之说,唯以为虽原本出自跌跌氏,但名目上均僭称药罗葛氏。此为与护氏观点不同之处。

⑦ 吴玉贵:《回鹘"天亲可汗以上子孙"入唐考》,第466、475页。

⑧ 《唐会要》卷九八《回纥》,第2072页。

一，而且曾被授予特勤（tegin）称号①。因突厥-回鹘时代的古突厥语 tegin 只有“王子”之意，毋庸置疑，他当时成为了王族，即药罗葛氏一员。唯《唐会要》与《册府元龟》言“骨咄禄将军，本姓跌跌，少孤，为回鹘大首领所养”②。据此，可能有倾向怀疑收养年幼的骨咄禄为养子的回鹘大首领是否为药罗葛一族。幸运的是，上述《唐会要》内容是在前面引用的“奉诚无嗣，国（人）因奉为王”之前，故没有必要对此抱有怀疑③。

在王统交替以后的回鹘，可举出如下冠以药罗葛氏的人物。第 8 代保义可汗（808—821 年在位）时期写成的摩尼教赞美歌集 *Maḥrnāmag* 跋文中，高昌（西州）条下的 Yaγlaqar Ïnal④，同为保义可汗纪功碑的九姓回鹘可汗碑的起草者 Yaγlaqar Ögä Ötür Baγa-tarqan 以及 Yaγlaqar Ögä Qutluγ/////⑤，会昌二年（842）南下投唐的回鹘部相关内容所见药罗葛元政⑥等，另有众所周知的甘州回鹘王国诸可汗姓夜落纥。不过，这些人物中到底何为真药罗葛，何为假药罗葛（原跌跌/阿跌），根本无从判断。

三、葛啜王子墓志汉文墓志铭

新出土的葛啜墓志，虽内容简短，但其与回鹘汗国王统交替直接相关。不仅如此，在考察此前镇压安史之乱、挽救唐王朝于存亡危机的漠北回鹘汗国军事体制，甚至在考察以王族药罗葛氏为中心的其国家构造时，葛啜墓志

① 吉田豊：《粟特人と古代のチュルク族との関係に関する三つの覚え書き》，《京都大学文学部研究纪要》第 50 辑，2011 年，16—17 页；“Some New Readings in the Sogdian Version of Karabalgasun Inscription，” In：M. Ölmez（ed.），*Ötüken'den İstanbul'a*（*From Ötüken to İstanbul*），Istanbul，2011，p.82.

② 《唐会要》卷九八《回纥》，第 2072 页；宋本《册府元龟》卷九六七《外臣部·继袭二》，第 3828 页 b 面，《册府元龟》（明本），第 11373 页 a 面。

③ 吕姓汉人前往回鹘国内，充当可汗养子，名药罗葛霊（昊？或炅？）之例，见于贞元八年（792）七月材料内（《旧唐书·回纥传》），第 5210 页；佐口透：《回鹘传（旧唐书、新唐书）》，第 347 页；《新唐书·回鹘传》，第 6125 页；佐口透《回鹘传（旧唐书、新唐书）》，第 406—407 页；宋本《册府元龟》卷九七六《外臣部·褒异三》，第 3883 页，《册府元龟》（明本），第 11462 页。

④ 参见森安孝夫：《増補：ウィグルと吐蕃の北庭争奪戦及びその後の西域情勢について》，《東西ウイグルと中央ユーラシア》，第 239—247 页，尤其是第 245 页。

⑤ 此为见于粟特文面的人名，是吉田丰之发现。见 Y. Yutaka，“Some New Readings of the Sogdian Version of the Karabalgasun Inscription，” In：A. Haneda（ed.），*Documents et Archives Provenant de L'Asie Centrale*，Kyoto：Dōhōsha，p.118.其中一人与汉文面的“内宰相颉于伽思药罗栘……”相对应。

⑥ 李德裕：《会昌一品集》卷一三《条疏应接天德讨逐回鹘事宜状》。相关讨论见安部：《西ウィグル国史の研究》，第 267 页。

都会为我们提供相关线索,相当重要。此处,笔者先给出加有断读符号的葛啜墓志汉文墓志铭录文。

1 故回鹘葛啜王子守左领军卫将军
2 墓志并序
3 给事郎守秘书省著作郎赐绯鱼袋崔述撰
4 回鹘葛啜王子[1]则可汗之诸孙[2]
5 我国家讨平逆臣禄山之乱也,[王](子)父车毗尸
6 特勤[3]实统戎左右有功焉。故接(待)之优,宠赐之
7 厚,殊于他国[4]。王子,以去年五月来
8 朝,秩班禁卫,宾籍鸿胪。方宜享兹荣耀,光于蕃
9 部,奈何不淑。以贞元十一年五月廿日遘疾云
10 殂。享年二十。以其年六月七日葬于长安县张
11 杜原。兄王子阿波啜[5],与诸部之属,衔哀奉丧。送
12 终之饰,则有
13 诏所司备仪焉。礼无其阙。呜呼,修短命也,死者
14 生之终。乃刻石志墓,云
15 蕃之王子兮　气雄々　生言始兮
16 死言终　魂神异兮　丘墓同

接下来给出日文训读,以及依据下一节鲁尼文突厥语墓志得出的对比解释[6]。

通常情况下,外国的王族,以及国内藩族君长子弟因各种理由被送至唐王朝时,充当宫廷近卫而奉仕于唐。此种例子,在以突厥为首的突厥系游牧民之中不胜枚举。此处,试举与本墓志同属回鹘王子之一例。

(大历)七年(772)四月甲寅,回纥王子左武卫员外大将军李秉义

① 葛啜王子,据鲁尼文面,突厥语为 Qarï Čor Tegin。
② 即王族药罗葛氏,汉文面"可汗之诸孙"实际为王族药罗葛氏。此解释是据第 7 节考察结果。
③ 车毗尸特勤,据鲁尼文面,突厥语为 Čavïš Tegin。
④ 具体是指以新疆于阗为首的绿洲诸国,以及中亚的拔汗那(费尔干纳)、大食、吐火罗、粟特等诸国。相关讨论见中田美绘:《八世紀後半における中央ユーラシアの動向と長安仏教界》,《関西大學東西學術研究所紀要》第 44 辑,2011 年,第 166—168 页。
⑤ 阿波啜,据鲁尼文面,突厥语为 Apa Čor Tegin。
⑥ 译者注:此处略去原文日文训读与现代日语译文。相关词注与补充说明见前面给出的录文脚注。

卒。赠天水郡王。葬事官给，令京兆尹充使监护。秉义归国宿卫，因以赐姓。及卒帝悼之，乃加礼优宠。①

（大历七年〔772〕）夏四月甲寅，回纥王子李秉义卒。归国宿卫，赐名也。②

上文李秉义虽持有汉语姓名，但原本是回鹘王子，因归顺唐廷而被下赐李姓。固然，大历七年这一时间点上的回鹘，即刻让人想起漠北的回鹘汗国，但事实未必如此。理由之一是，《大唐故瀚海都督右领军卫大将军经略军使回纥府君墓志铭》之存在。该墓志铭 1987 年 12 月出土于西安西郊新西北火车站东陕西省第三印染厂家属区建筑工地，1990 年由师小群、王建荣首次介绍给学术界③。作为科研项目之一环，笔者于 2006 年 8 月 29 日，曾率领调查队访问西安碑林博物馆，并有幸调查了回纥琼墓志拓片④。下面，笔者给出该墓志铭录文，并试做讨论⑤。

〔志盖（篆书）〕1）大唐故 2）回纥府 3）君墓志

〔志文（楷书）〕

1 大唐故瀚海都督右领军卫大将军经略军使回纥
2 府君墓志铭并序　　姨弟左骁卫仓曹杨仲举撰书
3 夫希代之宝积于荆山来仪之凤出于丹穴故叶盛
4 衣冠门承瀚海之后地雄虏塞家有可汗之贵居崇
5 高而匪傲席宠荣而若惊者则公焉姓回纥字琼阴
6 山人也曽卑栗右卫大将军祖支左卫大将军父右
7 金吾将军公初拜执戟后迁郎将旋拜将军性与道
8 合智若有神献　　天子上策断土蕃之右臂故得
9 赏延于世　　宠冠诸蕃公侯子孙河岳降灵俊心

① 宋本《册府元龟》卷九七六《外臣部·褒异三》，第 3883 页 a 面，《册府元龟》（明本），第 11461 页 b 面。

② 《旧唐书》卷一一《代宗本纪》，第 299 页。

③ 师小群、王建荣：《西安出土回纥琼、李忠义墓志》，《文博》1990 年第 1 期，第 90—92 页。

④ 参见森安孝夫：《ソグドからウイグルへ—シルクロード東部の民族と文化の交流》，东京：汲古书院，2011 年，第 503 页。

⑤ 已经出版的回纥琼墓志拓片图版中，最为清晰的是《新中国出土墓志·陕西〔二〕》上卷，北京：文物出版社，2003 年，第 142 页第 142 幅，其次是《西安碑林博物馆新藏墓志汇编》中卷，北京：线装书局，2007 年，第 502—503 页第 199 幅（录文见 504 页）。另，师小群、王建荣刊出的录文错误较多。此处笔者给出的录文，不仅获得同去西安的调查队成员协助，回到日本后还获得了江川式部先生的协助。在此一并致谢。

10 豁尔卅从军习百战之胜廿志学寻师知六艺之工
11 顷戎羯乱常堂弟可汗兵雄勇壮收两都之捷功成
12 未受旋至上京未见　阙庭俄尔瘿疾以乾元三年
13 三月廿九日终于群贤里之私第春秋五十有五以
14 四月十九日迁厝于龙首乡礼也却临渭水夏生草
15 木之声直视终南晓接烟云之气慈父悲叫爱母泣
16 血五内崩摧肝心如裂嗣子颇攀号擗摽痛深切骨
17 追述遗训以托金石铭曰
18 分土命氏兮始自轩辕应星作气兮时称大蕃乃祖
19 乃父乃祖兮怀圣般为王为侯兮庆流子孙万古河
20 山兮地久天长泉台一闭兮绝相望

7 世纪中叶铁勒诸部服属唐帝国时，铁勒之一的回纥（回鹘）部为瀚海府，回纥部长吐迷度被授予瀚海都督称号①。当然，之后的回鹘部长也历任瀚海都督，知名者有比栗（比来栗、比粟毒）②及其子独解支③。故上面介绍的墓志主人公回纥琼的曾祖父卑栗（6 行）比定为比栗，祖父支（6 行）比定为独解支，毫无问题。独解支时期，默啜可汗统治下的突厥第二汗国在漠北强盛起来，独解支率领的回鹘之一部与契苾、浑、思结三部铁勒一同逃避突厥压迫而移居至河西走廊（现甘肃省）的甘州（张掖）—凉州（武威）一带。石附玲曾在《唐前半期农牧接壤地带的回鹘民族——漠北回鹘汗国前史》中，按 8 世纪前半叶的居住地，把回鹘部落归类为河西南走部、漠北残留部、河东南走部三部。上面提到的部落，即是其中之河西南走部，其南迁时期在 7 世纪末至 8 世纪初④。值得注意的是，开元四年（716）自漠北移居至河东（现山西省）者——石附称之为河东南走部的回鹘别部以外，还有河西南走部。他们在开元十五年（727）与凉州节度使王君㚟间发生冲突后返回漠北，

① 参见羽田亨：《唐代回鶻史の研究》，作者著：《羽田博士史學论文集　上卷　歷史篇》京都：京都大学文学部东洋史研究会，1957 年，第 168—171 页；佐口透：《回鹘传（旧唐书、新唐书）》，第 304、368 页。

② 参见羽田亨：《唐代回鶻史の研究》，第 173—174 页；佐口透：《回鹘传（旧唐书、新唐书）》，第 309—310、371 页。

③ 参见羽田亨：《唐代回鶻史の研究》，第 174、177 页；佐口透：《回鹘传（旧唐书、新唐书）》，第 310、372 页。

④ 关于河西南走部，以往研究亦有不少言及。此处尤请参见石附玲：《唐前半期の農牧接壤地帯におけるウイグル民族——東ウイグル可汗国前史》，《ソグドからウイグルへ》，第 238—247 页。

重新与漠北残留部结合在了一起。日后，744 年创建漠北回鹘汗国的回鹘，当然是指上述结合之后的大集团。不过，开元十五年时，好像仍有部分回鹘集团并未返回漠北而滞留在了河西。故此，回纥琼墓志中的统治氏族药罗葛氏亦有可能一分为三。据墓志文“家有可汗之贵”（4 行）、“断土蕃（吐蕃）之右臂”而言，主人公回纥琼视作开元十五年以后滞留在河西的河西南走部王子，并无问题。

另，据墓志正文，回纥琼也参加了其堂弟可汗率领的回鹘军队征讨安史叛军（11 行），乾元三年三月，即 760 年 55 岁去世（12—13 行）。他死于“群贤里之私第”（13 行），葬礼后“慈父悲叫，爱母泣血”（15—16 行）。据此而言，其邸宅位于长安，他与家族住在那里无疑。而羁縻州君长治下的游牧民骑兵集团位于首都之外的农牧接壤地带——草原地区，只有其君长在首都侍奉皇帝（充当禁卫、宿卫），危急时刻统帅自己的骑兵军团出兵。因此种做法在唐帝国较为通常，此处再无必要列举实例。进言之，其堂弟可汗的军队从安史叛军夺回两都（11 行），这与至德二载（757），回鹘磨延啜可汗派遣太子叶护与将军帝德等率四千余骑抵唐，与广平王俶、郭子仪、仆固怀恩等率领的唐军配合夺回长安和洛阳这一史实相互一致。就堂弟而言，该墓志上未标明姓名的主人公之父[①]，即是磨延啜之父——漠北回鹘汗国创建者骨力裴罗（阙毗伽可汗）之兄弟。据《唐会要》和两《唐书·回鹘传》等，无疑，充当漠北回鹘汗国统治者的药罗葛氏也为比栗、独解支之子孙。据此，应该是河西南走部王族药罗葛氏所统帅的军队，也加入到了担当征讨安史叛军主力的漠北回鹘汗国王族药罗葛氏统领的军团之内。

综上，经过与回纥琼墓志内容的比较，反观李秉义相关记录，则可认为死后被授予天水郡王的李秉义，按天水（秦州）方位而言，他也应是河西南走部王子。总之，回纥琼死于乾元三年，李秉义死于大历七年。两位回鹘王子均在唐帝国首都长安去世这一事实，力证笔者近年主张牢不可破。即，如第一节所言，构筑大唐帝国军事力量之骨干，并不是府兵制与募兵制招募来的农民出身汉人士兵，而是统括在羁縻州名下的、几乎没在汉籍留下相关记录的集团——活跃于中国北部农牧接壤地带及其北面草原地区的半独立状态下的数量庞大的游牧骑马民与粟特人等。

---

① 江川式部先生赐教，墓志中不出现墓主父名是因为其父仍健在。

四、葛啜王子墓志鲁尼文
古突厥语附加铭文

接下来,关注一下葛啜墓志最引人注目的古突厥语铭文。据拓片图版(图1),我们可清楚了解到,突厥鲁尼文铭文并不是最初就计划镌刻的,而是在汉字铭文刻好后,为填补其末尾处的残留空白而追加上去的。与汉字铭文的纵向相反,突厥鲁尼文铭文呈横向。突厥鲁尼文字,在日本一般被称为突厥文字。该文字不仅限于突厥汗国,而且还为回鹘、黠戛斯等其他突厥语族民族用于书写其突厥语诸方言,故学术上称之为突厥鲁尼文字(略作鲁尼文字)为正确。因葛啜墓志属于回鹘汗国,此处以鲁尼文字书写的语言可称之为古突厥语中的回鹘语。本节,笔者参考并吸取前人研究成果,给出自己的解读。

1	B W (p) m ŋ	bu pimeng	(若说)此碑铭,
2	t i s r · b z g k	tesär bäzgäk	故?(值得悼念的?)
3	Y G L Q R · Q a N	yaγlaqar qan	药罗葛汗
4	a T i · č B š ·	atï čavïš	子孙[1](即王族),车鼻施
5	t i g n · W G L i	tegin oγlï	王子(tegin)之子,
6	Q a N · T W T u Q	qan toto q	汗都督
7	a T i š i:	atïsï	之孙,
8	b ü g ü: b i l	bögü bilgä	牟羽贤明
9	g a: t ŋ r i ·	tängri	神圣
10	Q a N: i n i s i	qan inisi	汗之弟(实为族弟之侄子)[2]
11	Q R i č W R	qarï čor	葛啜
12	t i g n · š i N i	tegin sïnï	王子坟墓(之碑铭)。
13	Y W G i: T B G č ·	yoγï tavγač	他的葬礼,唐朝
14	Q N · Y W G L D i ·	qan yoγladï	皇帝置办了。
15	L G z i N · Y i L ·	laγzïn yïl	猪年
16	L T n č · a Y Q a ·	altïnč ay-qa	于第六月

---

① 关于 yaγlaqar qan,此处笔者解释作并非指某一特定人物,而是代指回鹘王族药罗葛氏。atï"孙子"此处按广义上的"子孙"使用。详见后文第七节。

② ini 并非字面意义上的"弟弟",而是"族弟"之意的"侄子"。详见后文第七节。

17　y i t i：Y ŋ i Q a　　yeti yangïqa　于初七日（即六月七日）。

到目前为止，笔者了解的关于上述突厥文铭文的先行研究共有10篇①。其中，最令研究者们感到棘手的是开头第1行5个文字中的正中间文字，因该文字只残留下半部分。关于第1行，概括起来有以下几种释读。

1. bu *ki*miŋ tiser"要说这是谁的"②

2. boγïmïng"你的辈分"③

3. bu *i*miŋ "This is your sign"④

4. bo［är］miŋtisi bitigi"此为男儿（士兵）铭旌之文"⑤。森安意见：二位把miŋtisi读作miŋtsi，视作"铭旌"之音译。只有miŋ可行，其他很勉强。至于bitigi属于误读。

5. 森安：bu *pi*meŋ tesär"（若说）此碑铭"

Aydın Erhan & Ariz Erkin 2014年的解读相当奇特。不过，偶然的是，"铭"字部分与笔者独特的解读意见相一致。汉语"碑"与回鹘语的pi taš"pi石"相对应的实例，见于高昌回鹘时代的《大慈恩寺三藏法师传》与蒙元时期的《肃州文殊寺碑》（喃答失太子Nom Taš Taysï碑文）第5、25行⑥。笔者未把

① 成吉思：《〈葛啜墓志〉突厥文铭文的解读》，《唐研究》第19卷，北京大学出版社，2013年，第443—446页；Alyılmaz Cengiz, "Karı Çor Tigin Yazıtı," *International Journal of Turkish Literature Culture Education* 2-2, 2013, pp.1-61；白玉冬：《回鹘王子葛啜墓志鲁尼文志文再释读》，《蒙古史研究》第11辑，2013年，第45—52页；Ölmez Mehmet, "Xi'an Yazıtı," *Orhon-Uygur Hanlığı Dönemi Moğolistan'daki Eski Türk yazıtları*, 2nd Version, 2013, pp.322-325; Ölmez Mehmet, "Uygur Prensinin Yazıtı," *Atlas*, Aralık (december), 2014, no.261, p.128；芮跋辞、吴国圣：《西安新发现唐代葛啜王子古突厥鲁尼文墓志之解读研究》，《唐研究》第19卷，2013年，第425—442页；张铁山：《〈故回鹘葛啜王子墓志〉之突厥如尼文考释》，《西域研究》2013年第4期；V. Rybatzki & Wu Kuosheng, "An Old Turkic Epitaph in Runic Script from Xi'an (China): The Epitaph of Qarï Čor Tegin," *Zeitschrift der Deutschen Morgenländischen Gesellschaft*. 164-1, 2014, pp.115-128；林俊雄：《2013年西安発見迴鶻王子墓志》，《創価大学人文論集》第26辑，2014年，第1—11页；Aydın Erhan & Ariz Erkin, "Xi'an Yazıtı Üzerinde Yeni Okuma ve Anlamlandırmalar," *bilig. Türk Dünyası Sosyal Bilimler Dergisi* 71, 2014, pp.65-80.

② 成吉思：《〈葛啜墓志〉突厥文铭文的解读》，第443、444页；Alyılmaz Cengiz, "Karı Çor Tigin Yazıtı", pp.20, 22, 26-28；张铁山：《〈故回鹘葛啜王子墓志〉之突厥如尼文考释》，第75、77页；Ölmez Mehmet, "Uygur Prensinin Yazıtı," p.128；林俊雄：《2013年西安発見迴鶻王子墓志》，第6页。

③ 白玉冬：《回鹘王子葛啜墓志鲁尼文志文再释读》，第47—48页。

④ V. Rybatzki & Wu Kuosheng, "An Old Turkic Epitaph in Runic Script from Xi'an (China): The Epitaph of Qarï Čor Tegin," p.118.

⑤ Aydın Erhan & Ariz Erkin. Erhan, "Xi'an Yazıtı Üzerinde Yeni Okuma ve Anlamlandırmalar," pp.68-70.

⑥ Cf. H. Aydemir, *Xuangzangs Leben und Werk, Teil 10: Die Alttürkische Xuanzang-Biographie IX*, Wiesbaden: Harrassowitz Verlag, 2013, pp.124, 340；耿世民、张宝玺：《元回鹘文〈重修文殊寺碑〉初释》，《考古学报》1986年第2期。

下半部分残缺的该字视作 k、s、i、或 γ，而是读作 p，三个鲁尼文字转写(p) m ŋ 复原作 pimeng，并将其视作汉语“碑铭”的音译。“碑铭”中古音如下：

碑 * pjie̯①；* pɪě②

铭 * mieng③；* mɛjŋ④；* meŋ⑤

音节文字鲁尼文字中，表示元音的文字只有 a、i、W、ü 4 个⑥，各个文字所对应的音值如下：a (a/ä)、i(ï/i/e)、W(u/o)、ü(ü/ö)。这些文字在词头与词末不会被省略(唯词头的 a 除外)，但在词中时有省略。不过，在第一音节，圆唇元音 W(u/o)、ü(ü/ö)无省略现象，而平唇元音中，a(a/ä)几乎全省略，但 i(ï/i/e)则一般不省略。因此，在鲁尼文字文章中，若确实希望读作 pimeng/pemeng/piming，则最为理想的是，书写时不是 p m ŋ，而是加上 i 写作 p i m ŋ。虽然如此，在鲁尼文古突厥语文献中，时常省略夹在辅音之间的元音文字 i。实际上，如暾欲谷第一碑西面 5 行、西内乌苏碑北面 1 行与西面 8 行所见，bilgä 不写作 b i l g a，而是写作 b l g a 的例子多处可见。进言之，kim 的情况，如阙特勤碑东面 9 行与 22 行所见，看起来与其说写作 k i m，毋宁说写作 k m 更为普遍。故，将换写文字 p m ŋ 转写复原作 pimeng/pemeng/piming，并无任何不妥。

其次，难以解释的文字是第 2 行的 bäzgäk。以往，该词被认为是动词词干 bäz-“抖动、颤抖”的派生词，主要有以下两大类别解释意见。

1. “(疾病)瘧疾；恶寒”⑦

2. “威吓的，令人生畏；值得敬畏的，值得惊惧的”⑧

---

① B. Karlgren, *Grammata Serica Recensa*. Stockholm, 1957 (Repr.: 1961), 874d.

② 藤堂明保、加纳喜光：《學研、新漢和大字典》，东京：学习研究社，2005 年，第 1255 页。另见 E. G. Pulleyblank, *Lexicon of Reconstructed Pronunciation in Early Middle Chinese, Late Middle Chinese, and Early Mandarin*. Vancouver, 1991, p.31.

③ B. Karlgren, *Grammata Serica Recensa*, 826d.

④ E. G. Pulleyblank, *Lexicon of Reconstructed Pronunciation in Early Middle Chinese*, p.216.

⑤ 藤堂、加纳：《學研、新漢和大字典》，第 1846 页。

⑥ 突厥鲁尼文字的具体形状，参见森安孝夫、敖其尔(A. Ochir)合编：《モンゴル国現存遺蹟、碑文調查研究報告》，丰中：中央ユーラシア學研究会，1999 年，第 119 页；森安孝夫等：《シネウス碑文訳注》，《内陸アジア言語の研究》第 24 辑，2009 年，第 7 页。

⑦ 芮跋辞、吴国圣：《西安新发现唐代葛啜王子古突厥鲁尼文墓志之解读研究》，第 429 页；V. Rybatzki & Wu Kuosheng, “An Old Turkic Epitaph in Runic Script from Xi'an (China): The Epitaph of Qarï Čor Tegin,” p.118；张铁山：《〈故回鹘葛啜王子墓志〉之突厥如尼文考释》，第 75、77 页；Ölmez Mehmet, “Uygur Prensinin Yazıtı,” p.128.

⑧ 成吉思：《〈葛啜墓志〉突厥文銘文的解读》，第 443 页；Alyılmaz Cengiz, “Karı Çor Tigin Yazıtı,” pp.20, 29-30；白玉冬：《回鹘王子葛啜墓志鲁尼文志文再释读》，第 47 页；林俊雄：《2013 年西安発見迴鶻王子墓志》，第 6 页。

笔者赞同转写作 bäzgäk[①]，但对上述两种意见难以苟同。笔者虽没给出明确意见，但包括葛啜墓志在内，汉文墓志一般在开头题名处加上“故”。虽词源不明，此处笔者推定 bäzgäk 与“故”相对应。或许，深入分析动词词干 bäz-“抖动、颤抖”，则会令人联想起留在世上的人们在颤抖中呜咽哀悼的样子。故，该词或可解释作“值得哀悼的”。

下一个问题是，出现于第 4 行与第 7 行的 atï。atï 不仅有“孙子 grandson”与“侄子 nephew”两种意思，而且还可解释作 at“名字，名称；名声”后续第三人称词缀+ï/+i 的 at+ï。故第 4 行与第 7 行的 atï，根据是否视作同一词汇，解释会大有不同。关于第 4 行的 atï，Rybatzki/吴国圣不视作 at+ï，而认为是 atï+sï 的误写或省略，Ölmez 2014 与林俊雄 2014 视 atï 为“孙子”，亦有不少意见认为 at+ï 是“（其）姓名，名字，名门”[②]。笔者赞成“孙子”之意见，但关于其非 atï+sï（atï+第三人称词缀），笔者不认为是误写或省略，而是解释作非特定人物之“孙子”，是内涵更广的药罗葛汗 yaγlaqar qan 氏族全体的“子孙”。关于此点，详见第七节。而关于第 7 行的 atï，Rybatzki/吴国圣举出“孙子”与“侄子”两种可能，Ölmez 2013 & 2014 作“孙子”，其他研究者均作“侄子”。据第六节考察结果，笔者视作“孙子”。

据汉文面第 5—6 行与突厥语面第 4—5 行判断，本墓志主人公，即墓主葛啜（Qarï Čor）王子（Tegin）的生父为车毗尸（Čavïš）特勤（Tegin）。另，据汉文面第 5—7 行，可知车毗尸特勤参与镇压安史之乱，贡献很大。

利用汉籍史料，对该人物进行比对的工作，在 2013 年出版的《唐研究》第 19 卷特集《〈葛啜墓志〉研究专栏》所刊载诸论文中业已开始。其候补人选有两人。其一为车鼻施吐拨裴罗，以将军身份，在至德二载（757）十月前后追随磨延啜可汗长子（后来的牟羽可汗之兄）叶护太子，协助元帅广平王俶（后来的代宗皇帝）与副元帅郭子仪、朔方左厢兵马使仆固怀恩等率领的唐军解放长安（西京）、洛阳（东京）。另一人为车鼻（施）将军，在宝应元年（762）十月与牟羽可汗一同夺回洛阳时，因

---

① Aydın Erhan & Ariz Erkin 2014 年论文读作 bitigi，属误读。

② 成吉思：《〈葛啜墓志〉突厥文铭文的解读》，第 443、444 页与 Alyılmaz Cengiz，“Karı Çor Tigin Yazıtı，” pp.20，22，33 作“（他的）名字”；张铁山：《〈故回鹘葛啜王子墓志〉之突厥如尼文考释》，第 77 页作“（他的）名门”；白玉冬：《回鹘王子葛啜墓志鲁尼文志文再释读》，第 47、49 页作“名”。笔者最初也以为此种解释正确。另 Aydın Erhan & Ariz Erkin，“Xi'an Yazıtı Üzerinde Yeni Okuma ve Anlamlandırmalar，” p.68 作 altï“六”，毫无可能。

要求唐军元帅雍王适(后来的德宗皇帝)在回鹘可汗面前蹈舞而与唐臣争论,最终鞭挞唐臣致死[①]。葛啜墓志车毗尸特勤定为上述二者之一。关于此点,罗新认为上述二者为同人,王小甫以为是前者。其理由是,葛啜墓志隶属德宗朝,若葛啜为后者车鼻施将军之子,因以往的遗恨,唐朝不会对葛啜葬礼给予特殊待遇。不过,笔者不认为仅间隔五年,从漠北作为援军而来的回鹘将军车鼻施,会与墓志所言车毗尸特勤为别人。此处遵从罗新及白玉冬意见[②]。

五、药罗葛氏世系之复元(1)

将汉文突厥鲁尼文双语葛啜墓志情报与汉籍结合起来,尝试对漠北回鹘汗国前半期的可汗家族药罗葛氏世系进行复原——这项工作与探讨游牧国家政权构造直接相关,极具魅力,但并非易事。之所以如此,是因为虽然第1代阙毗伽可汗(骨力裴罗、怀仁可汗)子为第2代葛勒可汗(磨延啜),但其兄弟全不为人知。而且,磨延啜子第3代牟羽可汗(移地健)虽有兄弟数人,但其兄弟各自担任何职亦不明了。唯移地健曾有兄长,即磨延啜长子叶护太子,此点无疑。不过,有关移地健,汉籍时称其为磨延啜"少子",时称其为"次子"[③]。进言之,羽田亨、佐口透二位在日本回鹘民族史研究上影响巨大。因上述二位认为"少子"按字面之意为"末子",并设想移地健为与蒙古语"末子"之意的"斡赤斤"属同一体系的突厥语词汇[④],故使该问题更加复杂化。然在突厥语诸方言中尚未发现具有"末子"之意的词汇,而且牟羽可汗(移地健)有弟弟数人,并非末子。人名移地健,还是以哈密顿、芮跋辞所推定案解决为好[⑤]。即便汉籍中的"少子、移地健"一说并非讹传,此种情

---

① 主要参见佐口透:《回鹘传(旧唐书、新唐书)》,第316、328、378页;罗新:《葛啜的家世》,第448页;王小甫:《则可汗与车毗尸特勤》,《唐研究》第19卷,第457—459页。

② 与《唐研究》第19卷所收葛啜墓志论文专集有别,白玉冬2013年论文在《蒙古史研究》上独自发表。不过,其结论与罗新相同。见白玉冬:《回鹘王子葛啜墓志鲁尼文志文再释读》,第50—51页。

③ 《唐会要》卷九八《回纥》,第2069页;宋本《册府元龟》卷九六七《外臣部·继袭二》,第3828页;《册府元龟》(明本),第11373页作"少子移地健"。《旧唐书·回纥传》,第5201页作"少子登里可汗";《资治通鉴》卷二二一,第7076页亦作"少子"。《新唐书·回鹘传上》,第6117页;佐口透:《回鹘传(旧唐书、新唐书)》,第383页"次子移地健""少子"二者并存。

④ 羽田:《唐代回鹘史の研究》,第202—203页;佐口透:《回鹘传(旧唐书、新唐书)》,第323页。

⑤ J. Hamilton, *Les Ouïghours à L'époque des Cinq Dynasties D'après Les Documents Chinois* (Bibliothèque de l'Institut des Hautes Études Chinoises, vol.X), Paris (Repr.: 2nd ed. with Additions, (转下页)

况下的“少子”应理解为与兄长叶护被称为“长子”“太子”相对应的称呼为好①。

从结论上而言，笔者以为《新唐书·回鹘传》所言“次子移地健”为正确。其理由是，乾元元年(758)八月，磨延啜派遣王子骨啜特勤和宰相、帝德等率三千骑至唐朝②。与此相关，《唐会要》(卷九八，2069页)云“〔乾元元年(758)〕八月，遣三子骨啜特勤来朝”，可认为骨啜特勤为磨延啜三子③。

那是否可认为，磨延啜只有叶护、移地健(后来的牟羽可汗)与骨啜特勤三子？实际不然。永泰元年(765)，为援助牟羽可敦父仆固怀恩发动的叛乱，由牟羽派至唐朝的回鹘远征军首领、大帅合胡禄都督药罗葛被称为“可汗弟”④。罗新指出可复元作 Alp Uluγ Totoq Yaγlaqar 的该人物为牟羽可汗之弟⑤，此说无疑。

有关上一节最后提到的车毗尸特勤，张铁山意见与王小甫相同⑥，视其为至德二载(757)以将军身份追随叶护太子，协助唐军解放长安、洛阳的车鼻施吐拨裴罗，并言及其可能为牟羽之弟。即，推测至德二载为镇压安史之乱而来到唐朝的回鹘军队有两位首领，其一为牟羽之兄叶护，另一为牟羽之

(接上页)pp.I－IX, Paris 1988.), 1955, p.139 认为是 idi+kän，即 idi“主人”之派生词。在此之上，V. Rybatzki, “Titles of Türk and Uigur Rulers in the Old Turkic Inscriptions,” *Central Asiatic Journal* 44－2, 2000, pp.235－237. 另提出 yetigän“大熊座、北斗七星”之可能。Yetigän 参见 G. Clauson, *An Etymological Dictionary of Pre-Thirteenth Century Turkish*, Oxford: Clarendon Press, 1972, p.889b.

① 如果真能够发现音韵与移地健相对应的“末子”之意的古突厥语词汇，那磨延啜正妻可敦之子只有叶护与移地健二人，叶护的其他弟弟均应被视作磨延啜妾妃所生。

② 《旧唐书·回纥传》，第5201页；佐口透：《回鹘传(旧唐书、新唐书)》，第321页；《新唐书·回鹘传》，第6117页；佐口透：《回鹘传(旧唐书、新唐书)》，第382页；《资治通鉴》卷二二二，第7060页。

③ 《唐会要》卷九八，第2069页。《新唐书·回鹘传》，第6119页，佐口透：《回鹘传(旧唐书、新唐书)》，第389页，以及《唐会要》卷九八，第2070页所见牟羽可汗被册立的名号是“颉咄登里骨啜蜜(或密)施合俱录英义建功毗伽可汗”。此处名号中存在“骨啜”一词，故亦可有意见认为正是骨啜特勤日后当上了牟羽可汗。不过，对比九姓回鹘可汗碑汉文面6行的“(君)登里啰汨没蜜施颉咄登蜜施合俱录□□[毗伽]可汗”，即回鹘语(kün) tängridä qut bulmïš il tutmïš alp külüg/////bilgä qaγan，则可轻易发现骨啜蜜施实为骨没蜜施(qut bolmïš)之讹传。如是，则骨啜特勤为牟羽可汗之意见根基已溃。

④ 《旧唐书·回纥传》，第5205—5206页；佐口透：《回鹘传(旧唐书、新唐书)》，第333—334页；《资治通鉴》卷二二三，第7180—7184页。

⑤ 罗新：《葛啜的家世》，第451页注19。

⑥ 张铁山：《〈故回鹘葛啜王子墓志〉之突厥如尼文考释》，第80页。

弟车鼻施将军,即葛啜王子生父[①]。笔者与罗新、白玉冬意见相同,将至德二载与宝应元年(762)的车鼻施视作同一人,对推定其为牟羽之弟的张铁山意见难以赞同。其理由将在下一节阐明,此处先介绍一下白玉冬引人注意的指正。

事实上,磨延啜可汗纪功碑塔里亚特碑西面至北面,记录有可以窥见天宝十一载至十二载间(752—753)漠北回鹘汗国国家构造的极其重要的事项,惜北面文字多有欠损,难以全面掌握整体文脉[②]。虽然如此,第3行以 tängrim qanïm oγlï"我君主可汗的儿子"开始,以 yabγu bodunï"叶护的部民"结束,第4行以 tängrim qanïm oγlï"我君主可汗的儿子"开始,以 čad bodunï"杀(察、设)的部民"结束。这表明,回鹘亦与其他游牧国家相同,设有左右翼体制。白玉冬注意到第4行中间存在 Čavïš Sängün bodunï"车鼻施将军的部民"一文,指出该 Čavïš Sängün"车鼻施将军"与至德二年和宝应元年的车鼻施将军为同一人物,极具慧眼。左右翼首领叶护与杀(察、设)是"我天王可汗的儿子",即磨延啜(葛勒可汗)之子,此点无疑。唯因碑石破损,还不能马上断言车鼻施将军亦为磨延啜之子。

进言之,检索汉籍发现,确切可信为牟羽之弟的人物另有一人。安史之乱中的宝应元年,牟羽可汗亲自统领大军,举国而至。当时的回鹘军队中有右杀(杀为次于可汗和叶护的高官)一人,因与仆固怀恩同为先锋、打败史朝义军夺回洛阳而为人所知。在叙述这一事件的诸史料之中,唯《唐会要》言"可汗遣弟右杀领精骑三千"[③]。据此可知,上述右杀为牟羽之弟。《旧唐书·回纥传》记录同一事件,记作右杀,而《册府元龟》,以及《新唐书·回鹘传》与《资治通鉴》记作左杀[④]。如上所述,据塔里亚特碑,磨延啜时代的天宝十一载至十二载,回鹘汗国左右翼统治者为叶护与杀(察、设)。而且,如下介绍,宝应二年代宗册封漠北回鹘汗国全体重要人物的诏书中明确出现左右两杀,但不见叶护。诸多史料言磨延啜长子叶护太子不知何由,在牟羽

---

① 据吴国圣赐教,其未发表原稿亦认为葛啜之父车毗尸特勤为牟羽可汗之弟的可能性很大。

② 塔里亚特碑最新录文,参见反映实地调查结果的片山章雄:《タリアト碑文》,载森安孝夫、敖其尔合编:《モンゴル国現存遺蹟、碑文調査研究報告》,第168—176页,录文见第170页,译文见第173—174页。

③ 《唐会要》卷九八,第2069页。

④ 《旧唐书·回纥传》,第5203页;宋本《册府元龟》卷九七三《外臣部·助国讨伐》,第3866页b面,《册府元龟》(明本),第11435页a面;《新唐书·回鹘传》,第6118页;《资治通鉴》卷二二二,第7133页。

可汗即位前已被诛杀[①]。看来，宝应二年之际，回鹘汗国左右翼体制，已由叶护与杀统治转变为左右二杀统治之体制。如第一节与前文注释2所列举，回鹘军队在宝应二年曾举国进军唐朝。可认为，当时配备有左右两杀。就右杀为牟羽弟而言，未出现于史料中的左杀亦为牟羽之弟的可能性绝不会低。

概括上述考察，则会产生如下这些疑问，即在叶护、移地健、骨啜特勤三兄弟之上，是否另有车毗尸特勤、合胡禄都督兄弟二人？抑或不具实名要素之称呼的合胡禄都督？Alp Uluγ Totoq“勇敢的大都督”是否为骨啜特勤或车毗尸特勤之一[②]？甚至身居左右两杀之位的人物是否与骨啜特勤、车毗尸特勤、合胡禄都督重叠？宝应二年镇压完安史之乱后，代宗派遣使者至回鹘宫廷，带去册封回鹘汗国重要人物全员之诏书。据其内容，除册封牟羽可汗为英义建功可汗外，还册封左杀为雄朔王、右杀为宁朔王、胡禄都督为金河王、拔览将军为静漠王、11位都督均为国公[③]。车毗尸特勤，在天宝十一载至十二载之际被配在杀之下，但在宝应元年至二年之际，与右杀并列于牟羽可汗之下。据此而言，其与右杀（宁朔王）并非同人，但可能此前业已晋升为左杀（雄朔王）。另，乾元元年至二年（758—759），由回鹘派至唐朝的军队首领骨啜特勤在宝应二年成为右杀（宁朔王）的可能性，亦有可能存在。而宝应二年的胡禄都督（金河王）显然与左右杀各为别人，考虑到永泰元年（765）的合胡禄都督药罗葛为可汗之弟，上述二人为同一人物的盖然性极高[④]。如此，确切可信的磨延啜之子，包括叶护、移地健、骨啜特勤、合胡禄都督四人，另有外加车毗尸特勤之可能性。当然，若车毗尸特勤并非左杀、骨啜特勤并非右杀，则兄弟数量并非5人，而是7人。考虑到当时唐朝与回鹘间的深厚关系，左右杀之名不见于他处，属实不自然，今权且推定为

---

① 《唐会要》卷九八，第2069页；《旧唐书·回纥传》，第5201页；宋本《册府元龟》卷九六七《外臣部·继袭二》，第3828页；《册府元龟》（明本），第11373页；《新唐书·回鹘传》，第6117页；佐口透：《回鹘传（旧唐书、新唐书）》，第322、383页；《资治通鉴》卷二二一，第7076页。

② 此处赘言一下，顿莫贺达干在至德二年（757）与叶护太子一同来援唐朝时，被称为胡禄都督（Uluγ Totoq“大都督”）。相关内容，参见下注③。

③ 《旧唐书·回纥传》，第5204页；《新唐书·回鹘传》，第6119页；《资治通鉴》卷二二三，第7145页；佐口透：《回鹘传（旧唐书、新唐书）》，第331、389页。

④ 据罗新《葛啜的家世》第451页考证，日后在德宗时期当上宰相的李泌证言，至德二年，他与作为援军抵唐的叶护部下胡禄都督相遇，日后胡禄都督当上了顿莫贺达干（天亲可汗）。此盖无问题。然吴玉贵《回鹘“天亲可汗以上子孙”入唐考》第473页注45，将当时的胡禄都督（后来的顿莫贺达干）与宝应二年（763）的胡禄都督（金河王）视作同人。此看法无法认同。

兄弟5人[①]。

六、药罗葛氏世系之复原(2)

据葛啜墓志汉文面第11行,可知葛啜王子(葛啜特勤)有兄长名阿波啜王子(阿波啜特勤)。不过,汉文面并未言及二人之父车毗尸特勤在药罗葛氏世系中位居何处,甚至给人以故求模糊之感。相反,突厥鲁尼文面保留有微妙线索。即第6—7行的qan totoq atïsï,以及第8—10行的bögü bilgä tängri qan inisi。atïsï与inisi的+sï/+si为第三人称词缀,代指紧前面名词,故前者为"汗都督之那atï",后者为"牟羽贤明神圣汗之那ini"之意。

我们首先讨论后者。古突厥语中,通常为人所知的ini只有"弟弟"之意[②],故墓志主人公葛啜为"牟羽贤明神圣汗之弟"之意。值得称之为"牟羽贤明神圣汗"的人物,在漠北回鹘汗国前半期6名可汗中,第3代著名的牟羽可汗除外,别无他人。之所以如此,是因为存在这一事实——漠北回鹘汗国可汗称号均包含毗伽可汗bilgä qaγan(贤明可汗)之意[③],且tängri"天神;神圣的"一词过于平常普遍。用于特定葛啜墓志之bögü bilgä tängri qan"牟羽贤明神圣汗"这一人物的,只有bögü一词。况且,诸多回鹘语文书中,确切指代牟羽可汗时,不仅单独称为bögü xan"牟羽汗"[④],tängri ilig bögü xan"天王牟羽汗"[⑤],而且还称之为tängri bögü ilig"神圣的牟羽王"[⑥]。值得一

---

① 包括磨延啜之子与叶护、杀之关系在内,在探讨漠北回鹘建国初期的国家构造时,有必要对L. Clark,"The Conversion of Bügü Khan to Manichaeism"进行重新讨论。克拉克在该论文中,对回鹘三大碑铭——西内乌苏碑、塔里亚特碑与特斯碑加入了新的解释。不过,其依据的上述三大碑文录文为兰司铁(G. J. Ramstedt)、特勤(T. Tekin)、克利亚什托尔内等发表已久的录文,并未见到日本学者实地调查的研究成果,即森安孝夫、敖其尔合编《モンゴル国現存遺蹟、碑文調査研究報告》所收录的录文。受时间所限,克拉克本无责任,但留下了不少值得讨论的问题。期盼新锐有所突破。

② G. Clauson, *An Etymological Dictionary of Pre-Thirteenth Century Turkish*, p.170a.

③ 主要参见森安孝夫:《ウイグル=マニ教史の研究》,丰中:大阪大学文学部,1991年,第182—183页。

④ 81TB10:06-3a文书第8行与第12行。参见森安孝夫:《東ウイグル=マニ教史の新展開》,《東方学》第126卷,2013年,第135—134页(逆页序)(收入《東西ウイグルと中央ユーラシア》,第544、545页)。

⑤ U 73 & U 72文书第33行、52行、62行。参见森安孝夫:《ウイグル=マニ教史関係史料集成》,《近畿大学国際人文科学研究所紀要》平成26年度版,2015年,第15、17页。

⑥ Mainz 345文书背面4行。参见森安孝夫:《ウイグルから見た安史の亂》,第136页(收入《東西ウイグルと中央ユーラシア》,第18页)。

提的是，唐朝赠予漠北回鹘汗国可汗全员的正式称号，均以 bilgä qaγan“毗伽可汗”结尾。唯有牟羽可汗一人在《旧唐书》与《册府元龟》中被专称为登里（或登利）可汗[①]。这一称号，盖因当时的回鹘人通称牟羽可汗为 bögü bilgä tängri qan，略称其为 tängri qan 所致。

那葛啜果真是如上所言“牟羽贤明神圣汗之弟”吗？笔者以为绝无这种可能[②]。这是因为牟羽生父是磨延啜，而葛啜生父是车毗尸（车鼻施）特勤。进言之，按葛啜年龄与没年推算，他出生于大历十一年（776）。因磨延啜死于乾元二年（759），故牟羽（移地健）不应有与其相差如此年龄的弟弟[③]。

接下来探讨一下“汗都督之 atï”一文。唯 atï 有“孙子”与“侄子”两种意思，若为“汗都督之孙”，则葛啜之祖父为汗都督，若“汗都督之侄”，则葛啜叔父（或伯父）为汗都督。那 atï 按“孙子”或“侄子”哪种解释为好？“汗都督”究竟为何人？

关于 atï，以往的研究者几乎均不解释作“孙子”，而是解释作“侄子”。其中，罗新将见于墓主葛啜生父之后的 qan totoq“汗都督”视作其父之弟，即葛啜叔父，并将汗都督与天亲可汗（顿莫贺达干）即位后作为使者来到唐朝的建达干视作同一人物[④]。笔者对此看法不予赞成。建的中古音与 qan，在音韵上并不一致[⑤]。

与上述以往的多数意见相反，笔者将 atï 解释作“孙子”。这是因为，在墓志铭中，叙述墓主世系时，通常会举出直系的祖父与生父。而生父之后忽然提到叔父，这颇令人感到不自然。据此，笔者把 qan totoq atïsï 解释作“汗都督之孙”，主张葛啜墓志鲁尼文部分为叙述墓主世系，首先举出了葛啜直系的生父与祖父，并推定葛啜王子祖父汗都督，即磨延啜（第 2 代葛勒可汗）其人无疑。如前所述，罗新把汗都督视作建达干。不过，即便建达干属于达

---

① 羽田指出，《唐会要》与《新唐书》称即位后的移地健为牟羽可汗，《旧唐书》与《册府元龟》称为登里（或登利）可汗。见羽田：《唐代回鶻史の研究》，第 203 页。

② 罗新把 inisi 解释作“其弟”，注意到 bögü bilgä tängri qan“牟羽贤明神圣汗”与葛啜兄弟之父车毗尸只是 tegin 特勤，并不是 qaγan 可汗。在漠北回鹘汗国前半期的药罗葛氏王朝中，生父不是可汗而当上可汗的，除第一代可汗外，只有顿莫贺达干一人。故，罗新把车毗尸特勤比定为顿莫贺达干（即第 4 代天亲可汗）之父，从而把葛啜兄 bögü bilgä tängri qan“牟羽贤明神圣汗”不视作牟羽可汗，而视作顿莫贺达干，即第 4 代天亲可汗。然笔者对此见解不予赞同。

③ 反言之，是故，罗新才未把 bögü bilgä tängri qan 比定为牟羽可汗。

④ 罗新：《葛啜的家世》，第 450—451 页。

⑤ 建：＊ki̯ɒn，见 B. Karlgren，*Grammata Serica Recensa*，249a；＊kian，见 E. G. Pulleyblank，*Lexicon of Reconstructed Pronunciation in Early Middle Chinese*，p.147；＊kɪʌn，见藤堂、加纳：《學研、新漢和大字典》，第 571 页。

干和都督，但终究不是汗。如前一节所介绍，塔里亚特碑北面第3行与第4行开头以 tängrim qanïm“我君主可汗”开始，指的是塔里亚特碑主人公磨延啜（葛勒可汗）无疑。而见于磨延啜另一纪功碑西内乌苏碑的磨延啜正式称号 tängridä bolmïš il itmiš bilgä qaγan[①]，在塔里亚特碑西面第6行记作 tängridä bolmïš il itmiš bilgä qan[②]。无疑，qan 与 qaγan 作为同义语，在漠北回鹘汗国并行使用。另，上面列举数例的 bögü xan“牟羽汗”，汉籍记作牟羽可汗，而在九姓回鹘可汗碑粟特文面中被标记作 bögü xaγan[③]。即，汗与可汗通用。进言之，卜古汗（卜古可汗）——笔者以为是牟羽可汗与怀信可汗形象重叠后产生的回鹘传说中的始祖，U 1 文书称之为 tängrikän uyγur boquγ xan[④]，高昌回鹘时期发行的铜钱铭文写作 tängri boquγ uyγur xaγan[⑤]。至此，关于葛啜墓志记录的唐朝皇帝名称之疑虑，即原本已在7世纪时期由铁勒诸部授予天可汗之美称者，在葛啜墓志第13—14行并非记作 qaγan，而是记作 qan 之疑虑，则完全消逝。即，回鹘时代的 qan“汗”与 qaγan“可汗”同义或极其接近，汗都督这一厚重的名称，只能与具备可汗经验的人物才能匹配。顺便强调一下，都督可能包含上面第3节提到的瀚海都督之意，或者是指漠北回鹘汗国时代出现的11位都督中的一人，即代表回鹘部的药罗葛氏族都督[⑥]。

如上面意见正确，则葛啜王子为磨延啜之孙，其父车毗尸特勤（Čavïš Tegin）为磨延啜子，即牟羽可汗之兄弟（或为同父异母兄弟）。张铁山推定车鼻施将军，即至德二载（757）镇压安史之乱时来到唐朝的回鹘军队首领之一为移地健（后来的牟羽可汗）之弟。笔者在前文已对此表示赞同。至此，

---

① 森安孝夫：《シネウス遺跡・碑文》，载《モンゴル国現存遺蹟・碑文調査研究報告》，第178页；森安等：《シネウス碑文訳注》，第9页。

② 见片山：《タリアト碑文》，第170页。

③ 九姓回鹘可汗碑粟特语面第13行 pwkw x'γ-'n；见吉田丰：《カラバルガスン碑文の粟特語版について》，《西南アジア研究》第28卷，1988年，第33页。

④ 见森安孝夫：《東ウイグル=マニ教史の新展開》，第130页（收入《東西ウイグルと中央ユーラシア》，第549页）；森安孝夫：《ウイグル=マニ教史関係史料集成》，第37页。

⑤ 见森安孝夫：《シルクロード東部における通貨》，《東西ウイグルと中央ユーラシア》，第484页脚注22。

⑥ 主要参见片山：《Toquz Oγuz と“九姓”の諸問題について》，《史学雑誌》第90卷第12号，1981年，第44—46、48页；佐口透：《回鶻传（旧唐书、新唐书）》，第311、374页；关于“九姓”问题，笔者支持颠覆以往解释的片山意见，同时觉得应对见于敦煌出土藏文 P. t. 1283 文书第25行的“回鹘都督”给予考虑。相关内容参见森安孝夫：《東西ウイグルと中央ユーラシア》，第54页。

笔者上述见解之缘由，获得了阐明。另，如芮跋辞与吴国圣最初所指出[①]，葛啜墓志的印记与磨延啜纪念碑西内乌苏碑印记相近，此亦旁证葛啜隶属磨延啜之系。根据本节考察得出的结论，药罗葛氏世系表可标示如下图（表1）。唯有四子与五子之顺序，属于推定。

七、葛啜王子墓志发现的意义与药罗葛汗之含义

前一节，笔者虽然确定 qan totoq"汗都督"为磨延啜，但这并不意味葛啜墓志鲁尼文面第 3 行所见 yaγlaqar qan"药罗葛汗"专指磨延啜一人。此处重新关注一下见于鲁尼文面，但不见于汉文面的内容——yaγlaqar qan 药罗葛汗、qan totoq 汗都督、bögü bilgä tängri qan 牟羽可汗。不约而同，上述三文均与 qan 相关。毋庸置疑，汉文面是由唐朝适当的官员起草的正式记录。不过，相关 qan、qaγan 的语句，只有暧昧模糊的一句"王子则可汗之诸孙"[②]。当然，上述差异绝不是偶然，其间必有某种随意性。以下，就此略作考释。

作为学术界最新共有财产，葛啜墓志的最重大历史意义在于它证明了汉籍记录——配合贞元十一年（795）怀信可汗即位（跌跌/阿跌王朝的创始），将天亲可汗（药罗葛王朝第 4 代；即位前为顿莫贺达干）之前的诸可汗子孙中幼少者送至唐廷这一记录的真实性（拙文第二节及其相关注释）。即，当时被送至唐廷者中，包括葛啜王子（Qarï Čor Tegin）及其兄长阿波啜王子（Apa Čor Tegin）。下面，在参考吴玉贵 2013 年之《回鹘"天亲可汗以上子孙"入唐考》第一节等基础上，按时系列作一下梳理。

关于回鹘汗国第 6 代奉诚可汗的死亡时日，史料有贞元十年（794）四月，贞元十一年（795）二月、四月、五月等不同记录。据葛啜墓志，可明断《唐会要》卷九八的贞元十年四月为正。理由是墓志记录葛啜王子兄弟抵达长安的日期为贞元十年五月。即，贞元十年四月奉诚可汗去世，因其无嗣，骨咄禄将军即位并做出决断，将天亲可汗之前诸可汗子孙之幼少者送至唐

---

① 芮跋辞、吴国圣：《西安新发现唐代葛啜王子古突厥鲁尼文墓志之解读研究》，第 440—441 页；V. Rybatzki & Wu Kuosheng, "An Old Turkic Epitaph in Runic Script from Xi'an (China): The Epitaph of Qarï Čor Tegin," pp.126－127；森安孝夫等：《シネウス碑文訳注》，Plate I.

② 关于"则可汗"，王小甫 2013 年论文试图按"侧可汗，小可汗，隐可汗"解释。此意见稍显奇特，但难以接受。

表 1　药逻葛氏世系表

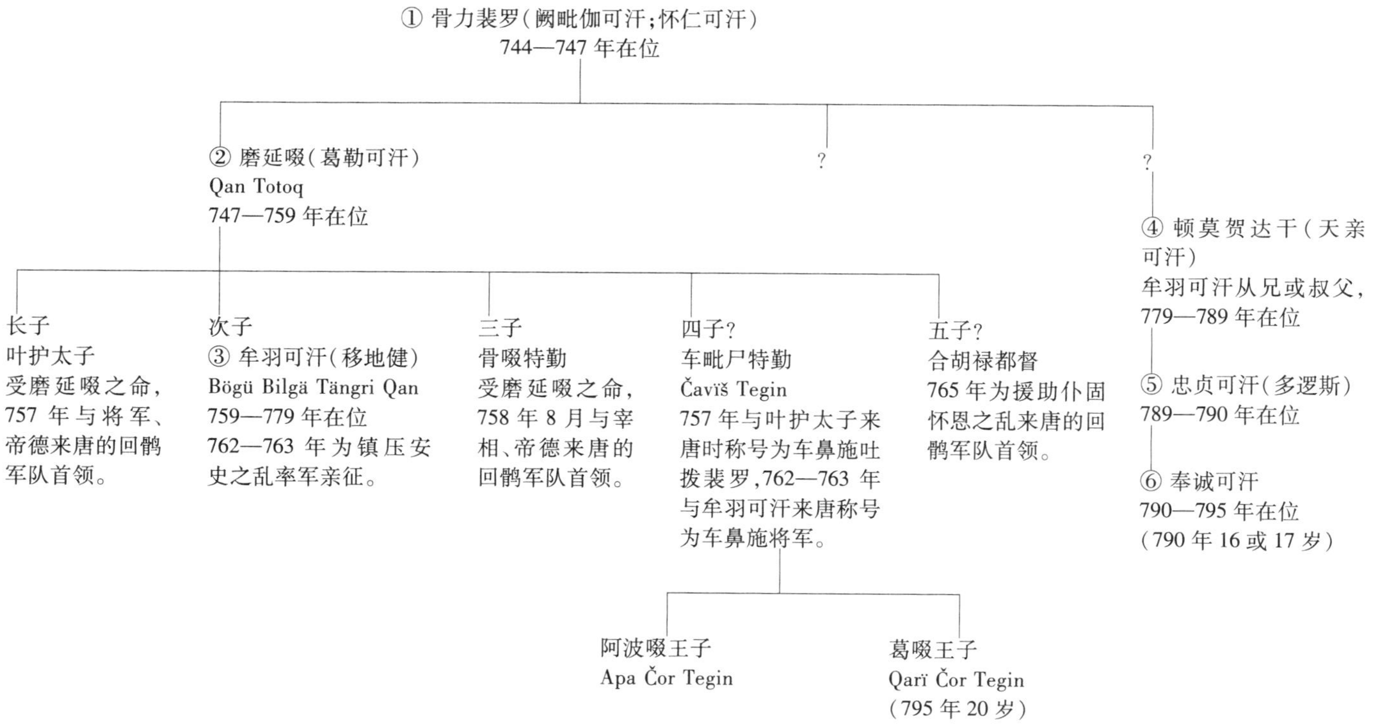
① 骨力裴罗(阙毗伽可汗;怀仁可汗)
744—747 年在位
② 磨延啜(葛勒可汗)
Qan Totoq
747—759 年在位
?
?
④ 顿莫贺达干(天亲可汗)
牟羽可汗从兄或叔父,
779—789 年在位
长子
叶护太子
受磨延啜之命,757 年与将军、帝德来唐的回鹘军队首领。
次子
③ 牟羽可汗(移地健)
Bögü Bilgä Tängri Qan
759—779 年在位
762—763 年为镇压安史之乱率军亲征。
三子
骨啜特勤
受磨延啜之命,758 年 8 月与宰相、帝德来唐的回鹘军队首领。
四子?
车毗尸特勤
Čavïš Tegin
757 年与叶护太子来唐时称号为车鼻施吐拨裴罗,762—763 年与牟羽可汗来唐称号为车鼻施将军。
五子?
合胡禄都督
765 年为援助仆固怀恩之乱来唐的回鹘军队首领。
⑤ 忠贞可汗(多逻斯)
789—790 年在位
⑥ 奉诚可汗
790—795 年在位
(790 年 16 或 17 岁)
阿波啜王子
Apa Čor Tegin
葛啜王子
Qarï Čor Tegin
(795 年 20 岁)

廷，故葛啜王子兄弟早在翌月即入唐。当时，葛啜为 19 岁青年，因其身份与父亲恩荫，作为宫廷禁卫奉仕于唐。唐廷在贞元十一年（795）二月，暂停公务三日，悼念奉诚可汗之死。之后，五月或六月，唐朝正式册封新可汗为怀信可汗。同猪年（795 年，乙亥）五月二十日，入朝后仅一年的葛啜病死，翌六月七日葬于长安郊外。虽然如此，没有必要认为因怀信可汗发动的王朝革命，前代为止的真正的药罗葛氏可汗血统已经完全断绝。怀信可汗与第 4 代至第 6 代可汗（即顿莫贺达干系）关系密切，作为宰相辅佐他们多年，故顿莫贺达干系的男子们理应继续滞留在回鹘本国。就此点而言，笔者赞同安部与吴玉贵之意见①。

怀信可汗与顿莫贺达干系关系密切，令人联想到他与发动政变的顿莫贺达干所诛杀的牟羽可汗系（此即磨延啜系）已经反目。顿莫贺达干为牟羽可汗从父兄或父辈②，顿莫贺达干系与磨延啜系出自同一始祖。关于葛啜墓志的记录讨论至此，笔者以为将天亲可汗之前诸可汗子孙中的幼少者送至唐廷这一决断的背景是，决不允许磨延啜系之复活这一怀信可汗的强烈愿望之存在。

启示墓主葛啜出身的文句，汉文面只有笼统的“则可汗之诸孙”一句。这恐怕是唐朝对以禅让的形式从药罗葛氏取得政权的跌跌/阿跌氏出身的怀信可汗的顾虑所致。相反，鲁尼文面明记与 qan“汗”相关的三文，即 yaγlaqar qan 药罗葛汗、qan totoq 汗都督、bögü bilgä tängri qan 牟羽可汗。利用汉文面末尾的余白，务必加上这些信息的，应该是葛啜兄长阿波啜王子等，即被跌跌/阿跌氏怀信可汗扫地出门，被流放到唐朝境内移居的药罗葛氏王子们。对他们而言，葛啜王子墓志铭不书写他们自身出自回鹘汗国真正的王族药罗葛氏，这是一个难以忍受的耻辱。那此处所言药罗葛汗，究竟为何人？

按以上考察，药罗葛汗存在两种可能性：其一为汗都督，即磨延啜之父、牟羽祖父，亦即回鹘汗国建国者骨力裴罗（阙毗伽可汗）；另一为统称

---

① 安部：《西ウイグル国史の研究》，第 266—267 页；吴玉贵：《回鹘“天亲可汗以上子孙”入唐考》，第 467 页。

② 通常，据《资治通鉴》卷二二六（第 7282 页）视作“从父兄”。不过，冯家升等编撰的《维吾尔族史料简编》上册（北京：民族出版社，1958 年出版，1981 年再版，第 21 页）作“诸父”。惜其根据不得而知。笔者亦不敢对只见于《资治通鉴》的“从父兄”给予全部信任。奉诚可汗在贞元六年（790）即位时为 16—17 岁，而葛啜在贞元十一年（795）为 20 岁，二者年纪大体相当。故，斟酌复原世系表（表 1）的辈分，或许，设想作磨延啜之弟的顿莫贺达干之父本不存在，该位置或为顿莫贺达干自身。

“药罗葛氏出身王族(即可汗一族)”①。然紧随 yaγlaqar qan 之后的 atï,即便按“孙子”或“侄子”的哪一种解释,也和骨力裴罗与葛啜间的亲族关系不符。据此,此处 yaγlaqar qan atï,笔者解释作广义上的“药罗葛汗之子孙(即王族)”。如此,则可认为,这正与汉文面笼统的“可汗之诸孙”这一表达方式相互对应。

最后,谈一下第六节未能解决的 inisi。对被怀信可汗流放到唐朝的回鹘王子们而言,当书写值得自豪的自身家系磨延啜系之时,没有理由不提到镇压安史之乱最为劳苦功高的牟羽可汗。汉文面对牟羽可汗未做考虑,终究还在于唐朝方面对开辟跌跌/阿跌氏王朝的怀信可汗的顾虑。然鲁尼文面,亦因为葛啜并非牟羽直系,故使用了笼统的表达方式。故,笔者判断,此处 inisi 并非如词义“那弟弟”,而是汉文中的“族弟”,即家族中年幼于己的男子。古突厥语中,ini 的对应词 iči 不仅除第一种“兄长”外,还有“叔父”之意②。而且,蒙古帝国时期的辞典 *Codex Cumanicus* 中,ini 拉丁语对译为 nepos“孙子,侄子”③。大概在古突厥语中,也存在同一用法。查找近现代突厥语族诸方言用法,著名的拉德罗夫(F. W. Radloff)所编四卷本方言辞典中,ini 只有“弟弟”之意④。据茨默(P. Zieme)指教,韩国首尔国立大学 Li Yong-Sŏng 教授主编的《突厥语中的亲属称谓》收录的数个方言中,ini 不仅有“弟弟”之意,还有“侄子”之意⑤。诚如按第六节考察而得到的复原世系图(表 1),葛啜王子确切为牟羽可汗之侄。

结　语

综上,笔者以为,葛啜墓志汉文面与突厥鲁尼文面均得到了恰当的解释。当然,这有待学者们评判。该墓志铭关注度极高,在拙文执笔期间,亦得知有其他海内外研究者正在准备新的论稿。在拙文出版时,不敢否定不

---

① yaγlaqar qan“药罗葛汗”并非代指某一特定人物,而是可汗一族之统称。笔者此见解与罗新《葛啜的家世》第 449 页观点相同。同样用例还见于苏吉碑。然苏吉碑是属于 840 年摧毁回鹘汗国的黠戛斯人,抑或属于回鹘王统自药罗葛氏向跌跌氏的交替时期,实属一大问题,需要复杂的讨论。兹不深言。

② G. Clauson, *An Etymological Dictionary of Pre-Thirteenth Century Turkish*, p.20.

③ K. Grønbech, *Komanisches Wörterbuch*, *Türkischer Wortindex zu Codex Cumanicus*, København: Einar Munksgaard. p.107.

④ Radloff, *Versuch eines Wörterbuches der Türk-Dialecte*, 1893 – 1911, vol.1, p.1444b.

⑤ Li Yong-Sŏng, *Türk dillerinde Akrabalık Adları*, Istanbul: Şafak Matbaacılık, 1999, pp.154 – 156.

会有与笔者相同解释的文章捷足先登。不过，如引言中所述，拙文核心部分，即葛啜墓志突厥文铭文的新解读案是 2014 年 11 月 29 日在日本女子大学史学研究会上所作的报告。之后，经反复考察，发现新的视角，继而展开了论证。最终在 2015 年 3 月 28 日，在大阪大学文学部大会议室召开的第 53 届中亚学论坛上，提交翔实数据，并做了报告。拙文即为此报告的文稿。

（原载《唐研究》第 21 辑，2015 年，第 499—526 页。）

黄文弼发现的《摩尼教寺院经营令规文书》

森安孝夫(大阪大学)

本文是森安孝夫著《回鹘摩尼教史研究》(《大阪大学文学部纪要》第31、32卷合并号,1991年,以下简称《摩尼教史》),及其德文全译文 T. Moriyasu, *Die Geschichte des uigurischen Manichäismus an der Seidenstraße*. (Wiesbaden, 2004)之第二章《吐鲁番出土〈摩尼教寺院经营令规文书〉》的摘录。虽然如此,关于第二章的主题——黄文弼发现的 K 7709 号(=Y 974)回鹘文书,这里给出了最新的文本与译文。关于大量的词注,并非全部翻译成中文,仅限于文本解释必要的最低限度。省去的部分篇幅,以与本文书相关的、笔者于2003年5月在巴黎法兰西学院(Collège de France)进行讲演时的部分稿件内容替代,并对其做了一些重大修正,附加于第四节以后。

一、文书介绍

本稿主题《摩尼教寺院经营令规文书》,最初是黄文弼先生在《吐鲁番考古记》(北京,1954年)刊出照片,之后茨默(P. Zieme)先生在1975年论文《一份关于高昌回鹘王国摩尼教寺院经济的回鹘文文书》"Ein Uigurischer Text über die Wirtschaft manichäischer Klöster im Uigurischen Reich"(以下简称为 WMK)中,介绍了部分内容。至1978年,终于由耿世民先生以《回鹘文摩尼教寺院文书初释》(以下简称《初释》)为名,刊出了全部文本与试释。就历史学角度而言,这是一篇真正珍贵的文献,它是向现在传达在回鹘国内获得国教地位的摩尼教寺院在现实中从回鹘国家获得何种优遇,并如何经营寺院的几近唯一的文书。而且,因全文长达125行,故从回鹘文献学而言亦为重要。《吐鲁番考古记》第63页仅有6行解说,且误解为"可能是写摩尼教经"。但茨默仅根据其不清晰的照片(图87,即图版89—94),解读了约四成,掌握了大体内容。耿世民则对北京的中国国家博物馆所藏原文书再次进行了调查，与新的照片一同，第一次公开发表了全文。上述茨默的慧眼与耿世民的努力，均应大加赞赏。

耿先生的《初释》发表以后，学术界对该文书的关心忽然高涨起来，不仅多有引用，甚至出现数篇专论。然充当依据的《初释》，文本的文字转写存在所谓的 ghost word（别字，造字，错别字），各个单词的读法与文章整体的解释方法，也存在众多问题。1983 年，新疆社会科学院考古研究所编《新疆考古三十年》出版之际，虽然耿先生自身进行了校订，但上述问题几无改进。而且，《初释》的英译文也存在同样问题[①]。故不通晓回鹘语的研究者直接利用《初释》的话，存在犯下意想不到的错误之危险，实际上这种担心随处成为了现实。

一方面，汤杰罗（A. van Tongerloo）在 1993 年发表了《在一所摩尼教寺院中》（In a Manichaean Monastery）的第一部分。虽然提到拙著名，但实际上完全没有有效利用拙著。而且，在对敦煌出土汉文摩尼教经典《摩尼光佛教法仪略》第五节《寺宇仪》的解释上，与笔者存在巨大差异。另，同在 1993 年出版的克林凯特（H.-J. Klimkeit）的《丝绸之路上的诺斯替教（Gnosis on the Silk Road）》是一部优秀著作，为摩尼教学做出了极大贡献。但其中引用的本文书的英译文，完全没有反映笔者的研究成果。

笔者在 1991 年发表《摩尼教寺院经营令规文书（K 7709）》的再解读案，是缘于以下两点理由：其一为虽时间很短，但笔者有幸接触原文书，直接确认到了照片上无法判别的“误贴”或有可能为误贴之处。该文书原为 3 米以上长卷，但开头部分欠缺，现存部分的前半部也存在众多破损处，可能是因为呈卷状的文书从外侧开始破损而引起。装裱师在修裱文书，并重新制成卷状时，未能认真粘贴破碎的文书断片，从而造成文本出现重大混乱，文义不通。

当然，耿先生亦注意到了这一事实，但并未在文本中注明具体哪一部分出现了差错。实际上，这使得不能接触原文书的每位研究者无法复原出正确的文本。断片粘贴错误的地方，在照片上看起来连接得很好。故研究者们以为原文如此，虽想尽办法使文义畅通，但难以达到。因此，督促注意这一问题，且为文本复原提供有效信息（本稿以【　】标示该部分），预先避免

---

① Geng Shimin, “Notes on an Ancient Uighur Official Decree Issued to a Manichaean Monastery,” *Central Asiatic Journal*, vol. 35, 1991, pp.207 - 223.

徒劳的努力,或毫无意义地增加误解等,是最为妥善的解决办法。

另一个更大理由是,该文书立足的摩尼教寺院经济的存在状态,基本上与保持长久传统的当地的佛教寺院经济的存在状态相通。笔者意识到,对该文书的真正理解而言,必然需要有关当时佛教寺院经济的知识。

诚然,与该文书处于同时代,且与吐鲁番地区佛教寺院经济直接相关之文书,我们尚未确认到。但我们拥有其替代物,即时代稍早,但地域相同的吐鲁番文书中的同类文书,以及地域略为不同,但时代几乎重合的敦煌文书中的同类文书。众所周知,敦煌吐鲁番文书中存在相当数量的汉文佛教寺院经济文书,而关于其研究成果,最为丰硕的则是日本与中国。在上述成果的利用上,对比欧美学者,我们远处于有利的情形。而且,就上述摩尼教寺院经营文书的译文而言,提供一个严密区分可靠与不可靠之处,同时尽可能使用见于汉文文书之术语的译文,能够使我们期待日中两国佛教寺院经济研究人员的迅敏的反应。

笔者是在 1988 年访问北京时,接触到该文书。文书所藏机关中国历史博物馆(现中国国家博物馆)允许阅览,是当时的杜耀喜副馆长、史树青研究员对我研究的赐物,深表感谢。当初允许阅览整一天,但因在特殊工作室担任监督的两位馆员的工作上的原因,实际调查时间是 1988 年 5 月 20 日上午仅约 2 小时。因此,笔者的调查不尽充分,尤其是没有充裕的时间认真查看是否粘贴错误。故稍有可疑之处,以及回日本后虽多方探讨,但前后文连接不畅的部分,全部用【　】标示。为今后一一解除【　】内的障碍,笔者期待下一次能有机会接触原文书的研究者,在进行工作时能够提供准确度更高的信息。

作为卷子本,该文书的现存部分,长 270 厘米,纸宽 29.5 厘米(未能实测长度,此据《吐鲁番考古记》与《初释》)。开头部分欠缺,据文书内容判断,缺失部分相当长。与此相对,末尾不仅有约 14 厘米的空白部分,而且文末例外嵌有上下两枚朱印。故可认为,文书原末尾部分保存完好。保留的回鹘文共 125 行,行间距相等,唯有第 119 行与第 120 行之间有 1 行空白。因已被裱好,故无法观察到背面,大概未写有文字。纸厚度中等偏薄,呈浅茶色,带有粗漉纹,纸质为中等至中下等。文书前半部损坏严重,表面颇受磨损,因部分文字脱落,难以解读之处很多。关于未认真粘贴的碎片与断片,如前所述。现存部分由几张纸连接而成,每张纸的长度如何,以及纸张之间的接缝处是否嵌有朱印等,未能有时间进行调查。

所嵌 11 处朱印大小，平均起来如《初释》所言，纵 10 厘米，横 9.5 厘米。嵌有如此之大、如此之多朱方印，仅此就足以说明该文书为官方文书。印文为"（1）大福大回鹘（2）国中书门下（3）颉于伽思诸（4）宰相之宝印"。其中，"颉于伽思"是自漠北回鹘汗国时代就存在的、著名的回鹘官称 il ögäsi"国家之顾问"的音译。其等级极高，被认为可能是宰相级别。这一想法亦可从上述印章上，"颉于伽思（il ögäsi）"与中国的"中书门下"相对应可确认到。关于回鹘国内同时存在多名"颉于迦思（il ögäsi）"这一问题，可在之前的漠北回鹘汗国时期的《九姓回鹘可汗碑》，以及吐鲁番出土《摩尼教赞美诗集》（*Mahrnāmag*）双方面得到印证。但该文书为高昌回鹘王国时期之物，前辈学者无一人对此表示怀疑。即，该文书是奉摩尼教为国教的、高昌回鹘王国政府中枢发布的官方文书。如拙著《摩尼教史》全文所论证，该文书写作年代视作高昌回鹘王国前期的 10 世纪中叶，大概无误。

二、最新版文本、译文

文本凡例

（abcd）：根据部分残余笔画的复原文字。

（....）：表示推定的字数（文字的部分笔画残留，但无法复原）。

[abcd]：推测补充的缺损文字（文本）。

/////：欠缺部分的推定字数。

<u>a</u>bc<u>ï</u>d：复原未用回鹘文字书写的元音或书写不完整元音（例如，两个 alif 只写出 1 个 alif；WY 只写出 W；alif 与 Y 脱落）时，添加下横线进行区别。

【abcd】：把破碎的断片粘贴在衬纸上时发生的粘贴错误，或可能为粘贴错误之处（尚未确定正确位置）。

译文范例

[　]：文本[　]部分的译文，或推测为欠缺部分的译文。

【　】：文本【　】部分的译文。

（　）：为便于解释而添加的补充说明。

……：未能解释之处。

001. 【X'XWCY-lar kirzün · X'YX(.)/】//////【bolsar ymä ilki[dä](k)[i]】

【……们必须进入……】……【如果……的话,又以前的】

002. 【qanikta kirsär yalnguz】////【[man]i-stan-taqï yazlïq】

【进入(仓库?)时只】……【在摩尼寺的……】

003. 【birlä kirzün kigür(.)//(..)/(.)】///【[ilki]däki törüč(ä)】

【必须一同进入。监督进入……】……【如[以前]规定】

004. 【[i](l)ki-däki törüčä 'YX(.)/】【//CY mo(žak)】【ilïmγa totoq 'YX//】

【如[以前]规定……】【……慕阇】【财务都督……】

005. 【išlätzün】【taš (s)ä̱vit】【bars ṯarqan ṯämir yaxšï tutzun】

【监督劳动!】【塔失赛必特】【末斯达干帖蜜必须好好保管!】

006. 【(.)//(....)T'RM(..)】【////ZWN · üntürgü bolsar ikigü】

【……】【……要……如果是值得培育的东西,那二人一起】

007. 【(.)/(..)///(.)/(.)N sro(š)[ivt]】【tsangaγ ikigü birlä】

【……义[务]】【二人一起把仓库】

008. 【(..)】////【//(.)YN sačγuča · 】【L'R】【///(..)daqï i(š)ig】

……【尽播(种)所需要】【们】【……把……里的工作】

009. 【(t)aγay bars ilï(mγa)】【 · uz (.)///】[i]šläzün kidin balï[qtaqï]

【达奚末斯财务[都督]】【妥善……】必须担任。西城[的]

010. išig küčüg qumar bars ṯarqan išläzün · baγ

工作,由库末末斯达干担任。不要说园林、

011. [borluq] yi[r] (su)v qaγ timäzün uz itürzün öngtün

葡萄园、田地是旱田(部田),监督好好耕作。东

012. 【/(.)/(...)/】【[ba]γ borlu(q)】【(..)/(.)】bolsar taγay bars

[城]……【园林、葡萄园】[不顺利]的话,达奚末斯[财务都督]

013. 【///C böz · 'Y//】///////[qav]rïγ-qa täg(zün) · kidin

【……棉布……】……处以……刑。西

014. balïqtaqï iš///【WY】//////////////qumar b(a)r(s)

城的工作[不顺利的话],库末末斯

015. ṯarqan qïyn-qa qïz(γ)[ut-qa] tägzün öngtünki n(ä)

达干要受到刑罚。东面有什么

016. yïγγu tirgü bar ärsär ilïmγa totoq yïγïp

需要收集的话,财务都督收集

017. 【yaxšï tutzun】【qumar】y(ï)γγu tirgü bar ärsär qumar
【要好好保管】【库末】有需要收集的东西，库末
018. /////【//NCW-SY】//////////////WN · aγïl̠ïq-qa kirgüsin
……要［好好保管］。把需要进入国库的东西
019. 【aγïl̠ïq-qa】【(..)γučï】【(.)CY (.)//】(..)/-(q)a kirgüsin TW(..)///
【于国库】……把需要进入……的东西……
020. kigürzün ikigü【(.)/////(..)】///išlätzün YWNKL/////
要监督纳入……二人［协助?］要监督工作……
021. birlä tutzun öngtün yïngaq yir suv üküš üčü(n)
要一起保管。东面因为田地多
022. (.)WC'X (.)'XY ï t(a)rïγ quanpu yïγγu yir suvlar itgü qumar bars
……整理用于收集柴草、地子、官布的田地。库末末斯
023. //////D//////////////［ö］ngtünki kidinki b［alïq//］【TWTW (.)】【DWM'N ·】
……东面的，西面的［城］……
024. 【yir (.)】【buz-nung】【/(..) 'WY】/YN altmïš iki (.....) üzä
【地】【冰的】……60 的 2(不是 62)……以
025. böz tägšürüp T'K(..)【Y'T////】kädgü böz birz［ün］
交换棉布……要给予用于披盖的棉布。
026. ay sayu iki a̠nčmn ta̠ngrilärkä säkizär on šïγ
每月要为两个僧团的僧尼们，取得各 80 石
027. buγday · yiti (š)ïγ künčit iki šïγ burčaq · üč
小麦、7 石胡麻、2 石豆、3
028. ［š］ïγ qonu(q)///////////(.) liv tutzun · nwydma
石粟……作为食粮。招待
029. 【P(...P) (..) T(..)///NT' PK(..)】iki iš ayγučï-lar (.)///
……两位干事……
030. 【uz uzaγutqa (.)】//［ayγ］učï-lar liv tutzun · mu［nča］
【为匠人用】［两干］事要取得……作为食粮。如上
031. liv birip ta̠ngrilär ašï suvsušï tängsiz bolsar iki
分配食粮，(但)僧尼们的食物、饮料(分配)不均的话，两
032. xroxan-lar öz ašï azuqï birlä barïp · solmï

呼嚧唤要带着自己的干粮出去，（到）唆里迷（焉耆）的

033. mani-stan/////////【PY(..)】【WYY】(o)lurzun iš ayγučï-lar qïnqa

摩尼寺……住下。干事们要受到

034. qavrïγ-qa tägzün【[i]š ayγu[čï]】· aγïlï̲q-qa kirür bo[rluq]

监禁刑。【干事】入国库的葡萄园与

035. yir tüši tört ming yü̲z biš otuz quanpu bunq[ï]

田地地租 4125 官布，按基本

036. törüčä srošivt qanikta kigürzün manistan-taqï

规定，要监督纳入义务库。摩尼寺里的

037. [nä]täg TWYR(.)/【(.)Y(.)】(i)š k(üč) bolsar iki xroxanlar iš

不论任何……业务，要两名呼嚧唤与干

038. ayγučï-lar (birlä)////[iš]lätzün · kädmä tägirmän-ni(ng)

事们一起……分派。凯德玛的碾臼（收入的）

039. biš yü̲z quanpuda älig quanpu kädmä-kä birzün

500 官布中，50 官布要给凯德玛。

040. taqï qalmïš tört yü̲z älig quanpu äränkä a̲spasi

并且剩下的 450 官布，要充当寺院男仆用，（以及）侍男

041. a̲spasanč-qa qïšqï ton ätük bolzun · käpäz bözi

侍女用的冬服、长靴。棉布

042. 【[al]tmïš bö[z]】//【(.....)//(.)/Y】a̲spasanč-qa yayqï ton

【60 棉布】……要充当[侍男]侍女用夏服。

043. bolzun · iki a̲nčmn ta̲ngrilär-ning ašï boγzï t[ängsiz]

两僧团的僧尼们的膳食，

044. bolmazun · bir ay bir xroxan bir iš ayγučï birlä

不得出现[不平等]。一个月间，1 名呼嚧唤与一名干事一同

045. turup yïčanïp aš boγuz uz qïlturzun · taqï bir

担任月值进行监督，管理好膳食。而且（下）一

046. [a]yda biris(i)【/T Y//】(b)ir iš ayγučï birlä turup

个月，另一名[呼嚧唤]与一名干事一同担任月值

047. yïčanïp aš boγuz uz qïlturzun · qayu ayqï aš bo[γuz]

进行监督，让做好膳食。不论哪一月膳食

048. aγduq bolsar · ol ayqï xroxan iš ayγučï birlä

不佳，那一月的呼嚧唤与干事一同

049. qavrïγ-qa tägzün · iki xroxan-lar iš ayγučï-lar

要受到监禁刑。两名呼嚧唤与两名干事

050. birlä turup yar(s)[ï](n)čïγ aščï-larïγ ötmäkči-lärig qavïra

一同当值，持续监督情况严重的膳食人与面包师

051. turzunlar · tängrilär (x)[o]anta olursar iki xroxan[-lar]。

僧尼们坐到圣餐桌上时，两名呼嚧唤要

052. adaqïn turup ašïγ suvsušuγ 'YWRX'NY ZM'STYK-kätäg[i]

立着，到 'YWRX'NY ZM'STYK 为止，

053. tüz tägürüp · anta kin özläri xoanta olurzun

平等分配食物与饮料，之后自己入座。

054. mani-stanta nätäg iš küč bolup tängri možak-kä

摩尼寺出现任何要事，向神圣的慕阁

055. ötügkä kir[sär]/////(i)lkidäki törüčä xroxan-lar iš

入奏时……按以前规定，呼嚧唤们不得

056. ayγučï-sïz kirmäzün · iš ayγučï-lar ymä xroxan[-sïz]

没有干事陪同进入。干事们也不得没有呼嚧唤陪同而

057. kirmäzün · xroxan-lar iš ayγučï-lar birlä turup

进入。呼嚧唤们与干事们一起要立着

058. ötünzün-lär · qamïγ araqï aspasi ärän oγlan-sïz

上奏。全员中的(属于全员的)男仆，即使没有男童的

059. tängrilär näčä "/////[S]'R angaru tapïnzun · anta

僧尼们如何……也要侍奉他们。之

060. kin qalmïš qamïγ araqï oγlan 'YWRX'NY ZM'STYKq(a)

后，为剩余的全员中的(属于全员的)儿童做好为 'YWRX'NY ZM'STYK

061. tapïnγučï bälgülük qïlïp xoanta uz tapïnturzun【bu bitigin】

侍奉者之记号，督促好好侍奉圣餐桌。【以这篇文书(?)】

062. ärän tängrilär qïrqïn tängrilär mani-stan-ta ašansar

男僧侣们、女僧侣们在摩尼寺就餐时，

063. qanta nwydmakä ba[rsar] ikirär küpčük taš suv kälürüp

被叫(接受招待)而前往何处时，要随身各带两瓶石泉水

064. buz suvï qïlïp tängri-lärkä 'YWRX'NY ZM'STYK-kä tägi

制作冰水,给僧尼们至 ’YWRX’NY ZM’STYK 为止,

065. tüzü tägürzün · S’CN’NKW tä̱ngrilär nwydmakä barsar ismiš

普遍分发。……僧尼们被叫(接受招待)出去时,要把精制的

066. minin öngi yïγturzun · näčädä qaliu? qïlγu bolsar

面粉另外监督收集好。无论何时,有必要制作 qaliu(?)时,

067. munï üzä qïlzun (b)u ismiš min-kä tä̱ngri možak

要以此做。这精制的面粉,高僧慕阇与

068. a̱vtadan yaqmazun · qaliu? qïlγu bolsar tä̱ngri možak ya̱rlï(γ)[sï̱z]

拂多诞不得干涉。需要制作 qaliu(?)时,[没有]高僧慕阇的命令,

069. xroxanlar iš ayγučï-lar birlä turup qïlturzun · iki

呼嚧唤们与干事们要一起到场监督制作。两

070. a̱nčmn tä̱ngrilär-ning iki T’Y’TSY suvsušïnga možak

僧团的僧尼们的 2T’Y’TSY(?)饮料,慕阇与

071. a̱vtadan yaqmazun · tä̱ngri možak-kä a̱vtadanqa kim

拂多诞不得干涉。谁(作为客人)来见高僧慕阇与拂多诞,

072. täggäli kä̱lsär öz suvsušïn birzün · ·

要(接待客人的本人)提供自己的饮料。

073. bir yï(l)q(ï) l(iv) buγday-nïng sökti-si bolur · iki yü̱z

一年份的食粮——小麦的麸子是 200

074. šïγ · · bu iki yü̱z šïγ söktidä yü̱z šïγ sökti

石。这 200 石麸子中的 100 石麸子,

075. qan(gl)[ï] t(ar)tγučï ud-lar yizün · yü̱z šïγ sökti tä̱ngri

要喂给拉车的牛。(剩余的)100 石麸子,要喂给

076. možak-ning a̱vtadan-nïng käväl-läri yizün · bu yü̱z šïγ

高僧慕阇与拂多诞的骑乘用马。这 100 石

077. sökti yïγmïš tutzun · atlar-qa yizgü qaturzun ·

麸子,(由)亦黑蜜施保管,要拌进(饲料中)给马吃。

078. üč ordudaqï yir-lärig üč kiši-kä birzün

要把于支斡耳朵(三个宫殿之意)的(多块)土地,交给 3 人。

079. bir kün ygrmirär qaγun mani-stan-qa kä̱lürz[ü]n

(得到土地的人员)1 天要给摩尼寺带来 20 个甜瓜。

080. otuz qaγun uluγ mani-stanta birzün · otuz qaγun

30 个甜瓜要给大摩尼寺。30 个甜瓜

081. kičig mani-stan-ta birzün bu qaγunuγ yïγmïš yïγïp
要给小摩尼寺。这些甜瓜，要让亦黑蜜施集中

082. kä̱lür(zün) · K/(....) qïlsar yïγmïš qavrïγ-qa tägzün
带来。……的话，亦黑蜜施要受刑。

083. tä̱ngri možak-kä bir küri bišing songun "(..)D'
要给高僧慕阇 1 库里（计量单位）的 bišing(?)大葱和……

084. bišing songun · iki a̱nčmn tä̱ngrilärkä bir tang
bišing(?)大葱，要给两僧团的僧尼们 1 秤（计量单位）

085. songun birzün · öngtün kidin näčä manistan-
大葱。不论东面西面多少，摩尼寺所属的

086. -lardaqï baγ borluq yir suv iki iš ayγučï(-lar)
园林、葡萄园、田地，两名干事要

087. uz itürüp · yana qaγ yirläri näčä bar ärsär
监督好好耕作，而且，不论旱田（部田）有多少，

088. az üküš yaqa-ta birip yirig köntürüp bun
不关多少，要给佃户，让（其）整理田地，使达到

089. tüšingä tägürzün · tüš kirür yirlärig uz
基本收益。要监督好好耕种有收益的土地，

090. itürüp tüšin ašzun · iki iš ayγučï-lar
增加收益。两名干事

091. iträ[š]mäzün · itrašip iš küč aγduq qïlsar
不得互相转嫁责任（?）。如果互相转嫁责任（?）使得业务受损，

092. qïyn-qa qïzγut-qa tägzün · bu yir suv baγ
要受到刑罚。关于这些田地、园林、

093. borluq savïnga tä̱ngri možak a̱vtadan xroxan-lar
葡萄园的事情，高僧慕阇、拂多诞、呼嚧唤们

094. qatïlmazun · iš ayγučï-lar bilzün iš ayγučï
不得干涉，（但）干事们要知道。向干事

095. taγay bars ilïmγa totoq-qa yumuščï kičigi qutadmïš
达奚末斯财务都督的传令人是小辈骨达蜜施

096. ygän iš ayγučï qumar bars ta̱rqan-qa yumušč(ï)

依干,向干事库末末斯达干的传令人是

097. (k)[i]čigi il körmiš · bu išlärig iš ayγučï-lar

小辈颉屈蜜施。这些工作,干事们

098. uz qïlsar ögdi-kä ačïγ-qa tägzün · aγduq

如果干得好,要得到称赞和嘉奖。干得

099. qïlsar üč yü̱z qïyn-qa tägzün birär žünkim

不好的话,要受到三百(鞭挞)刑。要以各 1 绒锦

100. (.)/YCW(K)Y birlä qïzγut birzün-lär · manistan-taqï

……缴纳罚金。摩尼寺的

101. ärän-lärig ymki čor ba̱rs+bä̱g birlä bašta turup

男仆们,叶奇啜与末斯匐要一同带领

102. išlätzün · iš ayγučï-lar künlük išin ayïtu turzun

监督工作。干事们要保持查问每天的工作。

103. bir yïl yg[rm]i qanglï qamïš mani-stan-qa kirzün

1 年要让向摩尼寺缴纳 20(台)车的芦苇。

104. taqï qalmïš qamïšï̱γ borluq-lar sayu üläzün ·

而且,(其他的)剩余的芦苇要分配给各葡萄园。

105. 'YWRX'NY ZM'STYK šaxan qy-a-lar igläsär körü t(u)[tup]

如果 'YWRX'NY ZM'STYK 和沙汗海牙们患病,问取(病情)的

106. ämlätgüči y[ïγm]ïš bolzun otačï oqïp kä̱lürüp otïn

监督治疗者,要由亦黑蜜施充当。要叫来医生,药草与

107. ämin iš ayγučï-larda bä̱k tutup alïp uz ämlätzün

药剂,要确保在干事们之处,监督治疗好。

108. qayu dintar-lar igläp yïγmïš isinmäsär üč yü̱z

不论僧尼们的何人患病,如果亦黑蜜施不照料的话,要受到三百

109. [qïy]n-qa täg[zü](n) sa(v)-qa küčgün barzun ·

(鞭挞)刑。要严厉(?)命令(审问?)。

110. M'NK/W/sangun oγlan · a̱rslan tonga inisi birlä

M'NK/W/将军的儿子,阿萨兰同娥弟弟,以及

111. MX? ky-ä oγlan · ïγaččï bolmïš · bu tört ilig

Max(?) Ky-ä 的儿子,木材店主没蜜施,这 4 名王

112. kiši birär šïγ käpäz ïdïp kä̱lürzün · yar manistanta

族要各带来 1 石棉花。要给雅儿(交河)的摩尼寺

113. iki küri käpäz birzün · altï küri käpäz qočo manis[tan-]

2 库里棉花。要带给高昌的摩尼寺

114. -qa käl̲ürzün · · mani-stan-taqï otungčï-lar lalan

6 库里棉花。 摩尼寺的砍柴人罗兰

115. käd+tuγmïš · LYS(.) šabi körtlä · bäg̲ tur · bu üčägü

结杜蜜施,LYS(.)沙弥阙特罗,匐咄,这三人

116. (b)ir kün birär yük̲ otung käl̲ürür · qutluγ tonga qolmïš

每天带来 1 捆柴。骨咄禄、同娥、阙蜜施

117. bu ikigü iki küntä bir yük̲ otung käl̲ürür · bu otungčï-

这二人每两天带来一捆柴。查看这些砍柴人

118. -lar-nïng otungïn kö̲rüp alγučï yaqsïz qutluγ a̲rslan

薪柴的验收人,是药速思骨咄禄阿萨兰。

119. dintar-nïng ašï yig bolsar üč yü̲z qïynqa tägzün

如果僧尼们的食物作生了的话,受到 3 百(鞭挞)刑。

120. manistan sanlï̲γ otačï-lar yaqšï ačari inisi · oγlï

摩尼寺所属的医生们—药师阿阇梨,与其弟、其子

121. birlä · šingtai toy[ï]n · vapap oγlï taz · qazčï? yaqtsin

一同,(以及)星台托因、法阿拔的儿子挞子、鹅匠(?)药寸

122. toyïn · kädizči oγul bars · zïγčï? -lar munča kiši manistanta

托因、毡匠奥纥末斯,网匠(?)们。以上人员在摩尼寺

123. išläzün · otačï-lar turγaq turzun balïq arqasïnta

工作。医生们要常驻。保安官与地方官不得接近

124. toyïn arqasïnta ya̲rγan čupan yaqmazun · känt

市民与僧众。如果是城

125. (i)ši bolsar išläzün adïn iškä yaqmazun ·

之要事,要执行。其他事情不得干涉。

三、词 注 摘 译

《摩尼教史》给出了大量的词注,此处不全一一翻译成中文,仅限于文本解释必要的最低限度。

9 行. kidin balïq：kidin“后方、西方”与 öngtün“前方、东方”构成对偶[1]。本文书之中，kidin balïq“西城”与 öngtün balïq“东城”相对应。《初释》正文之中，前者译作“北城”，后者译作“南城”，但词汇表上 kidin 解释作“西”等，前后不一致。对比探讨第 9—17 行与第 29、86、90、94—97 行，可明确得知如下内容。即，本文书之中共存在两名 iš ayγučï“干事”（参见词注 29），分别配置于东城和西城。负责东城的是带有“财务都督”（参见词注 95a）官职称号的 Taγay Bars，负责西城的是带有“达干”（Tarqan，参见词注 96）官职称号的 Qumar Bars[2]。但上述两城具体位于何处，至今尚未明了。或可能泛指东部（诸城）与西部（诸城）。

22 行 b. ï t(a)rïγ：《初释》作 äv turuq“房屋”，但就文字与上下文的连贯性而言，此处绝对是 ï tarïγ 正确。然按克劳森意见，若将 ï tarïγ 解释作“bushes and cultivated land（灌木地和耕地）”，则文义不通[3]。tarï-“耕”的派生词 tarïγ 的词义绝不是“耕地”，即使无法特定其种类，其首要意思终归是“谷物、主作物”，“耕地”则另有 tarïγlaγ/tarïγlïγ[4]。据此，笔者在此姑且译作“柴草、谷物”，与见于下一项的 quanpu“官布”一同解释作应从田地征收的地租或地税的税目。在本回鹘文书中，至少上述三者同为课于田地之物，此点无疑。进而将其与见于 10 世纪敦煌出土 P.3214v 文书的“官布、地子、柴草等”这一表达方式[5]联系起来。可认为，该柴草是用于燃料与土木建筑

---

① G.Clauson, *An Etymological Dictionary of Pre-Thirteenth Century Turkish*, Oxford: Clarendon Press, 1972, pp.704b, 178.

② 作为人名要素，频繁出现的 taγay 为“舅舅”，bars 为“虎、豹”。qumar，据哈密顿之说，是来自粟特语 xwm'r“安慰”的借用语。见 J. Hamilton, *Manuscrits Ouïgours du IXᵉ-Xᵉ Siècle de Touen-houang*, 2 vols., Paris: Peeters, 1986, pp.18 - 19.

③ G. Clauson, *An Etymological Dictionary of Pre-Thirteenth Century Turkish*, pp.1b, 538a.

④ G. Clauson, *An Etymological Dictionary of Pre-Thirteenth Century Turkish*, pp.537b - 538a, 541b, 542a；山田信夫：《ウイグル文賃借契約書の書式》，《大阪大学文学部纪要》第 16 卷，1965 年，第 180 页（后收入山田信夫著，小田寿典、彼得・茨默、梅村坦、森安孝夫共编：《ウイグル文契約文書集成》（全 3 卷），吹田：大阪大学出版会，1993 年，第 1 卷，第 75—209 页，编者注释见第 210—212 页）；G. Doerfer (ed.), *Türkische und mongolische Elemente im Neupersischen*, I - IV. Wiesbaden, 1963 - 1975, No. 119; P. Zieme, Uigurische Pachtdokumente, *Altorientalische Forschungen*, Berlin, vol.7, 1980, pp.200 - 201.

⑤ 见池田温：《中国古代の租田契（上）》，《东洋文化研究所纪要》第 60 卷，1973 年，第 34—35 页；堀敏一：《均田制の研究》，东京：岩波书店，1975 年，第 335、312 页；池田温：《敦煌における土地税役制をめぐって—九世紀を中心として—》，《東アジア古文書の史的研究》（唐代史研究会报告 7），东京：刀水书房，1990 年，第 60 页；J. Gernet, *Les Aspects Économiques du Bouddhisme Dans La Société Chinoise du Ve au Xe Siècle* (*Publications de L'Ecole Française D'Extréme-Orient* 39), Saigon, 1956, p.132 有该文书的法译文，但问题之处译文错误。另奇怪的是，堀氏的 （转下页）

工程之物，其中的草并非日语的“草、杂草”，而指的是麦子、糜子、谷子等的秸秆以及芦苇。希望注意的是，本项中并未使用表示“草、青草”的单词 ot，而使用克劳森解释作“something between a plant and a tree（植物与树木间某物）”，以及“bush（灌木）”的单词[①]。当然，农作物秸秆亦可充当家畜饲料[②]。

另，关于地子，业已由船越氏作出结论。据其说，“地子之子，原本是种子，以及农作物果实，地子的原意是土地上的收获物——斛斗（谷类）之称，可认为，由此而使得作为租或税征自土地的斛斗亦被称为地子”[③]。即，与 tarïγ 的语义完全一致。据池田温之说，10 世纪敦煌地区赋税主要形式是“官布（每田二顷五十亩或三顷征收布一匹）、地子（根据土地面积与质量征收谷物）、官柴草（由各户征收柴草等官用物资）”[④]。而吐鲁番出土回鹘文契约文书用语，与敦煌出土唐宋时代（9—10 世纪）的汉文契约文书保持有密切联系[⑤]。另，如本章（《摩尼教史》第二章——译者）第一节概述，第三章（《摩尼教史》第三章——译者）详细考察之结果——本文书亦为 10 世纪前后创作。至此，综上三点，ï tarïγ quanpu 无疑应译作“柴草、地子、官布”。然或有意见认为，见于尚未发表的吐鲁番出土回鹘文书 T Ⅱ S 21d（U 228）中的 kiši-lär-ning livi biš törlüg ï tarïγ-lar“（作为）人们食粮的五种谷物”[⑥]中的 ï tarïγ，会成为对笔者意见之反论。但此亦非也，该词此处应解释作“呈 ï 形状的农作物”，即“谷物”。有关狭义的 tarïγ，参见词注 28a。

26 行 a. iki ančmn tängrilär：ančmn 是来自中世纪伊朗语的借用语，原意

（接上页）英文论文中，该处被译作“The official cloth, land and kindling and hay levies”，见 T. Hori, “Social Change in Tun-huang from the Latter Half of the T'ang Dynasty,” *Acta Asiatica* 55, 1988, p.59（此处论文名为译者补）或许有误字与脱字。

① G. Clauson, *An Etymological Dictionary of Pre-Thirteenth Century Turkish*, 1972, p.1.

② 池田温：《敦煌における土地税役制をめぐって》，第 60、65 页。

③ 船越泰次：《唐・五代の地子・苗子——附，税子・租子》，《山形大学史学论集》第 1 卷，1981 年，第 11 页。该论文承蒙荒川正晴氏指教而得之。

④ 池田温：《中国古代の租田契（上）》，第 77 页、第 110 页第 76 条；参见堀敏一：《敦煌社会の变質——中国社会全般の発展とも関連して—》，池田温：《讲座敦煌・3・敦煌社会》，东京：大东出版社，1980 年，第 190 页；池田温：《敦煌における土地税役制 をめぐって—九世紀を中心として—》，第 60 页。

⑤ 此处主要依据护雅夫氏研究。参见森安孝夫：《ウイグル文書箚記（その一）》，《内陸アジア言語の研究》第 4 辑，1988 年（《神户市外国语大学外国学研究》第 19 辑），第 52 页；另参见 J. Hamilton, “Un Acte Ouïgour de Vente de Terrain Provenant de Yar-khoto,” *Turcica*, vol.1, 1969, p.28；池田温：《中国古代の租田契（上）》，第 49 页。

⑥ P. Zieme, “Ein Uigurischer Text Über die Wirtschaft Manichäischer Klöster im Uigurischen Reich,” In：L. Ligeti (ed.), *Researches in Altaic Languages*, Budapest, 1975, p.252.

为"集会、会众;团体、集体、共同体"等,在摩尼教文献中①特指属于某摩尼教寺院或教区的全体摩尼教僧侣"摩尼教僧团、摩尼教僧众"②。有关用例,汤杰罗论文最为全面,但其归纳(第 270 页)稍有偏差,应依旧归于亨宁之说。tängri 原本在古突厥语(回鹘语)中为"天、空;神"之意,此处为"圣人、圣者"之意,指与一般信徒,即听民、听闻者相对的"僧尼"③。据第 62 行可知,其中包括女性。茨默虽然将 iki ančmn tängrilär 翻译作"Zwei Konvente von Herren(bzw. Oberen Kloster-geistlichen)男性(或高级修道僧)的两个僧团",但将其视作"男性与女性(高级)圣职者"的两个集团④。即,按男女区分来考虑这两个僧团,或为正确。但若与第 108 行和第 119 行的两处描述进行比较,则进一步明了,tängri 与借自粟特语 δynδ'r 的回鹘语 dindar/dintar 相同,单指普通僧侣(参考词注 54 一览表),上述形容词"高级"多余⑤。在摩尼教会内,原本并不存在女性高级圣职人员(参见《摩尼教史》第一章脚注 64——译者补)。

28 行 a. qonuq:茨默最初解释作"Hirse 黍与粟之类",后释作"Sorghum

---

① 在回鹘文文献中,ančmn 只出现于摩尼教文献。参见 A. van. Tongerloo,"L'identité de L'église Manichéenne Orientale(env. 8ᵉ s. ap. J.-C.), La Communauté des Croyants: ir. Hnzmn/'njmn, ouig. ạnčm(a)n," *Orientalia Lovaniensia Periodica*, vol.12, 1981, p.272 & n.41。

② 见 W. B. Henning,"Ein Manichäisches Bet-und Beichtbuch," *Abhandlungen der Preussischen Akademie der Wissenschaften*, Phil.-hist. Klasse, Berlin. 1936, No.10, pp.10 – 11; K. Röhrborn, *Uigurisches Wörterbuch. Sprachmaterial der Vorislamischen Türkischen Texte aus Zentralasien*, Parts 1 – 6, Wiesbaden: Franz Steiner Verlag, 1977 – 1998 (to be continued), p.135; A. van. Tongerloo, "L'identité de L'église Manichéenne Orientale(env. 8ᵉ s. ap. J.-C.)," pp.265 – 272.

③ 山田晶氏在奥古斯丁(Aurelius Augustinus)著《忏悔录》的译注中,引用同人著《关于异端》言"摩尼教阶级大体可分为被称为圣者或选民的圣职者,与被称为听民的俗人"。参见《アウグスティヌス》(世界の名著 14),东京:中央公论社,1968 年,第 161 页。有意见认为,这种二分法是受佛教影响。参见 G. Widengren, *Mani and Manichaeism*, Tr. By Ch. Kessler, revised by the author, London, 1965, pp.95 – 96; M. Tardieu, *Le Manichéisme*(*Que Sais-je?* 1940), Paris, 1981, pp.73, 74, 79; M. H. Browder, *Al-Bīūnī as a Source for Mani and Manichaeism*, Duke University, Ph.D., 1982, (University Microfilms International, Ann Arbor), pp. 155 – 161, 204, 214.

④ P. Zieme,"Ein Uigurischer Text Über die Wirtschaft Manichäischer Klöster im Uigurischen Reich," pp.332 – 333, 334.

⑤ 汤杰罗将 tängri 解释为法语的"altesse"可能是受茨默说影响所致,见 A. van. Tongerloo, "L'identité de L'église Manichéenne Orientale(env. 8ᵉ s. ap. J.-C.)," p.272, n.40. 但茨默自身后来似乎认为不需要该"高级",见 P. Zieme,"Uigurische Pachtdokumente," *Altorientalische Forschungen*, *Berlin*, vol.7, 1980, p.200. 另汤杰罗将 iki ančmn tängrilär 解释作"the Leaders of the Two Assemblies",当然为误,见 A. van. Tongerloo,"Notes on the Iranian Elements in the Old Uygur Manichaean Texts," In: P. Bryder (ed.), *Manichaean Studies*, *Proceedings of the First International Conference on Manichaeism*, Lund, 1988, p.216.

高粱、玉米之类”，而耿世民解释作“稷蜀”[1]。总之，按“糜子”与“玉米、高粱”之类来考虑。qonuq 代指何物，应与频出于回鹘文契约文书中的更为重要的谷物名称 üür/yür 等，以及 tarïγ 间的对比来决定。但上述这些谷物名称，均未得到解决[2]。因笔者新的观点，颇费纸墨，详论拟另撰稿，这里只介绍一下笔者的预见。即，üür/yür 等相当于唐宋时代的“床、糜、縻、䴷（均音 bi）”[3]的“糜子（Panicum miliaceum）”类谷物，不是谷子。明代《华夷物语》按“糜子”解释 yor/yur[4]。而 tarïγ，广义上如前文所述，是“谷物”的总称（参见词注 22b），狭义上是指代表性谷物，即“主要谷物”。但其究为何物，学界意见不一。茨默的结论是“Rispenhirse（oder：eine andere Hirseart）圆锥花序状黍子（或其他黍子类）”[5]。而山田氏很早就推定为“小麦”[6]。作为通读后述词注 88a 所引史料（《吐鲁番考古记》图 80）之结果，笔者重新确信山田氏之说正确[7]。理由是该史料与汉文佛教寺院经济文书的“入历”相近，在文书中一贯纪录作 tarïγ 的谷物，在最后的合计部分被改写为 buγday “小麦”。

然据汉文史料，唐宋时期中国西北地区的主食，是亦频现于敦煌吐鲁番

---

① P. Zieme, “Ein Uigurischer Text Über die Wirtschaft Manichäischer Klöster im Uigurischen Reich,” In: L. Ligeti (ed.), *Researches in Altaic Languages*, Budapest, 1975, p.334; P. Zieme, “Uigurische Pachtdokumente,” pp.200, 202；耿世民：《回鹘文摩尼教寺院文书初释》，《考古学报》1978 年第 4 期，第 506、514 页。

② 亦见 A. von. Gabain, *Das Leben im Uigurischen Königreich von Qosso* (*850 – 1250*), 2 vols., Wiesbaden, 1973, p.66. 该处列有当时高昌回鹘王国农作物名称。

③ 见日野开三郎：《床》，《东方学》第 7 卷，1953 年，第 39—49 页。日野氏仅言及“床”是“䴷”的略字，笔者另追加“糜”。该“糜”后来与“粥”之意的“縻”混用起来。“床”亦频现于吐鲁番出土文书中。参见小田义久：《佃人文書の一考察》，《龙谷史坛》第 79 卷，1981 年，第 108—109 页；吴震：《近年出土高昌租佃契约文书》，《新疆历史论文续集》，乌鲁木齐：新疆人民出版社，1982 年，第 109、126 页；蒋礼鸿：《〈吐鲁番出土文书〉第一册词释》，《敦煌语言文学论文集》，杭州：浙江古籍出版社，1988 年，第 32 页；吴震：《吐鲁番出土高昌某寺月用斛斗帐历浅说》，《文物》1889 年第 11 期，第 61—63、67 页；町田隆吉：《使人と作人——麹氏高昌国時代の寺院・僧尼の隷属民》，《駿台史学》第 78 辑，1990 年，第 93—97 页。

④ L. Ligeti, “Un Vocabulaire Sino-ouigour des Ming, Le *Kao-tch'ang-kouan Yi-chou* du Bureau des Traducteurs,” *Acta Orientalia Academiae Scientiarum Hungaricae*, *Budapest*, vol.19, 1966, pp.287, 295；胡振华、黄润华：《高昌馆杂字——明代汉文回鹘文分类词汇》，北京：中央民族大学图书馆，1984 年，第 38 页，第 174 条；山田信夫：《ウイグル文賃借契約書の書式》，第 169 页。

⑤ P. Zieme, “Uigurische Pachtdokumente,” pp.200 – 201, 209, n.66.

⑥ 山田信夫：《ウイグル文賃借契約書の書式》，第 169、180 页。

⑦ 茨默未注意到山田之说的存在。茨默论文 Uigurische Pachtdokumente（《回鹘文借贷文书》）是篇绝佳作品，但忽略了山田之说。不仅如此，而且还忽略了山田氏 15 年前在《大阪大学文学部纪要》发表的著作《ウイグル文賃借契約書の書式》。无论何种理由，均不可理解。

出土文书的“麦”与“粟”。其中,“麦”主要为小麦,“粟”是指“谷子(Setaria italica)”[①]。没有理由不应存在与主要农作物谷子相对应的固有的回鹘语词语,如具有可能性的 üür 是糜子,tarïγ 是小麦之别称的话,除 qonuq 之外,别无他物。即,当前笔者的看法是 qonuq 为“谷子”[②]。敦煌出土 10 世纪左右的伯希和回鹘文第 3 号文书中,该词以 qonaq 的形式出现[③]。池田氏指出,在吐鲁番“可解释作小麦是主要作物”[④]。小田氏根据高昌国时期某寺日别会计簿断卷[⑤],指出“亦记录了僧侣与沙弥食麦,作人与大客儿食麦与粟,小客儿与小儿食粟,这似乎直接反映了当时寺院内的身份关系,颇令人关注”[⑥]。就前一条词注与本条词注而言,上述二者之指摘,均为重要。

28 行 b. liv tutzun: liv 是汉语“粒(音 *li̯əp*)”[⑦]的借用语,“食物、食料、食粮”之意[⑧]。第 26 行之后的全文,茨默德译作“Jeden Monat soll man...als Speise bereithalten! 每月,man(人)作为食物应该准备”[⑨]。其中的 man 指的是谁,换言之,此处按指定数量应该生产、供应谷物的人员是何人,这是牵涉

① 见日野开三郎:《唐宋時代に於ける粟の語義・用法》,《东洋学报》第 36 卷第 3 号,1953 年,第 33—64 页。另西嶋氏亦言,唐代以前,华北地区的农业根本长期是谷子种植,而唐代时小麦种植取得突破性发展,轮种小麦与谷子(或黍子与豆子)的二年三作获得普及。参见西嶋:《碾磑の彼方——華北農業における二年三毛作の成立》,《中国经济史研究》,东京:东京大学出版会,1966 年,第 245—251 页。

② 《华夷译语》中,qonaq 作“谷”。参见 L. Ligeti, “Un Vocabulaire Sino-ouigour des Ming,” pp.168, 294;胡振华、黄润华编:《高昌馆杂字——明代汉文回鹘文分类词汇》,第 37 页第 156 条。原文“谷”与李盖提的法译“millet”,其欲表达之意不明确。克劳森在 qonaq 的词条中,将《华夷译语》的汉译“谷”记作“稷”,盖汉字读法有误,见 G. Clauson, *An Etymological Dictionary of Pre-Thirteenth Century Turkish*, p.637.

③ J. Hamilton, *Manuscrits Ouïgours du IXᵉ-Xᵉ Siècle de Touen-houang*, no.29.

④ 池田温:《中国古代の租田契(上)》,第 60 页。

⑤ 小田义久:《西域における寺院経済について》,《(龙谷大学)佛教文化研究所纪要》第 1 辑,1962 年,第 144—145 页。

⑥ 小田义久:《唐西州における僧田と寺田について》,小野胜年博士颂寿记念会编《小野胜年博士颂寿记念东方学论集》,京都:龙谷大学东洋史学研究会,1982 年,第 227 页。另脚注 47(《摩尼教史》脚注 47——译者补)所指出的町田论文(即町田隆吉:《使人と作人——麹氏高昌国時代の寺院・僧尼の隷属民》,《駿台史学》第 78 辑,1990 年,第 97 页——译者补)所引用用例,亦进一步补充小田氏之推测。

⑦ B. Karlgren, Grammata Serica Recensa, Stockholm, 1972, 694f.

⑧ G. Clauson, *An Etymological Dictionary of Pre-Thirteenth Century Turkish*, p. 763; P. Zieme, “Uigurische Steuerbefreiungsurkunden für Buddhistische Klöster,” p.252.

⑨ P. Zieme, “Ein Uigurischer Text Über die Wirtschaft Manichäischer Klöster im Uigurischen Reich,” p.334; P. Zieme, “Uigurische Pachtdokumente,” pp.199 - 200.

到该文书整体的重大问题。摩尼教教团原本的生存方式[①]是，拥有任何土地与奴隶、佃户等生产工具自不必提，就连自身从事农业与商业均被禁止，规定所有生活必需品均依赖俗家信徒（听众）的供给、布施。据此而言，上述man，理应指的是与该摩尼教寺院相关的俗家信徒，茨默亦似乎如此认为。但笔者看来并非如此。莫如按如下这样认为，即，若追述开头至此为止的文章连贯性，则与生产者是否为摩尼教徒无关，man是东西两城的普通农民（国家纳税人），其体制是国家公务人员“干事”（参考下一条词注）按租税征收、保管他们的收获物，并从中每月定量配给。该摩尼教寺院亦有直属农地，相关言及在第85行以下出现。看来，将上述直属农地与开头至此为止的叙述区别开来为好。如此，则这些谷物并非自家农地所产。摩尼教僧侣的所有生活物资均依赖于俗家信徒，反言之，对俗家信徒而言，向摩尼教僧侣们布施、捐献食料、衣料、燃料以及其他生活必需品，这是一项巨大的“义

---

① 参加敦煌出土摩尼教经典《摩尼光佛教法议略》之《寺宇仪第五》（原文见《摩尼教史》词注33. manistan），见《大正新修大藏经》卷54，第2141页；A；H. Schmidt-Glintzer，“Chinesische Manichaica，” *Studies in Oriental Religions*，vol.14，Wiesbadem，1987，K；Ed.Chavannes/P. Pelliot，“Un Traité Manichéen Retrouvé en Chine，” *Journal Asiatique* 1913 jan.-fév.，p.112；田坂兴道：《中国における回教の伝来とその弘通》上下卷（《东洋文库论丛》第43卷），东京：东洋文库，1964年，第484页；H. Schmidt-Glintzer，“*Chinesische Manichaicam*，”（Studies in Oriental Religions 14）1987，Wiesbaden，p.74；G. Flügel，*Mani*，*Seine Lehre und Seine Schriften*，*Ein Beitrag zur Geschichte des Manichäismus aus dem Fihrist des Abū'lfaradsch Muḥamad ben Isḥaḳ al-Warrāḳ*，*Bekannt unter dem Namen Ibn Abi Ja'ḳūban-Nadīm*，Leipzig，1862，pp.281，285–286；B. Dodge，*The Fihrist of al-Nadīm*，*A Tenth-Century Survey of Muslim Culture*，New York/London，1970，p.788；C. Ed. Sachau，*The Chronology of Ancient Nations*，*An English Version of the Arabic Text of the Athārul-Bākiya of AlBīrūnī*，*or* “*Vestiges of the Past*，”，*Collected and Reduced to Writing by the Author in A. H. 390–1*，*A. D. 1000*，London，1879（Repr. Frankfurt 1984），p.190；M. H. Browder，*Al-Bīrūnī as a Source for Mani and Manichaeism*，pp.45，155，159；A. von Le Coq，“Dr. Stein's Turkish Khuastuanift from Tun-Huang，Being a Confession-Prayer of the Manichaean Auditores，” *Journal of the Royal Asiatic Society*，1911，pp.294，304（n.45）；F. Legge，“Western Manichaeism and the Turfan Discoveries，*Journal of the Royal Asiatic Society*，1913，p.84；F. C. Burkitt，*The Religion of the Manichees*，” Cambridge，1925，pp.45，56；矢吹庆辉：《摩尼教》，《岩波讲座 东洋思潮》第13次分发本，东京：岩波书店，1935年，第45页；J. P. Asmussen，*Xᵘāstvānīft*，*Studies in Manichaeism*，Copenhagen，1965，pp.179，199，222；G. Widengren，*Mani and Manichaeism*，Tr. By Ch. Kessler，Revised by the Author，London，1965，p.97；H.-Ch.Puech，*Sur le Manichéisme et Autres Essais*，Paris，1979，pp.64–65；S. N. C. Lieu，“Precept and Practice in Manichaean Monasticism，” *Journal of Theological Studies*，NS. 32，1981，p.167；M.Tardieu，*Le Manichéisme*（Que sais-je? 1940），Paris，1981，pp.74，79，81，87–88；S. N. C. Lieu，“An Early Byzantine Formula for the Renunciation of Manichaeism，” *Jahrbuch für Antike und Christentum*，Jahrgang 26，1983，pp.209–210；A. van. Tongerloo，“Buddhist Indian Terminology in the Manichaean Uygur and Middle Iranian Texts，” In：W. Skalmowski & c.（ed.），*Middle Iranian Studies*，Leuven，1984，p.247.

务”之一[①]。理所当然,该义务亦适用于以俗家信徒回鹘国王(可汗或亦都护)为代表的国家。笔者作如下考虑,即,该处规定作为保护摩尼教的国家法人之代理人——国家之征税人“干事”,应将原本作为地租缴入国库的谷物,每月按一定数量纳入摩尼教寺院。

另,出现于从开头至此处为止部分,以及第 85 行以下的“干事”,均同为财务都督 Taγay Bars 与 Qumar Bars 达干。根据这一事实,若将与本文书相关的东西两城的农地,均考虑作同一田地,会如何呢? 据第 85 行以下的叙述,可明确知道这些土地正被租种。因此,我们在此关注的谷物即是地租,即产自自有农地。此种情况下,摩尼教寺院所属的土地是国家或有权势的听民所捐赠,因其经营由俗人进行,故可找到不抵触教义之口实。因此,这种看法并非不能成立。孙氏认为,第 85 行以下的土地为佃租出去的土地,与其相对,至此为止所言及的土地是自营农地[②]。按此说法,耕种田地的人应是第 40 行的寺院的男仆们。如是,摩尼教寺院所有的田地,是由所属的从属民耕种。无论如何,这难逃违反戒律之谴责,甚不妥当[③]。虽说该摩尼教寺院实质上并未遵守戒律——即禁止拥有土地、奴隶、家畜、仓库及其他一切财产,但至少须保持僧侣自身没有破戒这一名目。

诚如第 26 行所明记,第 26—28 行之谷物是僧侣专用。但寺院并非仅由僧侣构成,佛教寺院有沙弥、童行、奴婢之类。同样,如后所述,该摩尼教寺院存在 ärän(参见词注 40),aspasi/aspasanč(参见词注 40—41),'YWRX'NY ZM'ŠTYK(参见词注 52),oγlan(参见词注 58b)等。如同根据第 51—53 行、第 60—65 行叙述之判断,其中,只有 'YWRX'NY ZM'ŠTYK 归入

---

① 见小田义久:《西域における寺院経済について》,《(龙谷大学)佛教文化研究所纪要》第 1 辑,1962 年,第 144—145 页。这件事情亦可从听众用忏悔书 *Xuāstvānīft* 第 11 节明了。参见 F. C. Burkitt, *The Religion of the Manichees*, Cambridge, 1925, pp.45, 56; J. P. Asmussen, *X^{u}āstvānīft*, *Studies in Manichaeism*, p.197; S. N. C. Lieu, “An Early Byzantine Formula for the Renunciation of Manichaeism,” p.211. 幸运的是,这一部分的回鹘文译本之原本,即粟特文断片尚被保留,语感上存在细微差别,值得参考,参见 W. B. Henning, Sogdica(James G. Forlong Fund 21), London, 1940, p.67;另刘南强(S. N. C. Lieu)还列举了西方史料中的证据。

② 孙振玉:《从古文书看高昌回鹘摩尼教——对〈回鹘文摩尼教寺院文书〉再研究》,《西北史地》1988 年第 3 期,第 27 页。

③ 刘南强根据《初释》,将该文书开头处言及的土地视作摩尼寺院所有,参见 S. N. C. Lieu, “Precept and Practice in Manichaean Monasticism,” p.166. 林悟殊氏亦根据《初释》耿世民译文,言该摩尼教寺院拥有大片土地,役使农奴耕种,事实上是自给自足的封建领主,参见林悟殊:《从考古发现看摩尼教在高昌回鹘的封建化》,《西北史地》1984 年第 4 期,第 12—14 页。然此为脱离文书原文的过于概括性的议论。

僧侣范畴内。因此，其相应部分食粮在第26—28行中，被计算在内的可能性很大。但其他人的食粮，必须从某处调节（参见词注88b）。可认为，该部分食粮就是第85行以下的、从出租地上作为租税收缴的谷物。如是，该摩尼教寺院的经济基础是国家捐赠物，只有居住在寺院内的僧侣除外者的部分，由寺院所属田地的租税来供应，这才是妥当的意见。

29行. iš ayγučï：iš 为"工作；事，事情；要事；业务"之意。ayγučï 是"言者，发言人，下达命令之人"之意，上自可汗顾问，下至低级官吏，可有多种等级①。作为本文书关键词之一，iš ayγučï，就从业务内容，以及执行任务不畅则进行处罚这一规定（第33—34、48—49、90—92、97—99行）而言，不能认为等级很高。《初释》译作"管事的"。茨默引用未发表的回鹘文书（U 6026）之一节，仅推测是等级很低的人物②，但1988年论文德译作"Dienst-Auftraggeber 指示业务委托的人物"③。本着指示与摩尼寺经营（寺院经济）相关的各种工作之人物这一含义，本稿译作"干事"。关于见于本行的两名干事的姓名，以及两人均为国家派来的公务人员，参见词注95a、96、94—97。刘南强最初把干事与僧职"月直"联系起来，但后来认为干事为俗人④，前后自相矛盾。

36行. srošivt qanik：关于帕提亚语 srwšyft 为"obligation（义务、职责、债务）"之意，参见亨宁论文⑤。亨宁此处利用粟特文摩尼教徒用忏悔文书（Xuāstvānīft），指出粟特语 srwšy 对应古突厥语的 ötäkči"debtor（债务人），under obligation（有义务）"。qanik 亦见于第2行，耿氏按两处上下文的连贯性，推定为"库房，库"，笔者基本上持同样意见。或为粟特语 X'n'kh"house（房子）"的借用语，但词形上不太完全吻合，仍存疑。若单看词形，莫如说

① L. Ligeti, "Sur Quelques Transcriptions Sino-ouigours des Yuan," *Ural-Altaische Jahrbücher*, 33-3/4, 1961, pp.240-241; L. Ligeti, "À Propos D'un Document Ouigour de L'époque Mongole," *Acta Orientalia Academiae Scientiarum Hungaricae*, Budapest, 27-1, 1973, pp.9-10; G. Clauson, *An Etymological Dictionary of Pre-Thirteenth Century Turkish*, Oxford: Clarendon Press, 1972, p.271a.

② P. Zieme, "Ein Uigurischer Text Über die Wirtschaft Manichäischer Klöster im Uigurischen Reich," In: L. Ligeti (ed.), *Researches in Altaic Languages*," p.333.

③ P. Zieme, "Ein Geistiges Drogenbuch der Türkischen Manichäer," In: P. Bryder (ed.), *Manichaean Studies, Proceedings of the First International Conference on Manichaeism, August 5-9, 1987, Department of History of Religions, Lund University, Sweden* (Lund Studies in African and Asian Religions 1), Lund, p.222.

④ S. N. C. Lieu, "Precept and Practice in Manichaean Monasticism," *Journal of Theological Studies*, p.166; S. N. C. Lieu, *Manichaeism in the Later Roman Empire and Medieval China, A Historical Survey*, Manchester, 1985, p.201；词注94—97。

⑤ W. B. Henning, Sogdica, p.65. 此据吉田丰氏指教。

与帕提亚语和中世纪波斯语的 x'nyg"spring(泉),well(井)"①完全一致。此处认为,srošivt qanik,在词源上是"义务之源乃至财源",大概视作是收纳听民提供的各种物资的建筑物乃至房间,姑译作"义务库"。如前文已经论述,对听众而言,捐赠维持摩尼教僧侣生活用物资是一个巨大的义务之一,当然,这一义务理应亦适用于以听众之一的回鹘国王为代表的国家法人②。这里很可能规定,原本缴入国库的地租之中,官布由保护摩尼教的国家每年按一定额度纳入摩尼寺。

总之,srošivt qanik 是官布及其他多种物资的聚集场所,能够确定的是,其空间至少保证一个人能够进入,故第 2 行的 qanik 亦译作"库"。词注 34b 讨论的 aγïlq 是"国库",与此相对,该"义务库"是置于摩尼寺的设施无疑。而且,与看来同样置于摩尼寺的、第 7 行的 tsang"谷仓"配对,承担"财务库,金库"之责。若第 7 行的 tsang 与其紧前面的 srošivt 一起构成连缀词的话,则为"义务谷物仓库"之意。如是,见于词注 28b 的、从干事处分发(捐赠)的谷物(第 26—28 行),不是每天运来所需部分,而是按月需量统一运来,贮藏在此处。无论 srošivt 的词义为何,srošivt qanik 与 srošivt tsang 这样的表达方式内,含有在原本不许设置仓库的摩尼寺③内设置仓库的理由(道理)。

40 行. ärän:原意是 är"男人"的复数形"男人们",构成"部下、手下、从者"等意④。茨默仅解释作"Herren"⑤,《初释》作"工役"。与第 100—102 行的叙述相对,此处考虑作"寺院男仆,男僮"。据堀氏研究,唐代的佛教寺院内,除独立性很高的常住百姓外,还存在被称为"家人"的隶属民,而且,吐鲁番出土文书中,存在寺院向"家人"支给春衣之记录⑥。此处规定供给夏衣与冬衣的 ärän,可能与上述"家人"相对应。关于"家人"的奴隶性质之存在,见如下研究⑦。关于吐鲁番除外的内亚佛教寺院内亦存在"家人",见如

---

① M. Boyce, *A Word-List of Manichaean Middle Persian and Parthian* (Acta Iranica 9a), Leiden/Téhéran/Liège, 1977, p.99.

② 见词注 28b。

③ 见词注 33 所引的《摩尼光佛教法仪略》之《寺宇仪第五》。

④ G. Clauson, *An Etymological Dictionary of Pre-Thirteenth Century Turkish*, p.232b.

⑤ P. Zieme, "Ein Uigurischer Text Über die Wirtschaft Manichäischer Klöster im Uigurischen Reich," p.334.

⑥ 堀敏一:《均田制の研究》,第 343 页。相关文书是《天宝六载(747)四月交河郡佛寺给家人春衣历》,见池田温:《中国古代籍帳研究:概観・録文》(《东京大学东洋文化研究所报告》),东京:东京大学东洋文化研究所,1979 年,第 472 页第 214 条。

⑦ J. Gernet, *Les Aspects Économiques du Bouddhisme dans la Société Chinoise du Ve au Xe Siècle*. (Publications de L'Ecole Française D'Extrême-Orient 39), Saigon, 1956, pp.123, 124.

下研究[①]。

40—41行. aspasi/aspasanč：来自粟特语 'sp'sy/ * 'sp's'nc。茨默释作"Diener/Dienerin"[②]，《初释》作"男侍役、女侍役"，本稿遵此。据吉田丰氏指教，这些人物并非一定是奴隶身份，是服侍照料日常生活之人。考虑到第58、60行出现 oγlan"儿童"[③]，笔者考虑作非孩童，而是成人侍役。诚如刘南强所言，此处使用粟特语，终归还是因为含有特殊的宗教含义[④]。但粟特语单词 'sp's'nc 的女性形的存在，尚未得到证明[⑤]。

52行. 'YWRX'NY ZM'ŠTYK：不可能是突厥语，大概是中世纪伊朗语，但词义不明[⑥]。除此处外，这一连缀词还出现在第60、64、105行三处，故并非不能推定其意[⑦]。茨默解释作"hochgestellte Klostergeistliche 高级修道僧"，《初释》作"高级摩尼僧的称号，大摩尼僧"。笔者最近咨询茨默，相反认为是低级僧侣。我们日中合作出版的《吐鲁番新出摩尼教文献研究》(北京，文物出版社，2000年)所收柏孜克里克出土摩尼教书简群之一的81TB65：1文书(旧编号为81TB21：1，粟特文，P1.XVIIb是其一部)正文第120行中，据吉田丰研究，有可读作 z-m'š'yktw 'yw'rx'ny 之处，该词与在此讨论之词无疑为同一词汇。从该文书的上下文承接关系上看，看来茨默最近的想法正确。摩尼教徒共有5个阶层，广为人知(参见词注54)，但第4阶层"选民"(Elect；中世纪波斯语为 dynd'r；粟特语为 δynδ'r；回鹘语为 dindar/dintar：僧侣最底层，人数最多)中更有区分这一事实不为所知。故笔者将其考虑作尚未够格，尚未被"选择"的见习僧人(相当于佛教的沙弥)。

53行. xoan：中世纪波斯语 xw'n 的借用语。柏宜斯释作"cloth set with food; food; communion meal"[⑧]。茨默虽认为是"选民的食物"，但将该处视作"餐桌"[⑨]。亨宁曾将见于《祈祷与忏悔之书》的"诸神之 xw'n"，解释作选

① J. Gernet, *Les Aspects Économiques du Bouddhisme dans la Société Chinoise du Ve au Xe Siècle*, p.44; 小田义久：《西域における寺院経済について》，第144页。

② P. Zieme, "Ein uigurischer Text Über die Wirtschaft Manichäischer Klöster im Uigurischen Reich," p.334.

③ 见词注58b。

④ S. N. C. Lieu, "Precept and Practice in Manichaean Monasticism," p.171.

⑤ P. Zieme, "Orientalistische Literatur Zeitung 84-1," 1989, p.60.

⑥ P. Zieme, "Ein Uigurischer Text Über die Wirtschaft Manichäischer Klöster im Uigurischen Reich," p.335; P.Zieme, "Eingeistiges Drogenbuch der Türkischen Manichäer," p.222.

⑦ 刘南强将该句释作"until the conclusion(?)"，偏差过大。见 S. N. C. Lieu, "Precept and Practice in Manichaean Monasticism," p.171.

⑧ M. Boyce, *A Word-List of Manichaean Middle Persian and Parthian*, p.99.

⑨ P. Zieme, "Ein Uigurischer Text Über die Wirtschaft Manichäischer Klöster im Uigurischen Reich," p.335.

民们每天庄严用餐时使用的被装饰的餐桌①。可以认为,在该文书第 61 行的前后文关系上,xw'n 确实是指具体的餐桌。高昌故城摩尼教寺院遗址 α 出土的细密画[P1.XVIa]上,可见在精美的铺垫物上,放置着用花纹装饰的朱色桌台,上面摆满面包。此等或即 xoan,或至少让人由此想起 xoan 的形状及其华丽。对摩尼僧而言,用餐不仅是抑制饥饿的日常行为,而且还是神圣而庄严的行为,是把食物中包含的光的要素吸入体内,进而“解放自我”。关于“餐桌”,希腊语与科普多语称作 trapéza,伊朗语称作 xwān,参见如下研究②。本文译作“圣餐桌”。《初释》谈到与汉语“饭”之关系,毫无意义。

58 行 b. Oγlan:“孩童、儿童、少年”的集合名词。如词注 40 所见,oγlan:之前的 ärän 是“寺院的男仆”,还是单纯表示男性的形容词,现阶段还不能确定。但不论 ärän oγlan 是“男孩、男童”,还是“寺院男仆与儿童”,oγlansïz 均修饰后面的 tängrilär,意为“没有儿童(乃至男童)的僧尼”。这一说法的前提条件当然是存在“有儿童的僧尼”。而前一项 araqï 的解释正确的话,第 60 行 qamγ araqï oγlan 之意则为“存在于全体之间的儿童”。即,摩尼寺存在个人所属的儿童(乃至男童),以及寺院整体拥有的儿童两类。那存在于摩尼寺的儿童是什么人呢?异教徒比鲁尼写有如下记录,虽然不可全面相信,但值得关注。

Sachau 译文③:

> Some people maintain that he allowed pederasty, if a man felt inclined, and as proof of this they relate that every Manichaean used to be accompanied by a yong, beardless and hairless servant.(如果一个男人喜欢的话,有些人维持他允许男色。作为其证明,他们讲述到每一个摩尼僧曾经相伴着一个青年——无须的和无发的仆人。)

布劳德尔(Browder)译文④:

> It is related concerning him that he permitted the satisfying of lust on young boys if they aroused men. Given in evidence concerning that is [the

---

① W. B. Henning, “Ein manichäisches Bet-und Beichtbuch, Abhandlungen der Preussischen Akademie der Wissenschaften, Phil.-hist. Klasse,” Berlin, 1936, no.10, p.41, *l*.750 & p.87, n.750.

② W. B. Henning, “Ein Manichäisches Bet-und Beichtbuch,” p.16; H.-Ch.Puech, *Sur le Manichéisme et Autres Essais*, pp.74–75, 157–159, 257, 391.

③ C. Ed.Sachau, *The Chronology of Ancient Nations*, p.190.

④ M. H. Browder, *Al-Bīrūnī as a Source for Mani and Manichaeism*, pp.45–46.

fact that] in the charge of every one of the Manichaeans is a beardless, bald servant who waits on him.（鉴于关于每一个摩尼僧的主管是年轻的、等候他的秃头仆人这一事实之证据，关于他说到如果年轻男孩激起了男人的欲望，他允许对他们的欲望得到满足。）

即，禁止僧侣性行为的摩尼教仅允许男色，其证据在于各摩尼僧都附有未蓄须的秃头仆人。没有理由，所有的摩尼僧都配备这样的青年。故布劳德尔推测，特别是年老的僧侣持有这样的青年，给予教育、圣化而升为僧侣之位①。虽布劳德尔未曾言及，但在摩尼教徒自身文献内，也确实存在听民把自己的孩子作为"布施"之一环，献给教团之记载②。故其推测，可获得相应的支持。笔者的考虑是，这些"儿童"之中，有能力者经过词注 52 所见 'YWRX'NY ZM'ŠTYK 阶段后，成为"选民"，相反的人员仍然留在寺院内成为词注 40—41 所见 aspasi/aspasanč。如佛教徒区分为出家（僧侣）与在家（俗家信徒）一样，摩尼教徒也划分为"选民"（僧侣）与"听民"（俗家信徒）两大类③。但与只要出家就比较容易当上僧侣的佛教徒不同，好像与世俗有染的听民在现实世界中直接成为"选民"的路途已被堵死（至少原则上）。听民经过布施积累功德，死后轮回转生，方能获得成为"选民"的资格④。与此相对，"被选民"不分男女，禁止性行为与结婚⑤，故他（她）们之间不可能生育有孩子，因而"选民"近旁没有下一代。迄今为止，有关明记经历何种经过方能产生摩尼僧的文献还不为人所知，但布劳德尔经过多方面推敲，提出"修道僧只是选自听民之子"这一意见⑥。看来，这一意见大概正中要点。塔巴

---

① M. H. Browder, *Al-Bīrūnī as a Source for Mani and Manichaeism*, p.161.

② W. B. Henning, "The Book of the Giants," *Bulletin of the School of Oriental and African Studies*, vol. 11, p.64; H.-Ch.Puech, *Sur le Manichéisme et Autres Essais*, p.71.

③ B. Dodge, *The Fihrist of al-Nadīm*, p.788 & n.215. 另见脚注 38（即本稿第 2 页注释 6 上田晶云云——译者补）。

④ F. Legge, "Western Manichaeism and the Turfan Discoveries," p.86；矢吹庆辉：《摩尼教》，第 44 页（《マニ教と東洋の諸宗教》，东京：岩波书店，1988 年，第 66 页）；H.-Ch. Puech, *Sur le manichéisme et autres essais*, p.72.

⑤ G. Flügel, *Mani*, pp.95, 280－281; B. Dodge, *The Fihrist of al-Nadīm*, p.788; C. Ed. Sachau, *The Chronology of Ancient Nations*, p. 190; M. H. Browder, *Al-Bīrūnī as a Source for Mani and Manichaeism*, pp.75, 144－145; F. Legge, "Western Manichaeism and the Turfan Discoveries," p.84; G. Widengren, *Mani and Manichaeism*, p.97; H.-Ch.Puech, *Sur le Manichéisme et Autres Essais*, pp. 66－67; M. Tardieu, *Le Manichéisme*, p.82; S. N. C. Lieu, "An Early Byzantine Formula for the Renunciation of Manichaeism," p.211.

⑥ M. H. Browder, *Al-Bīrūnī as a Source for Mani and Manichaeism*, p.159；另参见 G. Flügel, *Mani*, p.288.

里转述迫害摩尼教的阿拔斯朝哈里发 al-Mahdī（775—785 年在位）之言，其中在谴责摩尼教徒行为的部分中说道："他们自称是把孩子从黑暗的迷途中救出，引向光明的善道，而在各方面诱骗孩童。"[①]即使不能全面接受迫害者单方的片面之词，但上文或许点出了半强制性的让听民交出孩子的摩尼教教团之一面。虽然如此，认为只有听民之子才是摩尼僧出身母胎的话，此话过言。实际上，如同佛教徒的情况，肯定存在成人经过"革心"立志成为摩尼僧之例。可认为，第三章第四节（指《摩尼教史》——译者补）介绍的M 112V文书即反映曾存在这一事实。另，这一事实，也可以从《群书类述》传述的成为摩尼僧条件的记录中得知[②]。

附带提一下，道端良秀氏曾指出，中国的佛教寺院内的居住人员，有僧侣、沙弥、童行（童子）、奴婢四种[③]。按到目前为止的讨论，如果 tängri = dintar（见词注 26a）为僧侣，'YWRX'NY ZM'ŠTYK（见词注 52）为沙弥，ärän（见词注 40）与 aspasi / aspasanč（见词注 40—41）为奴婢，则 oγlan 当然与童行（童子）相对应[④]，且词义也一致。当然，佛教的寺院组织与摩尼教的寺院组织并非完全相同，必须细心注意到不能简单把二者联系起来，但决不能认为这种对应关系是偶然的。《佛教大词典》"童子"条言"中国以来（自佛教传入中国以来——译者补），在寺中侍奉师长，从事杂物的幼童，称为童侍或僧童，禅宗又称之为童行"[⑤]。另据道端良秀氏研究，童子、童行是虽已出家但仍然按俗家样子进行修行的少年，剃发得度后方能成为沙弥而被称为僧[⑥]。我们讨论 oγlan 的性质时，可充分参考上述内容。佛教的沙弥、僧侣可剃发，童子不能剃发，但摩尼教僧侣却不许剃发剃须，故相反，oγlan 剃发剃须的可能性极大。如此考虑的话，刚才引用的比鲁尼记录中的"青年——无须的和无发的仆人"这一表达方式，超越了单纯作为男色对象的美少年这种低俗的解释范围，有着充足的正当理由。

---

① G. Vajda, "Les Zindīqs en Pays D'Islam au Début de la Période Abbaside," *Rivista Degli Studi Orientali*, vol.17, p.190.

② B. Dodge, *The Fihrist of al-Nadīm*, p.788.

③ 道端良秀：《唐代仏教史の研究》，京都：法藏馆，1957 年，第 444 页；道端良秀：《中国仏教社会経済史の研究》，京都：平乐寺书店，1983 年，第 138—141 页。

④ 刘南强单纯解释作"the boy-pages（oγlan）who might have been novice monks（可能是作为新僧人的男伺僮）"。

⑤ 望月信亨：《佛教大辞典》第 4 卷，东京，1931—1936 年，第 3871 页。

⑥ 道端良秀：《唐代仏教史の研究》，第 29—35 页；另见竺沙雅章：《中国仏教社会史研究》，京都：同朋舍，1982 年，第 281—284 页。

浅见所及之内，未能在其他摩尼教文献中确认到与我们在此讨论的 oγlan 相当的术语。但笔者想指出的是，唯有一个例子，值得一提。即《下部赞》第 349—350 行中，在穆阇（možak）、[拂]多诞（avtadan）、法堂主（maxistak）、具戒师僧（dintar）与诸听子（niγošak）之间，夹有“清净童女”一词。

66 行 a. min：汉语“面”的借用语，“面粉、小麦粉”之意[①]。词源并非通常所说的同样的面条类，而是其原料。是指用臼碾磨成粉状之物，这可从蒙元时期畏兀儿的农业祝祭文书中的“tägirmän-kä barïp mn ögüp（至碾房碾磨小麦粉）”一文明证。同一文书，又见“ögümiš unï（碾好的粉）”这一表达方式[②]。上述 un 是突厥语中代指小麦粉的一般用词，存在于上自喀什噶里时代至察哈台语，以及以现代维吾尔语为首的众多现代突厥语诸方言内[③]。min 字确切起源于汉语，虽然古回鹘语中经常使用，但除甘肃的裕固语之外，蒙元时期以降的突厥语诸方言中几无留存，这一事实颇令人关注。看来可认为，持续使用这一词汇的背景是，需要与汉文化的不间断接触为前提条件。关于西州回鹘王国满足这一条件，笔者在最近的拙稿中提出证据，反复进行了阐述（参见《摩尼教史》参考文献目录）。然“让另外收集面粉”一文，是何人命令何者，从何处收集呢？该问题略感难解，笔者当下的意见是，本文书的交付人员对呼嚧唤或干事说，驱使寺院男仆、男侍、女侍、儿童等从听民处收集面粉。

93 行 a. savïnga：sav“话”后续第三人称与格词尾-ïnga。其第三人称指之前的“yir suv baγ borluq”，故应译为“田地、园林、葡萄园之话”，但按此意思不通。克劳森辞典并未收录，事实上 sav 除“话”之外，还有另一种重要意思，即“事情，事；事体，事件，问题”[④]，此处当为此意。而见于契约文书的

---

① W. Radloff (rev. by S. Malov), *Uigurische Sprachdenkmäler*, Leningrad 1928. (Repr., Osnabrück, 1972.), p.286; A. von. Gabain, *Das Leben im Uigurischen Königreich von Qosso (850 – 1250)*, p.66; G. Clauson, *An Etymological Dictionary of Pre-Thirteenth Century Turkish*, Oxford: Clarendon Press, 1972, p.766b.

② P. Zieme, “Ein Uigurischer Erntesegen,” *Altorientalische Forschungen*, *Berlin*, vol.3, pp.109 – 143+2 pls, text, *ll.* 55, 113.

③ G. Clauson, *An Etymological Dictionary of Pre-Thirteenth Century Turkish*, p.166b.

④ W. Bang/A. von Gabain, “Türkische Turfan-Texte II A: Manichaica,” *Sitzungsberichte der Preussischen Akademie der Wissenschaften*, Phil.-hist. Klasse, Berlin, 1929, pp.414 – 415(*l.*28); A. von Gabain 1974, *Alttürkische Grammatik*, 3. Auflage (Porta Linguarum Oientalium, NS. 15), Wiesbaden, 1974, p.362a; P. Zieme, *Manichäisch-türkische Texte*(*Berliner Turfantexte V*), Berlin, 1975, p.85a; P. Zieme, “Drei Neue Uigurische Sklavendokumente,” *Altorientalische Forschungen*, Berlin, vol.5, 1977, p.150(*l.*16), 154.

"bu savda tanuq"(参见脚注36),长期以来被译作"本话之证人"。该文今后应按茨默之说,译作"该件(契约)之证人"。

95行a. ilïmγa totoq:众所周知,totoq来自汉语"都督"。笔者不赞成塞纳关于此说之反论①。关于ilïmγa/elïmγa,《初释》仅指出普里查克论文中提到此为喀剌汗朝之官职。但最近刚刚出版的辛姆斯·威廉姆斯与哈密顿的论著中,有详细说明②。即,以喀什噶里关于imγa/ïmγa"财务官、负责收入之长、征税官",elimγa/elïmγa"君主的突厥语文书官,书记,秘书"③之解释为依据,把ïmγa与amγa联系起来。进而援引明确阐明了中国的官职名称"押衙"进入和田语与藏语的高田时雄之说,得出如下结论。即,汉语押衙进入突厥语后成为amγa,ïmγa来自amγa。押衙原本是护卫主君近旁的军官,在与和田、吐蕃、回鹘直接相关的敦煌地区用例中,似乎已成为利用相当广泛的名义上的称号④。据此,此处ilïmγa totoq译作"财务都督"。毋庸置疑,该人物应视作俗人。

99行. žünkim:亦出现于10世纪前后的敦煌出土回鹘文商业文书(pelliot Ouïgour 10),以及《慈恩传》回鹘文译本中⑤。无疑与喀什噶里收录的"züngüm",即"中国制的锦的一种"⑥为同一物。二者第二音节元音不同,大概是因为受第一音节元音影响而发生了圆唇音化。吐鲁番出土摩尼教粟特语文书M 137ii中,以zwynk' ẖ的形式,与被认为指单色斜纹缎的pryng并列出现⑦。另马卫集言11世纪20年代,契丹送往哥疾宁王朝马哈茂德苏丹的进物中有称作zhūnkī的织物⑧,此亦必为同物。这些词中,词尾的-m已经

---

① D. Sinor, "The Turkic Title *Tutuq* Rehabilitated," *Turcica et Orientalia*, *Studies in Honour of Gunnar Jarring on his Eightith Birthday*, Istanbul, 1988?, pp.145-148.

② N. Sims-Williams/J. Hamilton, *Documents Turco-sogdiens du IXᵉ-Xᵉ Siècle de Touen-houang*, London, 1990, p.29.

③ G. Clauson, *An Etymological Dictionary of Pre-Thirteenth Century Turkish*, p.158b; R. Dankoff/J. Kelly, *Maḥmūd al-Kāšγarī*, *Compendium of the Turkic Dialects*, 3 vols., Cambridge: Harvard University Printing Office, 1982-1985, vol.1, pp.151, 163.

④ R. E. Emmerick/P. O. Skjærvo, Studies in the Vocaburary of Khotanese, II, wien, 1987, pp.17-18.

⑤ W. Bang/A. von Gabain/G. R. Rachmati, "Türkische Turfan-Texte VI: Das buddhistische Sūtra *Säkiz yükmäk*," *Sitzungsberichte der Preussischen Akademie der Wissenschaften*, *Phil.-hist. Klasse*, *Berlin*, 1934, p.170(n.391); J. Hamilton, *Manuscrits Ouïgours du IXᵉ-Xᵉ Siècle de Touen-houang*, pp.171-172.

⑥ R.Dankoff/J. Kelly, *Mahmūd Kāšγari*, Part 1, p.360.

⑦ W. B. Henning, "Two Central Asian Words," *Transactions of the Philological Society*, 1945, pp.151-152.

⑧ V. Minorsky, *Sharaf al-Zamān Ṭāhir Marvazī on China*, *the Turks and India*, Arabic Text (circa A. D. 1120) with an English Translation and Commentary, London, 1942, p.20.

脱落，但第二音节的原音 i 仍旧保持。很容易推测，这些均为汉语的音译。哈密顿转写作 züngim，推定为“绣锦”，周一良推定为见于《契丹国志》卷二一的“锦绮”①。笔者从纳德利耶夫编《古代突厥语词典》的推定，视作“绒锦”②。“绒”与同音“戎”中古音均为 * *ńźi̯ung*，“锦”的中古音为 * *ki̯əm*③，-g 与 k-融合，且意思亦合。12 世纪中叶，洪浩作《松漠纪闻》，简述在金国之见闻。其中，回鹘条记录的“狨锦”（狨与绒音通），为此无疑，当时回鹘已自身亦能够生产。

喀剌汗朝出身的喀什噶里亦知道中国织锦名这一事实，的确与丝路之名相符。与喀剌汗朝相比，西州回鹘王国与中国的联系远胜于彼，绒锦没有理由不流通于西州回鹘王国。吐鲁番的摩尼教徒也应了解绒锦。虽然如此，无疑毕竟还是高价商品。也正因此，绒锦被指定为干事在业务上出现过失时的罚金。看来，绒锦被列于赠予哥疾宁王朝苏丹的礼物中，亦可证明上述看法。绒锦充当罚金，对作为国家公务人员的干事而言，是相当严重的损失，但可认为其价格不是高到难于入手。

四、“干事”与“呼嚧唤”

这件《摩尼教寺院经营令规文书》的关键词是两种职务，即 iš ayγučï“干事”与 xroxan“呼嚧唤”。iš ayγučï 翻译作“干事”的理由，如前引词注 29 所述。而 xroxan 是中世纪波斯语 xrwh（x）w'n 的音译，无疑是见于《摩尼光佛教法仪略》的“呼嚧唤”④。下面列举上述二者出现之处。

原文书第 36—38 行：

> 摩尼寺里的不论任何……业务，要两名呼嚧唤与干事们一起……分派。

原文书第 44—51 行：

---

① Chou Yi-liang, “Notes on Marvazī's Account on China,” *Harvard Journal of Asiatic Studies*, vol.9, no.1, 1945, pp.18 - 19.

② Nadeljaev, V. M. et al. (eds.), *Drevnetjurkskij Slovar'* (*Древнетюркский Словарь*), Leningrad, 1969, p.640.

③ B. Karlgren, “Grammata Serica Recensa,” 1013d, 652e.

④ P. Zieme, “Ein Uigurischer Text Über die Wirtschaft Manichäischer Klöster im Uigurischen Reich,” p.333.

一个月间，一名呼嚧唤与一名干事一同担任月值进行监督，管理做好膳食。而且（下）一个月，另一名[呼嚧唤]与一名干事一同担任月值进行监督，管理做好膳食。不论哪一月膳食不佳，那一月的呼嚧唤与干事一同要受到监禁刑。两名呼嚧唤与两名干事一同当值，持续监督情况严重的膳食人与面包师。

原文书第 54—58 页：

摩尼寺出现任何要事，向神圣的慕阁入奏时……按以前规定，呼嚧唤们要没有干事陪同进入。干事们也不得没有呼嚧唤陪同而进入。呼嚧唤们与干事们一起要立着上奏。

原文书第 68—69 行：

需要制作 qaliu（?）时，[没有]高僧慕阁的命令，呼嚧唤们与干事们要一起到场监督制作。

原文书第 85—100 行：

不论东面西面有多少，摩尼寺所属的园林、葡萄园、田地，两名干事要让好好耕作，而且，不论旱田（部田）有多少，不关多少，要给佃户，让（其）整理田地，使达到基本收益。要监督好好耕种有收益的土地，更加收益。两名干事不得互相转嫁责任（?）。如果互相转嫁责任（?）使得业务受损，要受到刑罚。关于这些田地、园林、葡萄园的事情，高僧慕阁、拂多诞、呼嚧唤们不得干涉，干事们要知道。向干事达奚末斯财务都督的传令人是小辈骨达蜜施依干，向干事库末末斯达干的传令人是小辈颉屈蜜施。这些工作，干事们如果干得好，要得到称赞和嘉奖。干得不好的话，要受到 3 百（鞭挞）刑。要以各 1 绒锦……缴纳罚金。

不论就 iš ayγučï“干事”与 xroxan“呼嚧唤”的业务内容，还是执行任务不畅则进行处罚这一规定而言，二者均不是等级很高的职务。而且，二者均由二人组成。需要注意的是，两名干事带有固定名词，被特定化，而呼嚧唤不带有固定名词。两名干事不仅带有俗人的固定名词，而且，即使从其称号而言，亦能推测出是从政府派遣的公职人员。文书中记录的职责内容，也支持上述看法。

另一方面，充当呼嚧唤的是摩尼教僧侣。回鹘语 xroxan 的原词——中世纪波斯语 xrwh(x)w'n 的语源学含义，据高狄奥说，是“使呼声回响的人物”之意[①]。据邦维尼斯特之说，是“号召祈祷的人物”之意[②]。在伊朗学、摩尼教学界一般被解释作“传教师，传道师”，对此种解释似无异议[③]。但本文书 xroxan 的职责，基本上总是与干事一同参与摩尼寺日常生活方面之运营。类似说教之类的宗教活动方面的职责，至少在现存部分中未被提及。而且，据第 44—51 行记述，可观察到这些呼嚧唤们，按每一个月交替一次的轮流制度来执行任务。

五、摩尼教经典《摩尼光佛教法仪略》的“呼嚧唤”与“月值”

至此，我们重新想起敦煌出土汉文摩尼教经典《摩尼光佛教法仪略》之一节。其中，同时出现音译中世纪波斯语 xrwh(x)w'n 的“呼嚧唤”，以及“月值”。该部分，即其第 5 节“寺宇仪”。因有关其解释存在众多问题，首先举出原文与先行研究的翻译。

《摩尼光佛教法仪略》第 5 节《寺宇仪》(Pelliot chinois 3884)

> 每寺尊首诠简三人：
> 第一　阿拂胤萨　译云赞原首，专知法事。
> 第二　呼嚧唤　译云教道首，专知奖劝。
> 第三　遏換健塞波塞　译云月直，专知供施。皆须依命，不得擅意。

沙畹、伯希和/Chavannes/Pelliot[④]：

---

① R. Gauthiot, “Quelques Termes Techniques Bouddhiques et Manichéens,” *Journal Asiatique* 1911 juillet-aot, pp.49 - 67.

② E. Benveniste, “Un Titre Iranien Manichéen en Transcription Chinoise,” *Etudes D'orientalisme Publiées par Le Musée Guimet à la Mémoire de Raymonde Linossier* I, Paris, 1932, pp.155 - 158.

③ 《摩尼教史》第 61 页第 n.70; W. Sundermann, “Verehrten die Manichäer Einen Dreistämmigen Baum?” *Iranzamin*, *Echo der iranischen Kultur*, XII, Jahrgang, Ausgabe N.F. 6/7 (1999/2000), p.214; Desmond Durkin-Meisterernst, *Dictionary of Manichaean Middle Persian and Parthian.* (Corpus Fontium Manichaeorum, Subsidia, Dictionary of Manichaean Texts, vol. III: Texts from Central Asia and China, Part 1), Turnhout: Brepols, 2004, p.364.

④ Éd. Chavannes/P. Pelliot, “Un Traité Manichéen Retrouvé en Chine,” *Journal Asiatique*, 1913 jan.-fév., pp.113 - 114.

Dans chaque temple il y a trois élus en chef (qui sont):

— 1e: Le *a-fou-yin-sa*, dont le nom signifie le chef [de la récitation] des hymnes et des vœux; il s'occupe spécialement des choses de la religion.

— 2e: Le *hou-lou-houan*, dont le nom signifie le chef de la doctrine religieuse; il s'occupe spécialement de récompenser et d'encourager.

— 3e: Le *ngo-houan-kien-sai-po-sai* dont le nom signifie le préposé au mois; il s'occupe spécialement des offrandes et des aumônes.

— Tous [les religieux] doivent se conformer aux ordres [de ces trois supérieurs] et n'ont pas le droit d'agir à leur guise.

各寺院有3名被选定为首领之人物(如下):

第一:阿拂胤萨,其名称是圣歌和祈愿的[朗诵]长之意。他特别专心于宗教之事。

第二:呼嚧唤,其名称是宗教教义长之意。他特别专心于支付报酬与奖励之事。

第三:遏换健塞波塞,其名称是月值班之意。他特别专心于供物与布施。

所有[的摩尼僧],必须遵照[上述3名上司的]命令而行动,自己无权随便行动。

瓦尔德施密特、楞茨/Waldschmidt und Lentz①:

(In) jedem Kloster (als) ehrwürdige Häupter (werden) erwählt drei Menschen.

1. *a-fu-yin-sa*, übersetzt: das Haupt der Hymnen. Er beschäftigt sich mit den Angelegenheiten des Gesetzes und kennt sie;

2. *hu-lu-huan*, übersetzt: Haupt der Lehren. Er beschäftigt sich damit zu ermuntern (und) zu ermahnen und versteht sich darauf;

3. (*ng*)*o-huan-chien-sai-po-sai*, übersetzt: Mond-gerade (=Regler ?) Er beschäftigt sich mit den Darbringungen (Geschenken) und versteht sich darauf.

Alle (drei? oder: alle andern) müssen sich an die Befehle halten,

---

① E. Waldschmidt/W. Lentz, "Manichäische Dogmatik aus Chinesischen und Iranischen Texten," *Sitzungsberichte der Preussischen Akademie der Wissenschaften*, *Phil.-hist. Klasse*, *Berlin*, 1933, p.522.

nicht erlangen, nach freiem Willen zu handeln.

各僧院选出值得尊敬的首领3人。

第一：阿拂胤萨，译作圣歌长。他从事法令之事，并了解它。

第二：呼嚧唤，译作教义长。他从事奖励、劝告工作，并理解它。

第三：遏换健塞波塞，译作月值（协调者？）。他从事供奉物（赠物）的工作，并理解它。

所有（3人的？，其他的？）人员必须遵照命令，不能根据自由意志行动。

刘南强/S. N. C. Lieu①：

At the head of each monastery there should be three *Ch'üan-chien* (lit. to choose or appoint, i.e. *electus*).

First, the *A-fu-yin-sa* (= Mid. Pers., *āfrinsar*), when interpreted means "choir master" who devotes himself mainly matters of religion.

Second, the *Hu-lu-han* (= Mid. Pers., *xrōhxwān*), when interpreted means one who teaches the way and devotes himself to commendation and persuation.

Third, the (*Ng*) *o-huan-chien sê-po-sê* (= Mid. Pers., *ruwanagan ispasig* (?)), when interpreted means "regulator of the month" (?) who devotes himself to (administering) offerings and alms.

The whole community should conform to the orders (of these three superiors) and no one is allowed to contradict their wishes.

各僧院的上层，应有3名诠简（字义为选任，指选民——摩尼僧）

第一：阿拂胤萨，翻译为圣歌队长，主要专心于宗教之事。

第二：呼嚧唤，翻译为教"道"者，专心于推荐与教诲。

第三：遏换健塞波塞，翻译为"各月的调整者"，专心于（管理）供奉物与布施。

全部共同体应遵循（这3名上司的）命令，不许任何人违反他们的意思。

---

① S. N. C. Lieu, "Precept and Practice in Manichaean Monasticism," p.162.

施寒微/Schmidt-Glintzer[①]:

Jedes Kloster hat drei Gewähltes als Hauptpriester:

Der erste, der *a-fu-yin-sa*, übersetzt: Das Oberhaupt für die Rezitation der Hymnen und Gelübde; besonders beschäftigt er sich mit den Angelegenheiten des Gesetzes.

Der zweite, der *hu-lu-huan*, übersetzt: Das Oberhaupt für die Unterweisung in der Lehre; er beschäftigt sich besonders mit der Vergeltung und Ermunterung.

Der dritte, der *no-huan-chien-sai-po-sai*, übersetzt: Der Beaufsichtiger des Monats (?); er beschäftigt sich besonders mit Spenden und Almosen.

Alle Mönche müssen sich den Anweisungen (dieser drei?) unterordnen und dürfen nicht eigenmächtig handeln.

各僧院有3名被选出来的僧长

第一:阿拂胤萨,翻译作朗诵圣歌与誓愿之长。他特别从事法令之事。

第二:呼嚧唤,翻译作教义教授之长。他特别从事报酬与奖励。

第三:遏换健塞波塞,翻译作每月的(?)监督者。他特别从事寄付与布施。

所有僧侣必须遵循(这3人的?)命令,不许独自行动。

汤杰罗/A. van Tongerloo[②]:

Every monastery honours as (its) head three elects.

Firstly: the *a-fu-yin-sa*, translated as: "the leader of hymns and supplications", he is especially knowledgeable about the religious events.

Secondly: the *hu-lu-huan*, translated as: "the leader of instruction of religious teachings", he is especially knowledgeable about rewards and admonitions.

Thirdly: the *e-huan-chien-sai-po-sai*, translated as: "(the one who)

---

① H. Schmidt-Glintzer, *Chinesische Manichaica*, p.74.

② A. van Tongerloo, "In a Manichaean Monastery [Part 1]," *Acta Orientalia Belgica*, vol.7, 1993, p.246.

monthly corrects", he is especially knowledgeable about the offerings and alms.

All must comply according to (the) orders and are not allowed to act on their own authority.

各僧院把3名被选者(摩尼僧)作为僧长而礼遇。

第一：阿拂胤萨，翻译作圣歌与祈愿之长，他特别通晓宗教仪式。

第二：呼嚧唤，翻译作宗教教义教授之长，他特别通晓褒奖与教诲。

第三：遏换健塞波塞，翻译作"每月的纠正(者)"，他特别通晓供奉物与布施。

所有人员必须接受命令，不许按自身权限行动。

克林凯特/H-J. Klimkeit①：

We learn in the "Compendium" that there were three important dignitaries in the monastery:

① the hymn and prayer-leader, who was especially concerned with "matters of the Law,"

② the head of religious instruction, who mainly dealt with "discipline and admonition," and

③ the "supervisor of the month", whose charge it was to administer tithes and alms.

"All the monks," says the "Compendium," "must subject themselves to the instructions (of those three?) and may not act on their own authority."

在《摩尼光佛教法仪略》中，我们了解到僧院有3名高级圣职者。

第一：圣歌与祈愿之长，他特别关系到教法之事。

第二：宗教教授之长，他主要处理纪律与教诲。

第三："每月的监督者"，他的任务是管理(教会的)什一税与布施。

《摩尼光佛教法仪略》言，所有僧侣必须服从(这三人的)指令，不许按自身权限活动。

---

① H-J. Klimkeit, *Gnosis on the Silk Road, Gnostic Texts from Central Asia*, San Francisco: Harper Collins, 1993, p.352.

综上,关于开头处的“每寺尊首诠简三人”,自沙畹、伯希和以来,除瓦尔德施密特、楞茨之外,到近期为止,大部分研究人员解释作“每寺(有)三名遵首(或作为尊首的)诠简”。即,以往的惯例是,视“诠简”为名词,解释作“选民,即摩尼僧”。但此解释甚为勉强。理由是,在《摩尼光佛教法仪略》的他处,即第4节“五阶仪”中,“选民,即摩尼僧”是帕提亚语与中世纪波斯语共通的 ardāw 的复数形 ardāwān 的音译“阿罗缓”*a-luo-huan*(*˙â-lâ-γuân)①。而且,再确认出现于其他摩尼教经典的诠简、铨简、诠柬,则发现均作为动词使用。汉文摩尼教文献,若作为纯正汉文,确实极其不自然,往往了解了内容方能释清。但上文,按尊首为主语,诠简视作“选择”之意的动词(谓语),则作为正常的汉文,很容易能够解释。即,前人研究中,例外的瓦尔德施密特、楞茨的解释正确。而且,从语义来看,相比三名而言,“尊首”为一名更为适合。因最高责任者的阶级,根据寺院规模而发生变化,故此处不用阶级名,而以“尊首”示出。依笔者之见,上文应解释作“每寺尊首诠简三人(或要诠简三人)”,进而“各摩尼寺的最高责任者(如下)把三人选任为僧长(或要把三人选任为僧长)”。

据此,末尾的结语“皆须依命,不得擅意”之“命”,即命令,不应被视作以往那样的“三名诠简们的命令”。若按笔者解释进行翻译,则应为“(这三名僧长)均须依照(各寺尊首,即最高责任者)的命令,不得随意按自己判断而行事”。

六、摩尼教寺院的月值僧

立于上述视点,接下来再探讨一下《摩尼光佛教法仪略》第5节“寺宇仪”的3个称号。第1个阿拂胤萨 *a-fu-yin-sa*(*˙â-p'i̯uət-i̯ĕn-sât)相当于中世纪波斯语的 āfrīnsar('prynsr)“祷告长,圣乐团长”②,与汉文之解释“译

① 吉田丰:《漢訳マニ経文献における漢字音写された中世イラン語について(上)》,《内陆亚细亚言语の研究》第2辑,1987年,列表第11号;Desmond Durkin-Meisterernst, *Dictionary of Manichaean Middle Persian and Parthian* (Corpus Fontium Manichaeorum, Subsidia, Dictionary of Manichaean Texts, vol.III: Texts from Central Asia and China, Part 1), Turnhout: Brepols, 2004, pp.51, 52.

② 吉田丰:《漢訳マニ経文献における漢字音写された中世イラン語について(上)》,列表第6号;Desmond Durkin-Meisterernst, *Dictionary of Manichaean Middle Persian and Parthian*. p.26 + p.308 & pp.28, 50.

云赞愿首”相一致。但之后的“专知法事”之“法事”，若解释作“宗教之事”或“法令之事”等，则实际情况模糊不清。此处，毋宁如汤杰罗那样，应译作“宗教活动”。此处所言法事，是指宗教仪式与节日。即，该人物充当需要朗诵圣歌与祈愿文的所有法事的司仪之职，包括上自新年仪式与庇麻节（Bema Festival）等摩尼教徒的重大活动，下至每日的用餐——解放食物中所含的光的要素，是摩尼教特有的严肃的宗教行为[①]。

第2个是呼嚧唤 *hu-lu-huan*（＊xuo-luo-xuân）[②]。它被译作“教道首”，其职责为“专知奖劝”。以往，“奖劝”被译作“给予报酬之事与奖励之事”“报酬与奖励”“奖励与教诲”“规律与教诲”等，看来这些均不完整。回鹘语 xroxan 的原词，中世纪波斯语 xrwh(x)w'n 的原意为“发出呼声的人”或“召唤进行祈祷的人”。而且，用于该名称汉字音译的文字“呼”与“唤”均有“呼叫，号召，召唤”之意。考虑到上述两点，很容易想起发号施令、进行引导的职务。由此，注意一下见于伽尔迪兹（Gardīzī）《报道的装饰》的如下记述[③]：“每天，在这个地方（即高昌）的地方官的（宅邸）门周围，聚集有300—400人的摩尼僧，大声诵读摩尼教教典。（之后），他们前行到地方官之前表示敬意，（然后）回去。”

参照上述记述，笔者考虑，译作“教道首”的呼嚧唤具有在一般性的团体行动时发号口令的职责，其中包括摩尼僧团体行动时的带头人与齐声朗诵摩尼教经典时的领唱员。进言之，若考虑到学界认可的 xrwh(x)w'n 之译文“说教师”，呼嚧唤不是有如下职责吗？即，号召普通人认知摩尼教或改宗摩尼教，在教团内部呼吁为正确理解摩尼教而学习与复习。

我们讨论的令规文书的 xroxan，音韵上与第2个呼嚧唤相对应，但内容

---

① 词注53；J. D. BeDuhn, “The Manichaean Sacred Meal,” In：R. E. Emmerick et al. (eds.), *Turfan, Khotan und Dunhuang. Vorträge der Tagung “Annemarie v. Gabain und die Turfanforschung”, Veranstaltet von der Berlin-Brandenburgischen Akademie der Wissenschaften in Berlin (9.-12. 12. 1994)*, Berlin：Akademie Verlag, 1996, pp.1-15；J. D. BeDuhn, *The Manichaean Body in Discipline and Ritual*, Baltimore/London：The Johns Hopkins University Press, 2000；W. Sundermann, “A Manichaean Liturgical Instruction on the Act of Almsgiving,” In：P. Mirecki/J. BeDuhn (eds.), *The Light and the Darkness, Studies in Manichaeism and Its World*, Leiden/Boston/Köln, 2001, p.200.

② 吉田丰：《漢訳マニ経文献における漢字音写された中世イラン語について（上）》，列表第93号；Desmond Durkin-Meisterernst, *Dictionary of Manichaean Middle Persian and Parthian* (Corpus Fontium Manichaeorum, Subsidia, Dictionary of Manichaean Texts, vol.III：Texts from Central Asia and China, Part 1), Turnhout：Brepols, 2004, p.364.

③ 《摩尼教史》第163—165页。

上毋宁说与第 3 个遏换健塞波塞 *e-huan-jian sai-bo-sai*(＊ ˙ ât-γuân-g'i̯ɐn sək-puâ-sək)①,即"译云月值"相对应。"月值"是月值班,如沙畹、伯希和二氏所指摘,该词即刻让我们联想起佛教寺院内每年交替一次的会计员"直岁"。其职责是"专知供施",即"专门管理(来自听民的)供物与布施"。实质上,总之在原则上符合摩尼教教团的生存方式——禁止一切生产活动,生活所必需的食品、燃料、金钱和贵重物品,全部依赖于俗信徒(摩尼教教团的"听民")的供应与布施。同时,也与我们的令规文书中列举的 xroxan 的真实情况相一致。"遏换健塞波塞"的原语可复原作帕提亚语的 ＊ *arwānagān ispasag* "servant of the alms",即"收集俗信徒布施的人员"②,这更进一步补充我们的想法。因此,不能为呼嚧唤的汉译"教道首"所迷惑,而视其为摩尼教高僧。应理解为仅是选自普通摩尼僧的、为了保证集体按规律生活,随时发号施令而设置的值班制的职务。这方面的任务,未被明记于本令规文书,这只不过是因为本文书主要与寺院"经营"相关。

那为什么在《摩尼光佛教法仪略》中,第 2 的呼嚧唤与第 3 的遏换健塞波塞相混了呢? 为此,细细观察一下原汉文写本 Pelliot chinois 3884 的照片,发现虽然第 3 的遏换健塞波塞的正下方有十足的空间,但"译云月值。专知供施"并未写于此处,而是不自然地改行,置于下一行。可推测到此处有脱落或错误之处,"按月值班进行工作"一文,不仅与第 3 的遏换健塞波塞,而且与第 2 的呼嚧唤有关。而这一推测,另有根据,即恒宁发表的著名的 BBB 之文本③。

这是吐鲁番出土帕提亚语与中世纪波斯语写成的《祈祷与忏悔之书》之写本。该写本中,东方教区治下的摩尼僧集团,以① 东方教区的慕阇 Mār Nāzuγ Yazd 为首,按如下列举:② 司教(*Aftadan*),③ 长老(*Mahistag*),④ 祈愿长('*prynsr*),⑤ 贤明的说教师(*xrwh*(*x*)*w'n*),⑥ 优秀的文书,⑦ 美妙音调的圣歌歌手,⑧ 纯洁神圣的兄弟们,⑨ 纯洁神圣的姊妹们。

---

① 吉田丰:《漢訳マニ経文献における漢字音写された中世イラン語について(上)》,列表第 13、18 号。

② 吉田丰:《漢訳マニ経文献における漢字音写された中世イラン語について(上)》,列表第 13、18 号;《摩尼教史》,第 62 页;W. Sundermann, "A Manichaean Liturgical Instruction on the Act of Almsgiving," pp.206, 208; Desmond Durkin-Meisterernst, *Dictionary of Manichaean Middle Persian and Parthian*. p.297+p.86.

③ W. B. Henning, *Ein Manichäisches Bet-und Beichtbuch*, *Abhandlungen der Preussischen Akademie der Wissenschaften*, *Phil.-hist. Klasse*, *Berlin*, 1936, No.10, 1937, 143, p.24; H-J. Klimkeit, *Gnosis on the Silk Road*, *Gnostic Texts from Central Asia*, p.136.

其中，第①—③为摩尼教教会第1位至第3位的高僧，第⑧⑨是摩尼教僧侣中最下位（第4位）的男女普通僧侣。上述第①—⑨表示的是阶层，第④—⑦为职务。从其排列顺序上看，无疑是从普通僧侣中挑选出来者。自不待言，因第④、第⑤对应汉语的阿拂胤萨、呼嚧唤，故可以考虑第⑥的“优秀的文书”对应遏换健塞波塞。佛教寺院中，“直岁”是交替制的会计人员，又是会计部的录事。以此类推，“收集俗信徒布施人员”之意的遏换健塞波塞，也是月值班，而且确实不能否定其亦可能为记录供物与布施之出纳的录事的可能性。不过，笔者仍然对单纯担任出纳的录事被称为“优秀的文书”，抱有不协调感。这是因为，在摩尼教教团，谈起“优秀的文书”，首先想到的是漂亮地完成摩尼教圣典的专业的缮写员。因此，笔者认为，BBB的文本之中，存在遏换健塞波塞的可能性极小。而且，虽然遏换健塞波塞的原语被复原作帕提亚语 * *arwānagān ispasag* “servant of the alms”，但据说在中亚出土的摩尼教文献中并未得到证明[①]。这些事例强烈示意，在东方教区，在中亚的摩尼教教会，即使存在遏换健塞波塞，但其踪影稀缺，实际业务已与呼嚧唤（xroxan）合为一体[②]。

佛教寺院中，带有“直岁”“库司”“库头”这类官职的僧侣自身担任会计，直接着手寺院经营。与此相对，摩尼教寺院不允许从事包括经济活动在内的各类俗事，其大多数业务，理应委托给上面提到的俗家公务人员，即干事。不过，被称为呼嚧唤的摩尼僧每一个月交替担任监督员或协商员。虽不见于我们的《摩尼教寺院经营令规文书》，但假设回鹘曾存在相当于遏换健塞波塞的人员，那它是以文书为主要职务，同时辅佐呼嚧唤，或者上述二者可能分担责任。笔者更倾向于认为，在回鹘，遏换健塞波塞的业务已与呼嚧唤合为一体。总之，俗人身份的干事，不住于摩尼寺，理应在国家公务人员适当的地方安家。因执行业务时，需要与配对的呼嚧唤取得日常联络，故有联络员“传令小姓”。该“传令小姓”，也是俗人。

根据上述考察，《摩尼光佛教法仪略》第5节“寺宇仪”的相当部分，笔者译释如下：

森安/Moriyasu：

In every monastery, the Head, i.e. *zun-shou* 尊首, should choose

① W. Sundermann, “A Manichaean Liturgical Instruction on the Act of Almsgiving,” p.208.

② W. Sundermann, “A Manichaean Liturgical Instruction on the Act of Almsgiving,” p.208.

three persons (to fulfil the following duties):

(1) *a-fu-yin-sa* 阿拂胤萨, translated as:"a leader of (reciting) the hymns or prayers", who is especially to administer (various) religious events.

(2) *hu-lu-huan* 呼嚧唤, translated as:"a leader of (observing) the doctrine and rule", who is especially to command or encourage (someone to observe the doctrine and rule).

(3) *e-huan-jian-sai-bo-sai* 遏换健塞波塞, translated as:"a monthly duty manager", who is especially to administer the offerings or alms (from auditors).

All (of these three) should act by the order (of the Head of each monastery), and are not allowed to act on their own authority.

各摩尼教寺院的尊首(即最高负责人),(为贯彻以下任务)需选任3人。

第一:阿拂胤萨,译作(朗诵)赞美诗与祈愿文之长,专门管理(各类)宗教仪式的职务。

第二:呼嚧唤,译作教义与规律之长,专门(躬身率先)奖励(在集团生活中遵从教义与规律)并进行劝告、号令的职务。

第三:遏换健塞波塞,译作"月值班(每月轮换的管理人员)",专门管理(收自听民的)供物与布施的职务。

(这三名僧官)均须依据(各寺尊首,即最高责任者的)命令,不得根据自己判断随意行事。

七、摩尼教寺院的规模

接下来,就本文书中由政府特定的摩尼教寺院的规模(人数),进行一下考察。首先,值得关注的是主食小麦的消费量。

原文书第26—28言:

每月要为两僧团的僧尼们,取得各80石小麦、7石胡麻、2石豆、3石粟……作为食粮。

原文书第73—77行言:

> 一年份的食粮小麦的麸子是 200 石。这 200 石麸子中的 100 石麸子，要喂给拉车的牛。(剩余的)100 石麸子，要喂给高僧慕阇与拂多诞的骑乘用马。这 100 石麸子，(由)亦黑蜜施保管，要拌进(饲料中)给马吃。

茨默认为，每月 80 石小麦是分别供给“两僧团”的食物[①]。“两僧团”是男女两个僧团之意[②]。若按茨默预测，供给两个僧团的一年的小麦是 80×2×12＝1 920 石。然，第 73—74 行记录到“一年份的食粮小麦的麸子是 200 石”。因文书中只有上述两处标有小麦及出自小麦的麸子，故把二者联系起来没有问题。据那波利贞研究[③]，1 石小麦的谷粒磨成粉状，会出现 1.22 石的面粉与 0.35 石的麸子，合计为 1.57 石。按此比例，若须获得 200 石麸子，只要有 200÷0.35＝约 571 石小麦即可。

诚然，获自小麦的面粉与麸子的数量，根据时代与地域而不同。那波氏调查 10 世纪敦煌净土寺的出纳簿，据称在敦煌 1 石小麦只能达到 1.2 石。把上面的比例(即高昌的情况——译者补)放在此处，则收自净土寺账簿的 1 石小麦的麸子只是 0.35×(1.2÷1.57)＝0.27 石。此处，获得 200 石的麸子，若有 200÷0.27＝约 741 石小麦即已足够。即便把误差考虑在内，741 石与 1 920 石间，差距实在过大。而且，若把每月 80 石的小麦视作一次性给予两个僧团的分配量，一年则为 80×12＝960 石，接近 741 石。据此计算结果，看来男女两个僧团并未完全脱离，各自生活，各自就餐。如是，以“两个僧团”的表现，代指构成一体的某寺院或地域之全体摩尼僧的可能性，进一步增大。

那除掉作为食用油使用的胡麻后，合计 85 石谷物(80 石小麦+2 石豆+3 石粟)，每月能够供养多少人呢？因根据时代与地域不同，谷物的种类与食用方法，主食与副食的比例，谷物的计量单位等均不同，故很难计算出正确的数值，此处大体计算一下。另，关于低于下面数据的详细数值的出处，参见《摩尼教史》第 56、57 页，此处割爱。

---

① P. Zieme, “Ein uigurischer Text über die Wirtschaft Manichäischer Klöster im Uigurischen Reich,” p.334; P. Zieme, “Uigurische Pachtdokumente,” *Altorientalische Forschungen*, *Berlin*, vol.7, 1980, p.200.

② 见词注 26a。

③ 那波利贞：《中晚唐時代に於ける燉煌地方仏教寺院の碾磑経営に就きて(上・中・下)》,《东亚经济论丛》，1941—1942 年，第 1 期第 3 号，第 23—51 页；第 1 期第 4 号，第 87—114 页；第 2 期第 2 号，第 165—186 页。

据吐鲁番出土汉文文书之研究，麹氏高昌国时代 1 人的平均食粮为每月 3 石，唐初丁男每月 1 石，丁妻每月 0.75 石。但高昌国时代的石斗（容量为 1 石的升）沿袭自汉晋，相当于唐代石斗的约三分之一，故高昌国时代与唐初的消费量间，没有实质上的差异。而据汉籍，唐代一般以丁男 1 日米 2 升为基准，按月换算则为 60 升=0.6 石。乾祐二年（949）左右的李钦明所出《请沙汰僧人疏》，与我们的文书处于同一时代。其中，僧尼 1 日的食物量，计作米 1 升。按此，则每月仅 30 升=0.3 石。或许，这不仅限于成年男性僧侣，亦把女性僧侣与年幼的沙弥考虑在内。顺便介绍一下，那波根据唐末五代敦煌净土寺相关文书，推算每人每月面粉消费量为三斗三升三合=0.333 石。据此，估算当时每人每月的食粮，普通人为 0.6—1.0 石（男女间存在差异），僧尼为 0.3—0.6 石左右，并无大过。

吐鲁番的回鹘人使用的容量单位石斗，无疑沿袭自唐制。故得到的答案是，85 石除以 0.6 石为 142 人，除以 0.3 石为 283 人。但，摩尼僧被禁止从事包括农业与商业在内的一切劳动，而且亦有一日一食之戒律，故其谷物消费量，理应估算得低一些。再加上，唐代 1 石约为现在的 60 公升，0.6 石为 36 公升。按日计算，则为 1.2 公升。对不从事肉体劳动的人而言，这一数据超出许多。或许，即使一半就很充裕。如是，本文书每月 85 石谷物所供养的摩尼僧数量足有 250 人以上。无论何种保守估算，也近于 200 人。接下来，看一下甜瓜的消费量。

原文书第 78—82 行言：

> 要把于支斡耳朵（三个宫殿之意）的（多块）土地，交给 3 人。（得到土地的人员）1 天要给摩尼寺带来 20 个甜瓜。30 个甜瓜要给大摩尼寺。30 个甜瓜要给小摩尼寺。这些甜瓜，要让亦黑蜜施集中带来。……的话，亦黑蜜施要受刑。

3 名甜瓜生产者每天各供应 20 个甜瓜，故每日可配给大小摩尼寺各 30 个甜瓜。对摩尼教徒而言，甜瓜是特别重要的食物。摩尼教戒律禁止肉食，故摩尼僧必然是素食主义者。水果与蔬菜，因成长时需要大量的太阳光，被相信为富含光的要素，故特别得到重视。摩尼僧就餐，是一项严肃的宗教行为，是“解放”食物中所含光的要素。故，光的要素含的愈多愈好。其代表是甜瓜与黄瓜等瓜类。除此之外，吐鲁番还另有葡萄与西瓜。柏林亚洲美术馆藏有展示庇麻节——纪念摩尼之死的著名的细密画（吐鲁番高昌故城遗

址 α 出土），放大其供物部分，可见盛在三足金盆内的，自下而上是甜瓜、葡萄与西瓜①。如上述细密画中所见，作为吐鲁番特产的甜瓜形体相当大，而且甜味充足，并非食用量很大之物。若每天食用，更不必说。摩尼僧规定一日一餐，现假定 1 人 1 次食用四分之一，那 60 个相当于 240 人份。即便是三分之一，那也是 180 人份。这与根据谷物消费量推测出来的数值相近。据第 86、93 行可知，该摩尼寺附有葡萄园，但文书中并无任何言及葡萄之供给的。相反，关于甜瓜，有这么详细的规定，这仍然还是在说明甜瓜之重要性。

中国本土的佛教寺院中，100 人以上归入大寺。故，即使我们的令规文书的对象存在大小 2 个摩尼教寺院，亦能推测出其规模何等之大。迄今为止，在原高昌回鹘领土内存在摩尼教寺院的地方，根据本令规文书与其他文献②，可知有高昌、雅儿、吐鲁番、北庭、焉耆，根据考古学发掘，可知有高昌故城遗迹 K 与遗迹 α，柏孜克里克、吐峪沟、雅尔湖③。在所知者中，规模最大的是遗迹 K。2007 年，在进行实地调查时，我们确认到遗迹 K 与以往的报告相比，规模要更庞大④。本令规文书的送达地点，几无疑问，即是该摩尼寺。克林凯特介绍本文书出土于雅儿湖（Yar-khoto），恐怕是误解了本文书的分类编号 Y 974/K 7709。上述 Y 与 Yar-khoto 无关，是 Yijipin“一级品”，即中国国宝之略称。规模如此之大，而且深受国家保护的摩尼教寺院，除高昌故城遗迹 K 之外，别无可能。如此，则本文书第 81—82 行言及的大摩尼寺是遗迹 K，小摩尼寺必然是遗迹 α。之所以如此，是因为只有考虑到大小两摩尼教寺院并非是两个独立的寺院，而是由同一个慕阇统管的同一寺院，方能释清一起计入大量的谷物与甜瓜之理由。

八、摩尼教寺院的经营基础

第 26—28 行所指定量的谷物，由何人生产、供应，是与本文书整体

---

① A. von. Le Coq, *Die Manichäischen Miniaturen* [*Die Buddhistische Spätantike in Mittelasien*, 2], Berlin, 1923, p. l. 8b.

② *Manichäisch-türkische Texte*, Berlin, 1975, p.48; J. Hamilton, *Manuscrits Ouïgours du IXe-Xe Siècle de Touen-houang*, 2 vols., Paris: Peeters, 1986, No.7.

③ A. von. Le Coq, *Chotscho*, *Facsimile-Wiedergaben der wichtigeren Funde der Ersten Königlich Preussischen Expedition nach Turfan in Ost-Turkistan*, Berlin, 1913; A. von. Le Coq, *Die Manichäischen Miniaturen*;《摩尼教史》。

④ 森安孝夫：《ソグドからウイグルへ》，东京：汲古书院，2011 年，第 547—549 页。

内容有关的重大问题。摩尼教教团原本的生存方式是,漫说拥有任何土地与奴隶、佃农等生产手段,连自身从事农业与商业等都被禁止,所有的生活必需品均依赖于听民(俗信徒)的供应与布施。据此而言,上述生产、供应者,理应是与该摩尼寺相关的俗信徒,茨默亦似乎如此认为。然,笔者不这么考虑。毋宁认为,若单纯追看自文书开头至此为止的内容,与生产者是否为摩尼教徒无关,他们是东西两城的普通农民(国家纳税者),其收获物由国家公务人员 iš ayγučï“干事”按租税征收保管,从中每月提取一定数量配给摩尼寺,这才是其供应体制。如本文最初所见,该摩尼寺亦有直属田地,位于第 85—94 行。看来,这段内容,与开头至此处为止的记述区别开来为好。如此,则上述谷物,不是来自自家田地的“收获”。

摩尼僧所有的生活物资均依赖于俗信徒,相反,对俗信徒而言,向摩尼僧布施、捐献食料、衣料、燃料以及其他生活必需品,这是一个很大的“义务”之一。这一义务,理应适用于以俗信徒回鹘国王为代表的国家。作为国家征税人的干事,是保护摩尼教的国家法人之代理人。笔者以为,此处规定,上述干事应将原本收入国库的地租,每月向摩尼寺纳入一定量。

如第 26 行明记,第 26—28 行所言谷物是僧侣专用。但,寺院并非仅由僧侣构成。与佛教寺院存在沙弥、童行、奴婢之类相同,该摩尼教寺院存在 ärän“寺院男仆”、aspasi / aspasanč“侍男/侍女”、oγlan“男童”、'YWRX'NY ZM'STYK 等。如第 51—53、60—65 行所述,可知其中只有 'YWRX'NY ZM'STYK 归入僧侣之范畴。故其相应的食粮,计入第 26—28 行的可能性很大。然而,其他人员的食粮,需从某处筹办。可认为,这正是第 85 行以下,作为佃耕地地租而以实物缴纳的谷物。如是,该摩尼寺的经济基础来自国家捐献,只有僧侣除外的寺院居住人员的部分,由寺院所属农地的地租来供应。此种考虑,方为妥当。

结　语

本文书是高昌回鹘王国政府发布给高昌首屈一指的摩尼寺(遗迹 K)及其分寺(遗迹 α)之物。可认为,其目的在于国家代替原则上不许从事任何经济活动的摩尼教寺院与僧侣,负担其财政与经营,并保证与以往相同,保护享受国教待遇的摩尼寺寺院。

书刊略写：

《摩尼教史》：森安孝夫：《ウイグル=マニ教史の研究》，《大阪大学文学部纪要》第31、32合并号，丰中，大阪大学文学部，1991年。

《初释》：耿世民：《回鹘文摩尼教寺院文书初释》，《考古学报》1978年第4期，第497—516页。

AOF：*Altorientalische Forschungen*，Berlin.

AOH：*Acta Orientalia Academiae Scientiarum Hungaricae*，Budapest.

APAW：Abhandlungen der Preussischen Akademie der Wissenschaften，Phil.-hist. Klasse，Berlin.

ATG：A. von Gabain 1974，*Alttürkische Grammatik*，3. Auflage，（Porta Linguarum Oientalium，NS. 15），Wiesbaden，1974.

BBB：W. B. Henning，*Ein manichäisches Bet-und Beichtbuch*，*APAW* 1936，No.10，1937，p.143.

BSOAS：*Bulletin of the School of Oriental and African Studies.*

CTD：R. Dankoff/J. Kelly，*Maḥmūd al-Kāšγarī*，*Compendium of the Turkic Dialects*，3 vols.，Cambridge：Harvard University Printing Office，1982－1985.

DMMPP：Desmond Durkin-Meisterernst，*Dictionary of Manichaean Middle Persian and Parthian*（Corpus Fontium Manichaeorum，Subsidia，Dictionary of Manichaean Texts，Vol.III：Texts from Central Asia and China，Part 1），Turnhout：Brepols，2004.

ED：G. Clauson，*An Etymological Dictionary of Pre-Thirteenth Century Turkish*，Oxford：Clarendon Press，1972.

HJAS：*Harvard Journal of Asiatic Studies.*

JA：*Journal Asiatique.*

JRAS：*Journal of the Royal Asiatic Society.*

MOTH：J. Hamilton，*Manuscrits Ouïgours du IXe-Xe Siècle de Touen-houang*，2 vols.，Paris：Peeters，1986.

SPAW：*Sitzungsberichte der Preussischen Akademie der Wissenschaften*，Phil.-hist. Klasse，Berlin.

SUK：山田信夫著，小田寿典、彼得·茨默、梅村坦、森安孝夫共编：《ウイグル文契约文书集成》全3卷，吹田，大阪大学出版会，1993年。

TMEN: G. Doerfer (ed.), *Türkische und Mongolische Elemente im Neupersischen*, I-IV. Wiesbaden, 1963 - 1975.

UAJ: *Ural-Altaische Jahrbücher.*

UW: K. Röhrborn, *Uigurisches Wörterbuch. Sprachmaterial der Vorislamischen Türkischen Texte aus Zentralasien*, Parts 1 - 6, Wiesbaden: Franz Steiner Verlag, 1977 - 1998 (to be continued).

WMK: P. Zieme, Ein Uigurischer Text Über die Wirtschaft Manichäischer Klöster im Uigurischen Reich, In: L. Ligeti (ed.), *Researches in Altaic Languages*, Budapest, 1975, pp.331 - 338.

(原载荣新江编:《黄文弼所获西域文献论集》,北京:科学出版社,2013 年,第 136—176 页。)

十姓回鹘王及其王国的一篇备忘录

张铁山(中央民族大学)　茨默(柏林自由大学)

据我们理解,我们在此公开的这一对开本文书,是关于一个回鹘王以及他的军队所从事的一些重要军事行动的历史性记述。很遗憾,该文书本身未标明年代。但这个备受称颂的王国被称为“十姓回鹘王国”。从这一事实我们可得出结论:本文书年代所指的是以吐鲁番地区的高昌为中心的西州回鹘王国时期。这允许我们做出如下推论:这篇文书描述了一些大约发生于10—11世纪的事件。我们目前的这一稿件只能被认为是解释这篇文书的第一阶段。我们希望其他学者们尽快补充他们对这些事件之历史的洞察[①]。由于这一片段保存完好,存在文书原稿的其他部分可能出现的希望。这是一篇珍贵文献,它弥补了关于维吾尔的西州回鹘王国史料之匮乏。

一、文书描述

基本保存完好的这一张文书是一本书的第22对开页。它被收藏于中国文化遗产研究院(原中国文物研究所)。它的编号是xj 222－0661.9。没有该文书被发现于何时、何地以及由何人带至研究所的情报可利用[②]。文书片段的规格为17×28.6厘米。对开页的上下端标有黑线,左右端标有红线。背面一侧左端带有如下标记:回鹘文献类型名称ötüg“请求、向上级的请愿”(ED, p.51a),在此翻译为“备忘录”,接下来是用回鹘文字和汉字两种文字共同书写的页码iki[③] otuz 二十二。ötüg“请求”作为文献类型名称,我

① 我们对仔细检查我们文章并给予珍贵评论的埃尔达尔(Marcel Erdal)和海斯(Michael Heß)表示衷心的感谢。但所有的错误或错误的解释,均由我们负责。我们还要对建议一些新解释的森安孝夫表示感谢,我们还希望他以及其他同仁能研究这一新的文献。

② 在此我们对中国文化遗产研究院允许我们公开这篇文书,表示感谢。

③ 这个单词最初被错误地拼写为'yk,现纠正为iki,置于该行左侧。该标题只用回鹘文字书写,但页码是由回鹘文字和汉字两种文字共同写成。

们还是初次遇见。但正如森安孝夫所示,这个词被清楚地记录在书信格式中。他强调,这个名词与它的同源动词 ötün-“向上级提出陈述或请求”[①]具有同样的语义。他还写道:“ötüg 基本上是由下属向上级提交的文书。”[②]这个定义也符合我们的“备忘录”。

内容

A:在第一节,我们得知新国王的青年时期。我们了解到,在他还是孩童时,他的父王(Tängri Elig)在一些邻近民族,例如从蒙古的古代突厥碑文所知的九姓达靼间进行的征服活动中,帮助他父王的一段奇异的记述。地理学方面,文书在这里涉及高昌东部地区。

B:第二节谈到在王国的昌盛时期新王子也扮演了积极的角色。在登上王位后,为了壮大高昌王国的力量,他采取了几项行动。

C:在这里,文书转向西方。我们了解到居住在塔里木地区,即沿着塔里河居住的其他一些居民。他们因为自己的抵抗而被征服。文书描写他们为 muyγa(疯狂的、野蛮的)。

D:之后,接下来是针对唆里迷城的军事行动。在征服完唆里迷城之后,宣布天下已被平定。

E:在接下来的一节里,注意力转移到更远的西方:怛罗斯城被征服,而且谈到在一个将军统领下的十个城主。只有最后一个人名(即将军)被记为 Baγučaq,这个名字,除此之外的其他史料无从得知。

F:针对敌人的箴言。

G:针对忠顺民众的箴言。

H:在接下来的一节里,作者谈到 rājaśāstra。它是类似于王子典范的著名的印度文献类型名称,提到详述国王如何统治其国家的一些作品。这样的印度作品还被编入到佛教界广为人知的佛教典籍《金光明经》之中。它还在 11 世纪初从汉文《易经》翻译为回鹘文,是古维吾尔流传最广的佛教典籍[③]。“对外族人给予惩罚,对忠顺的民众给予宽容”——这样的说法似乎

---

① G. Clauson, *An Etymological Dictionary of Pre-Thirteenth Century Turkish*, Oxford, 1972, p.62.

② T. Moriyasu, “Epistolary Formulae of the Old Uygur Letters from Central Asia,” *Acta Asiatica. Bulletin of the Far Eastern Culture* (*Japanese Studies in the History of Pre-Islamic Central Asia*), vol.94, pp.139 – 140.

③ S. C. Reschmann 在柏林出版了收藏品中的古回鹘文书片段的三卷目录,见 S. C.Raschmann, *Alttür-kische Handschriften*, *Teil 5: Berliner Fragmente des Goldglanz-Sūtras*, *Teil 1: Vorworte und Erstes bis Drittes Buch*, Stuttgart (VOHD XIII,13),2000; *Alttürkische Handschriften*, *Teil 6:* (转下页)

就是这本说教性书的箴言。但很遗憾，我们未能在《金光明经》中发现这样的句子。

I：包括穆斯林的所有民众归顺于十姓回鹘。

J：对王国的称颂。

K：对国王（汗）的称颂。

L：顺从的表现。

M：最神圣的王国就是十姓回鹘王国，最神圣的国王就是“我们的Tängrikän”。

N：汗的英名传至天地之际，从“三唆里迷”到“大裕勒都斯”。

O：平定包括于都斤山地区在内的其他国家。

P：这些功绩史无前例。

Q：传颂英名。

R：十姓回鹘王国之名声自开始之日起就很伟大。

S：归属中国（契丹）王国的六姓达靼人被汗征服。

T：人民居住的区域达到 Bay taγ 和横相乙儿（北）。

U：过渡性韵文。

V：王子们及其他一些人来到并

W：居住于“新城”。

X：Yeti Buqa 供奉他的女儿给“我们的 Tängrikän”做妻子。

Y：Sügülüg（Süngülüg?）王子带来了他的民众。

Z：大概是该文书新一节的开头。

转写除外，为便于参考，我们将在后面使用这些段落编号。

（接上页）*Berliner Fragmente des Goldg Lanz Sūtras*, *Teil 2: Viertes und fünftes Buch*, Stuttgart（VOHD XIII, 14）, 2002; *Alttürkische Handschriften*, *Teil 7: Berliner Fragmente des Goldglanz-Sūtras*, *Teil 3: Sechstes bis Zehntes Buch*, *Kolophone*, *Kommentare und Versifizie-rungen*, *Gesamt-konkordanzen*, Stuttgart（VOHD XIII, 15）2005；众多的研究论文见 S. C. Raschmann, “Aus den Vorarbeiten F. W. K. Müllers zum Altun Yaruk Sudur, In: J. P. Laut & M. Ölmez（eds）,” *Baxşı Ögdisi*, *Klaus Röhrborn Armağanı*, *Freiburg-İstanbul*, pp.295－304; “Bruchstück Eines Komme-ntars der Beschreibung der Zehn Bhūmīs,” *Türk Dilleri Araştırmaları*, vol.10, 2000, pp.17－24; “Einige Bemerkungen zu den Buddhanamen im 8, Kapitel des Goldglanz-Sūtras,” In: S. Bretfeld & J. Wilkens（eds）, *Lndien und Zentr-alasien. Sprach-und Kulturkontakt*, *Vorträge des Göttinger Symposions vom* 7. *bis* 10. *Mai 2001*, Wiesbaden, 2003, pp.95－107. 单单柏林收藏品中的 1000 个左右的物品，就深刻表明 sūtra 在佛教文献中的巨大重要性。

二、创 作 年 代

该文书可能的年代需要进行讨论。它存在一些特点，指明该文书出自 13 世纪或 14 世纪。

1. 存在若干来自新波斯语的借词。单词 saqa、sipasalar 以及 b(a)nd(a)gī 将在其前后文脉中被讨论。

2. 代替回鹘语单词使用汉字不是一个明确的标准，但使用这种混写格式的文书的大部分都写于蒙元时代。大部分都是一些简单的汉字被用于代替回鹘语单词。在宗教与非宗教回鹘文书中书写汉字这一习惯是个普遍现象，这也表明汉文化对回鹘的深厚影响①。在这里我们列出这些汉字的明细。

行　　数	汉　　字	文书中的古维吾尔语	文书中不存在的古维吾尔语
正面 09、背面 18、22	天 tian		tängri
正面 14	十 shi		on
背面 27	是 shi		bu
正面 30	人 ren	kišilär	
背面 02	此[>圣]天 ci[>sheng]tian		bu[>ïduq]tängri
背面 08	三 san		üč
背面 08	大 da		uluγ
背面 11	四 si		tört
背面 15	此 ci		bo
背面 15	王 wang		xan
背面 21	心 xin		köngül

① 张铁山：《回鹘文佛教文献中夹写汉字的分类和读法》，《西域研究》1997 年第 1 期，第 99—104 页；张铁山：《对回鹘文佛教文献中夹写汉字现象的一些认识》，《突厥语言与文化研究》，北京：中央民族大学出版社，1997 年，第 112—122 页。

（续表）

行　　数	汉　　字	文书中的古维吾尔语	文书中不存在的古维吾尔语
背面 23、27	七 qi		yeti
背面 28、31	圣天 sheng tian		ïduq tängri
背面 30	金 jin		altun

上表清楚表明作者只有一次使用汉字的回鹘语同义词。可以说，其他所有的汉字都是其所对应的回鹘语单词的替代。

3. 如埃尔达尔指出，yamγr 代替 yaγmur 以及 särä umadïn 代替 särü umadïn 是后期之特征。q'pswrwp（31 行）代替 qavšurup 也可以被考虑为是唇音的变化。

4. 所谓齿音混同例子，不像在更早时期的文本中那样罕见。

齿音混同词汇表

	换　　写	转　　写
正面 1	y'dwr	yatur
1	"lp'qwd	alpaγut
5	yykyd	yigit
7	twrydm'z	turïtmaz
11	y'tm'q	yadmaq
12	kyd'rw	ketärü
15、背面 17	'wdr'	otra
17	p'z'	basa
19	swyzy	süsi
22、23、28	t'l'z	talas
23、背面 2、背面 21	"rdwq	artuq
23	kwyswndwrw	közüntürü
27	y'r'dyqy	yaratïγï
28	d'r'yw	tarayu

（续表）

	换　写	转　写
28	pwsdwrm'tyn	buzdurmatïn
背面 3	p'z'	basa
7	y'tdyl'r	yadtïlar
8	'ydylmys	etilmiš
9	'wrn'dw	ornatu
10	pwydwrw	bütürü
13	''lq'dmys	alqatmïš
15	''tyncyq	adïnčïγ
17	qwtwp	qodup
17	ywrdyn	yurtïn
20	qwty	kudï
21	kwykws	kögüz
23	tykyd	tegit
29	kwydwrwp	kötürüp

三、地理、人物及部族名称

下面的表格给出了出现在这一备忘录中的所有专用名词的概要。我们按地理、人物及部族名称进行整理。

行	地　名	人　名	部族名
正面 10			Toquz Tatar
正面 14、背面 5、13			On Uyγur
正面 15、背面 17		Udan	
正面 18	Kočo uluš		
正面 18	Tarïm		
正面 20	Solmï balïq		

（续表）

行	地　名	人　名	部族名
正面 22、23	Talaz(Talas)		
正面 22		Baγučaq	
正面 30			Čomaq
背面 1			Uyγur
背面 8	Üč Solmï		
背面 8	Uluγ Yultuz		
背面 9	Ötükän		
背面 14			Qïday
背面 14			Altï Tatar
背面 15		Toquz Buqa	
背面 20	Bay Taγ		
背面 20	Qum Sängir		
背面 23		Sirafil Taysi	
背面 23		Turdï Taysi	
背面 23、27		Yeti Buqa	
背面 25	Yangï Balïq		
背面 29		Azlanču oγlï	
背面 29		Sügülüg(Süngülüg?) Tegin	

很明显，这个表格表明，连同一些熟悉的名称，很多名称在这里是第一次出现。这也拓展了我们对一些历史事件的知识，虽然我们必须考虑到该文书作为颂词文书的特点，这意味着这里谈到的每件事情可能不一定都是历史事实。

四、文学风格及文书构成

这个文书是关于西州回鹘王国一位王子经历的备忘录。它以赞美诗的形式称颂了王子和他的王国。该文书是散文部分与诗歌部分的结合体，没有任何表明这两种文体区别的特殊表现。诗句是以典型的押韵为特点。

el xan 这个称谓仅仅意味着国王。在 J 节和 K 节里，el xan 这个称谓被分配使用到两段诗文里。一个诗文以 el 开头，另一个诗文以 xan 开头。这两段诗文都使用了节奏欢快的首字母押韵手法，ïduq uyγur xan 和 bu tängrikän 这两种表现在这里当作同义词使用。文书在谈到最好的国王是高昌回鹘国王，最好的王国是高昌王国时达到高潮（M 节）。文书中我们遇到了很多有并列结构的句子或诗文。下面是一些例子：

töš-lärin basa：**tö**ngitü：

ärin-lärin 04 yapïnu **ä**ngitü

alqïš-lïg **ya**mγur **ya**γïtdï-lar：（L）

金［**a**ltun］ yipin **a**rqašïp

kümüš yipin **kö**kläšip：（Y）

在第二个例子中我们注意到，在每一行中都使用严格的同义词并列结构，是两行构成两行诗句的藏头押韵法。这一段诗句的每一部分，每一行中都有 4+3=7 个音节结构。这种结构与广为人知的很多突厥语族民族的民族诗歌的音节类型相一致。

五、拉丁字母换写[①]

（正面）

01 01 kyčyk ky ’ pyšyk t’ y’dwr ’rk’ṅ ’wk ”dyn ’lp ’lp’qwd ’r ’n l’r

02 02 nynk kwyv’nw s’vynw swyzl’myš sv l’ryn kyryšyṅ swqymyš ’wyn l’ryn s’r’

03 03 ’wm’dyn yydrwq̈yn twykwp q’tyq ’wynyn č’rlyw kys’r ”rsl’n ’nwky ”č kyč’yk

04 04 ky ”rs’r：ym’ ”ryq̈ t’q̈y ”dyn k’yyk l’r nynk ”tn’myš ’wyn l’ryn s’r’

05 05 ’wm’dyn ”q̈yzyq l’ryn tyš l’ryn čy q̈r’dyp ’wyrw qwdy sykryyw ywkwrwr k’č’r

06 06 typ ”nčwl’yw ym’ pw t’nkryk’nym’z. ’wyzy y’šy t’q̈y kyčyk twyrk yykyd

07 07 ’wq̈l’n yrly q̈’r ’rk’n ’wk：”č’y’n twnk’ ’wqlyn č’ twrydm’z twyrk

08 08 ywr’k lyk yrlyq’r ’wyčwn kys’r ”rsl’n ’ṅwkynč’ kynk kwykwz lwk

① 为便于参考，我们给全部行数加上了编码，{…}用于表示被作者擦掉的词汇。

09 09 kyk'y syz 'dr'm lyk yrlyq̈'r 'wyčwn ''t' sy 天 'ylyk qwtynk'
10 10 ''rq̈' pyryp ''lq̈'tmyš 'yl k' mwyq̈' pwlmyš twqwz t'tr pwdwnyn
11 11 'wykr'tkw p'lyq̈s'q̈' synd' 'wyrk'r č'ryk 'wrwp y'tm'q̈'wyz'
12 12 'wyzk' snlyq̈ qylw yrlyq̈'p 'wyz 'yly nynk p'synčyṅ kyd'rw y'd'yl lyk
13 13 'yyq s'qynč ly q̈y'qy l'r q' 'yšydmyš t' 'wk 'yč'ṅq̈wlwq̈'ym'nkwlwk
14 14 qylw y'rlyq̈'d y 十 'wyq̈wr 'ylynd' ''rykm' q̈m'q̈ pwdwn pwq̈wn
15 15 'wd'n q'nkymz 'wq̈ly 'wlwq̈'dty：'wndyn synk'r y'd y' q̈y p'synčyn
16 16 kwyrm'k'y pyz typ 'wlwq 'wykrwnč lwk s'vynč lwk pwlty l'r.
17 17 'wlwq 'wrwn q' y'rlyq'myš t' p'z' k'ntw 'wykwš t'lym 'yš
18 18 kwyč 'yšl'yw y'rlyq'dy qwtlwq̈ qwčw 'wlwš nwnk y'qy sy pwlmyš
19 19 t'rym lyq pwdwnyn y'nčq'lyr 'wyčwn qwp q'm'q swyzy č'ryky pyrl'
20 20 ''tl'ṅw y'rlyq̈'p swlmy p'lyq̈ q' qwdwl'p t'kym lyk č'rykyn
21 21 t'r'yw s'čyp yyr ywdwky q'm'q pwdwnyn 'ynčk' tynč q' t'kwrw y'rlyq'dy
22 22 kyrwky t'l'z ywd wn ''tl'ṅw y'rlyq̈'p p'q̈wč'q̈ syp' s'l'r p'šyn 'wn
23 23 ''rdwq k'nt p'k l'ryn kwyswndwrw y'rlyq̈'p：yytydw ywntdwrwp t'l'z
24 24 ''tlq̈ p'lyq yq̈ 'ylyk yčyn ''lw y'rlyq̈'dy：q'tydyp twrd'čy y' q̈y q'
25 25 q'tyq̈ y'rlyq̈ t'twrm'k qyn'm'q̈：''nkytyp twypwn twyšd'čy l'ryk
26 26 'syrk'm'k tswywrk'm'q̈ 'rs'r：'rklyk kwyč lwk 'ylyk l'r nynk q'n l'r nynk
27 27 'ytyky y'r'dyqy čwqy y'lyny 是 tykwčy r'č' š'styr pytyk t'ky
28 28 s'vyq̈ 'wytyk k'lwrw y'rlyq̈'p t'l'z pwdwnyn d'r'yw pwsdwrm'tyn ''šyn
29 29 twyk'l qwdwp yyd' y'rlyq̈'dy：'wl s'vyq 'yšydmyš č' kwyrmyš č'
30 30 人 kyšy l'r twlp čwm'q̈ pwdwny 'yr'qdyn y'qyn tyn 'ydwq t'nkry ymyz k'
31 31 'ylyk l'ryn q'pšwrwp ''yydw ywkwnw ''dynw mwnk'dw 'ynč' typ swyzl'dyl'r
（背面）'wytwk ｛'yk｝ 'yky 'wtwz 二十二
32 01 'yl 'rs'r 'ydwq 'wyqwr q'n 'rmyš：'ylyk 'yyyn kyrmyš pwdwnwq̈ 'yrynčk'm'k mwnd'
33 02 ''rdwq̈ mw pwlwr：q'n 'rs'r q'm'q t' yyk 圣[1]天 k'ṅ 'rmyš q'r' syn q'nk č'
34 03 mwndq̈' pwylmyš p'r mw：tyšyp twyš l'ryn p'z'：twynkydw[2]：'ryn l'ryn
35 04 y'pynw 'nkydw ''lq̈yš lyq ymqwr y'qytdy l'r：'yr'qdyn 'yšydykm' kyšy l'r：

① 此字看起来像"此"，但应被读作"圣"。
② 写为 twynk'ydw，twynkrydw？

{'yl t'}

36 05 'yl t' 'ydwq̈y 'wn 'wyq̈wr 'yly 'wk 'rmyš q'n t' s'q̈ly ym' pw t'nkryk'ṅ

37 06 twyrwmyš tyšyp 'ydwq t'nkryk'nymz nynk 'dkw ''tlyq č'vyn swrwq̈ yn kwyk

38 07 k' kwytwrdy l'r: y'q̈yz t' kynkwrw y'tdy l'r: 'yrd'sy slmyš y't 'yl lyk

39 08 l'r 'ydylmyš 三 swlmy 'wlwš qyq̈wzwn 'wl'dy 大 ywltwz q't'ky 'wyzk' s'ṅ lyq

40 09 yyr yn swv yn 'wytwk'ṅ pwdwnyn 'wrn'dw y'rlyq'dy 'yčw l'ry ''p' l'ry

41 10 qylm'dwq 'yš l'm'dwk ''dyl ''drwq̈ 'yš l'ryṅ 'wykwš t'lym 'yšl'yw pwydwrw

42 11 y'rlyq̈'dy: 四 tyn synk'r ''lp q'tyq̈ 'dkw ''tyn kynkwrw y'd' y'rlyqp

43 12 twywk twym'n pwdwnwq̈ pwq̈wnwq̈ twypw l'ryn twynkytdwrw 'wyzk' s'n lyq

44 13 qylw y'rlyq'dy: {q̈wlmyš} ''lq̈'dmyš 'wn 'wyqwr 'yly twrq̈'lyr tyn p'rw

45 14 'yr'q̈ tyn 'dy 'yšydylwr: qyd'y 'yl k' s'n lyq ''lty t't'r pwdwny twyrwp

46 15 此 'yl k' y'q̈wm'dyn twq̈wz pwq ' p'k'r: 王 pyrl' ''dynčyq 'ydwq ''lp

47 16 q'ṅymyz nynk ''tyn č'vyn 'yšydyp t'pynw 'wyk'myš 'yl yn q'n yn t'pl'

48 17 m'tyn qwtwp 'wrn'nmyš ywrdyn twrwq̈ yn 'wqš'r č' tytyp: 'wd'n

49 18 'ydwq 天 k'nymyz k' pwdwn pwlw'p kwyč pyrkw tyltq̈yntyn qwnkrwlw {qwwlwq̈}①

50 19 kwyčwp k'lyp qwtlwq̈ 'ydwq t'nkry k'nymyz nynk qwr ynk' qwtl'q ynk'

51 20 syqynw k'lyp qwty p'y t'q: qwm s'nkyr k' t'ky qwnwp ywrtl'p

52 21 心 l'ry ṅwnky② kwykws l'ry k'rmyš t'k 'd'my 'wykwš ''y t' ''rdwq {tykyn}

53 22 'ydwq 天 k'n nynk 'wdr'k lyk k'nt l'rynk' k'nt pwlwp 'yčykdy l'r

54 23 'wrn'šdy l'r: 'wyn'k tykyd syr'vyl t'ysy 'wq̈l'ṅy twrdy t'ysy: 七 pwq'

55 24 č'nkšy p'šyn pntky tykyt l'r: ywrtl' q̈w twyz ywrt l'ryn n' qwdwp

56 25 ywrtč' {'wyk' kwyl'yw} 'wyrk' k'lyp kytyp y'nky p'lyq 'ltyn yn

57 26 ywrdl'p③ qwnwp: 'yl t' twqmyš pwdwn t' ''rdwq 'yčykdy l'r 'wrn'šdy

① 可能被擦掉了。

② 如我们的读法 ongay 正确，那首字母旁边的分号应为错误。

③ 写作 ywrdlyp。

58 27 l'r 七 pwq̈ 'čnkšy 'wyzt' twrmyš① qyzyn 'wyzy t'pl'p y'qyz
59 28 yyr 'rklyky y'lyn lyq 圣天 k'nymyz nynk y'ryndy sy pwlmyš：
60 29 "zl'nčw 'wq̈ly swykwlwk tykyn k'：twypwsyn t' kwydwrwp k'lwrwr
61 30 č' kyšy l'ryk yyqyp 金 yypyn "rq̈'šyp kwymwš yypyn kwykl'šyp：
62 31 twym'n yyl q't'ky kwyč pyrkw 'wyčwn twyk'l lyk 圣天 k'nymyz pyrl'

六、拉丁字母转写②

（正面）

A. 散文

01 kičig k(i)yä bešik-tä yatur ärkän ök adïn alp alpaγut ärän-lär 02 -ning küvänü sävinü sözlämiš sav-larïn kirišin suqïmiš ün-lärin särä 03 umadïn yïdruqïn tügüp qatïγ ünin čarlayu kesar arslan änüki ač kičig 04 — k(i)yä ärsär：ymä arïγ-taqï adïn käyik-lär-ning ätinämiš ün-lärin särä 05 umadïn azïγlarïn tiš-lärin čïqratïp örü qudï sikriyü yügürür käčär 06 tep ančulayu ymä bu tängrikänimiz. özi yašï taqï kičig türk yigit 07 oγlan y(a)rlïqar ärkän ök：ačayan tonga oγlïn-ča turïtmaz türk 08 yüräk-lig yarlïqar üčün kesar arslan änükinčä keng kögüzlüg 09 kigäy-siz ädräm-lig yarlïqar üčün ata-sï 天[tängri]elig qutïnga 10 arqa berip alqatmïš el-kä muyγa bolmïš toquz tatar bodunïn 11 ögrätgü balïq saqa-sïnda ürkär čärig urup yatmaq üzä 12 öz-kä sanlïγ qïlu yarlïqap öz eli-ning basïnčïn ketärü yat ellig 13 ayïγ saqïnč-lïγ yaγï-lar-qa ešidmiš-tä ök ïčanγuluq äymängülük 14 qïlu yarlïqadï

B. 押韵诗句

+[**o**n]uyγur elindä ärigmä qamaγ bodun boqun

15 **u**dan qangïmïz oγlï uluγadtï：

ondïn sïngar yat yaγï basïnčïn 16 körmägäy biz tep

uluγ ögrünčlüg sävinčlüg boltï-lar

17 **u**luγ orunqa yarlïqamïšta basa käntü üküš tälim iš 18 küč išläyü yarlïqadï

C. 押韵诗句

---

① 或为 twqmys，twnmys?

② 转写之中，[…] 表示用于原文书中的汉字的同义词。押韵诗句的首音节用黑体字加以强调。

qutluɣ kočo uluš nung yaɣï-sï bolmïš 19 tarïm-lïɣ bodunïn yančqalïr üčün

qop qamaɣ süsi čärigi birlä 20 atlanu yarlïqap

D. solmï balïqqa qudulap tägimlig čärigin 21 tarayu sačïp yer yüdüki qamaɣ bodunïn enčkä tïnčqa tägürü yarlïqadï

E. 散文

22 kerüki talaz yudun atlanu yarlïqap baɣučaq sipasalar bašïn on 23 artuq känt bäglärin

közündürü yarlïqap: yititü yontdurup talaz 24 atl(ï)ɣ balïqïɣ elig ičin alu yarlïqadï:

F. 押韵诗句

qatïtïp turdačï yaɣïqa

25 **qa**tïɣ yarlïɣ tätürmäk qïnamaq:

G. 押韵诗句

ängitip töpün tüšdäči-lärig

26 **ä**sirkämäk tsuyurqamaq ärsär:

ärklig küč-lüg elig-lär-ning xan-lar-nïng 27 etigi yaratïɣï čoɣï yalïnï

H. 散文

是[bu]tegüči rača-šastir bitig-täki 28 savïɣ ötig kälürü yarlïqap talaz bodunïn tarayu buzdurmatïn ašïn 29 tükäl qodup yedä yarlïqadï: :

I. 散文

ol savïɣ ešidmiš-čä körmiš-čä 30 人 kiši-lär tolp čomaq bodunï ïraqdïn yaqïntïn ïduq

tängrimiz-kä 31 elig-lärin qavšurup ayïtu yükünü adïnu mungadu inčä tep sözlädilär

J. 押韵诗句

32 **e**l ärsär ïduq uyɣur xan ärmiš:

elig eyin kirmiš bodunuɣ

irinčkämäk munda 33 artuq mu bolur:

K. 押韵诗句

xan ärsär qamaɣ-ta yeg 圣天[ïduq tängri]kän ärmiš

qara-sïn qangča 34 mundaɣ bölmiš bar mu: tešip

L. 诗行内的押韵文

töš-lärin basa：**tö**ngitü：

ärin-lärin 35 yapïnu **ä**ngitü

alqïš-lïγ **ya**mγur **ya**γïtdï-lar：

M. 押韵诗句(变体?)

ïraqdïn ešdigmä kiši-lär：

36 el-tä ïduqï on uyγur eli ök ärmiš

xan-ta saγlï ymä bu tängrikän 37 törümiš tešip

N. 散文

ïduq tängrikänimiz-ning ädgü atlïγ čavïn soruγ-ïn kök 38 – kä kötürdi-lär：

yaγïz-ta kengürü

yaddï-lar：irdäši s(a)lmïš yat ellig 39 –lär etilmiš 三[üč]solmï uluš qïquzïn ulatï 大

[uluγ]yultuz-qatägi

O. 押韵文

öz-kä san-lïγ 40 yerin suvïn

ötükän bodunïn ornatu yarlïqadï

P. 押韵诗句(?)

ečüläri apalarï 41 qïlmaduq išlämädük

adïl adruq išlärin üküš tälim išläyü bütürü 42 yarlïqadï：

Q. 押韵诗句

四[**tört**]tin sïngar alp qatïγ ädgü atïn kengürü yada yarlïqap

43 **tü**k tümän bodunuγ boqunuγ

töpü-lärin töngitdürü öz-kä san-lïγ 44 qïlu yarlïqadï

R. 散文

alqatmiš on uyγur eli turγalïr-tïn bärü 45 ïraq-tïn adï ešidilür：

S. 散文

qïday el-kä san-lïγ altï tatar bodunï törüp 46 此[bu]el-kä yaγumadïn toquz buqa bägär：

王[xan]birlä adïnčïγ ïduq alp 47 xanïmïz-nïng atïn čavïn ešdip tapïnu ögr(ä)nmiš el-in

xan-ïn tapla 48 -matïn qodup

ornanmiš yurt-ïn turuγ-ïn oqšar-ča titip：

udan 49 ïduq 天［tängri］känimiz-kä bodun bolup küč bergü tïltaγ-ïntïn

T. 押韵诗句

qongrulu 50 köčüp kälip

qutluγ ïduq tängri-känimiz-ning

qur-ïnga quurlaγ-ïnga 51 sïγïnu kälip

qudï bay taγ：**qu**m sängir-kä-tägi **qo**nup yurtlap

U. 押韵诗句

52 心［**kö**nggül］läri ong(a)y

kögüz-läri qanmïš täg ädäm(lä)r

V. 押韵诗句

üküš ay-ta artuq 53 ïduq 天［tängri］kän-ning

üdräg-lig känt-läringä känt bulup ičikdi-lär 54 ornašdï-lar：

öng tegit siravil taisi oγlanï turdï taysi：七［yeti］buqa 55 čangšï bašïn b(a)nt(ä)gi tegit-lär：

W. 押韵诗句

yurtlaγu tüz yurt-larïn nä qodup

56 **yu**rtča ürkä kälip ketip yangï balïq altïn-ïn

57 **yu**rtlap qonup：el-tä tuγmïš bodun-ta artuq ičikdi-lär ornašdï 58 – lar

X. 散文、押韵诗句

七［yeti］buqa č(a)ngšï öz-tä tuγmïš qïzïn özi taplap

yaγïz 59 yer ärkligi

yalïn-lïγ 圣天［ïduq tängri］känimiz-ning yarïndï-sï bolmïš：

Y. 散文

60 **a**zlanču oγlï sügülüg tegin-kä：töpüsin-tä kötürüp kälürür 61 – čä kiši-lärig yïgïp

金［**a**ltun］yipin arqašïp kümüš yipin kökläšip：

Z. 散文

62 tümän yïl-qatägi küč bergü üčün tükäl-lig 圣天［ïduq tängri］känimiz birlä

七、译文(按文书段落)

A. 当他还躺在摇篮里的时候，他就不能忍受其他(即外国)军队首领们傲慢兴奋地发出的言谈和手指置于弓弦发出的射击声。他会握紧拳头，吼声洪亮——如同一只饥饿而幼小的 Kesārin 狮子之幼仔，不能忍受森林中其他野生动物发出的声音而咬牙切齿、跳上跃下、跑动横断——这就是我们的 Tängrikän，虽然他年岁尚幼，却是一个强壮有力的孩童。他如同 Ājāneya[①] 豹对自己的幼子一样有着一颗温柔而坚强的心，如同 Kesārin 幼狮一样有着宽阔的胸膛和无尽的美德，他帮助了他的父王天王陛下（圣主）。他通过部署惊人的军队在城外，驯服了背叛神圣的（十姓回鹘）国的九姓达靼人民，并使他们称臣纳贡。他清除了自己王国面临的威胁，使得那些心怀叵测的异国之敌听到时心惊胆颤。

B. 生活在十姓回鹘国的所有人民，我们的父亲兀单之子长大成人了。他们变得非常幸福快乐，说道："我们不会再经受周边外敌的压迫。"他（即新国王）登上王位后，亲自采取了很多英勇的行动。

C. 为了打击成为神圣的高昌国之敌人的塔里木（地方）的人民，他和其所有的军队一起跨上了骏马。

D. 如暴风骤雨般攻打进入唆里迷城之后，他与自己高贵的军队遣散了（人民），从而带给这片国土上他的所有人民和平与安宁。

E. 他进军（？）西方的怛罗斯城，他使得 Baγučaq 将军带领的十多个城主出现（在他面前），在刀光剑影中，他获取被称为怛罗斯的这个城市和这个王国，使之成为自己的内属（一部分）。

F+G+H. "对顽抗的敌人要施以严厉的命令和惩罚，向卑躬屈膝的人们展示慈悲和恩宠"。（遵循这个法则）尊贵华丽、光彩耀人、充满力量和权威的国王们和可汗们（即我们的国王）带来了 Rājaśāstra 记录中称为"是"[②]的话语，他没有驱逐并摧毁怛罗斯地方的人民，而是恩准他们拥有自己全部的食粮并领导他们（向前）。

I. 人们听到或看到了这件事，他们——来自远方和近处的 Čomaq（穆斯林）人民即刻在我们神圣的 Tängri 面前叠起双手，并鞠躬致意。他们惊叹道：

---

① 见 K. Röhrborn, *Uigurisches Wörterbuch. Sprachmaterial der Vorislamischen Türkischen Texte aus Zentralasien*. 1–6, 1977–1998, Wiesbaden, p.39a.

② 汉字"是"意思为"这个"，但在此处并不通顺。因此，我们认为它是汉字"王法（rājaśāstra）"的错误读法。若果真如此，那该手稿定是一手抄本。另一方面，有人也许会认为单词"tegüči（称作）"有必要被抹消掉。

J. “说起这个王国，就是神圣的回鹘汗，
将仁慈赐予这些
服从国王的人民，
比这更伟大的是什么？

K. 谈起汗，胜于万物者就是神圣的 Tängrikän，
他不是像父亲一样分发了他的财富吗？”——他们就这样互相流传。

L. 他们按着他们（自己的）的胸膛鞠躬，
他们捂着他们（自己的）嘴唇鞠躬，
他们使祝福的雨降下。

M. 听到这些（事情）的远方的人们彼此说道：
“王国之神圣者就是十姓回鹘王国，
作为君主中的最重要者，这位 Tängrikän 已经产生。”

N. 他们把我们神圣的 Tängrikän 的美好名声与威望，高举至上天。在他们开拓的遥远而宽广的褐色（大地）上，在三唆里迷王国之山谷里——在这些异族人建立的被施与调查的地方，更远到达大裕勒都斯之地。

O. 他恩赐于都斤地方的人民
居住在他自己管辖下的领土上。

P. 他进行并成就了他的前辈和祖先没有而且没能完成的、特别辉煌的众多事业。

Q. 他向四方广泛传播他勇敢坚定的美名，他使数以万计的人民俯首并服属于他。

R. 受人称颂的十姓回鹘王国自存在以来，它名扬远方。

S. 附属于契丹王国的六姓达靼之人民兴起，在他们（还）没有接近这个王国时，他们听到了君主 Toquz Buqa 和汗，以及我们高尚、神圣、勇敢的汗（Alp 汗）的名字与威望时，他们就放弃并抛掉了他们已经习惯于服侍的汗（el 汗）。虽然他们热爱（赞美）他们的家园和故土，但他们放弃了这些并成为了邬陀南，即我们神圣的 Tängrikän 的人民。由于给了力量，

T. 决裂而来的人们移居过来，
由于我们仁慈神圣的 Tängrikän 的
腰带，他们得到了庇护，
向下方（从）Bay Taγ 直到横相乙儿地方，他们定居并建立家园。

U. 人民（？）他们心情舒畅，

他们胸怀满足，

V. 很多个月来，他们涌入到我们神圣的 Tängrikän 的繁荣的城市群，
把它们当作自己的城市并定居下来。
（隶属的？）王子们由皇子，即 Sirafil 太子、他的儿子 Turdi 太子、
Yeti Buqa 长史统领。

W. 他们一离开他们曾经居住的美好家园，
他们就来到（这个地区，并把它）作为他们长（住）的家园，
去定居在新城（Yangï Balïq）的下部（地区）。
比出生在这个王国里的人民更多的他们进入并居住下来。

X. Yeti Buqa 长史，他自己把他亲生的女儿许诺给他本人（即 Tängrikän），
成为了褐色大地之王，
我们光辉神圣的 Tängrikän 的 yarïndï。

Y. 向 Azlancu 之子 Sügülüg（=Süngülüg？）王子：
他带来并聚集起人民（或妇女）时，他即刻向他抬头，
他们被金线连在一起，
他们被银线绑在一起。

Z. 为了给予力量直到万载，与我们完美神圣的 Tängrikän 一起……

八、文 书 注 释

A. 在第一行，年轻的王子被比喻作幼狮。这种比喻是基于佛教文学的传统。在新年的祝福里也有用 kesar<（Skt. Kesārin）arslan 的相似的表达法：kesar arslan täg sikriyü“像狮子一样跳跃”①。但我们没有找到渴望与敌人作战的儿童被比作寻找食物的饥饿的幼狮之寓言。在接下来的段落里，已经被描述为 türk yigit 的男孩被比喻作豹子，豹子前面附有通常用于马身上②的梵语形容词 ājāneya。同样有趣的是 türk yüräklig“拥有一个强有力的心脏”这个表达语。

第 2 行：kirišin suqïmïš ün-lärin“手指置于弓弦发出的射击声”

---

① P. Zieme, “Mängi bulzun! — Ein Weiterer Neujahrssegen,” In: Şükrü Elçin(ed.): *Dr. Emel Esin'e Armağan*(*Türk Kültürü Araştırmaları 24: 1*), Ankara, 1986, pp.131–139.

② M. Monier-Williams, *A Sanskrit-English Dictionary*, Oxford, 1899, p.132c.

第 5 行：写法 ”q̈yzyq 可能是单词 azïγ“大牙或獠牙”的错误拼写[①]。

第 7 行：turïtmaz：见动词 turït-“伤害”。参见 turïtmaqsïz[②]。

第 9 行：kigäy-siz 可能来自 kigäy“辐条”，但在此处代表何意，完全不明。

第 9 行：青年的父亲被称作 tängri elig“圣主”，此处第一个单词用汉字“天”写。是青年支持了他的父亲！这与英雄史诗非常相似。

第 10 行：九姓达靼人民已被谈到，他们自鄂尔浑碑文起就为人所知[③]。

第 10 行：关于不常见的单词 muyγa，我们从文书 U5374 右侧第 7 行再引一个例子：buryuqlar（buyruq 的一个罕见的音位替换形式）muyγa bolup“大臣们发疯”。《八阳神咒经》（*Säkiz yükmäk yaruq sudur*）在 254 行有这样的后续语 tosun y（a）vlaq muyγa tïnl（ï）γlarïγ“未驯服的，不好的，野生物种”[④]。克劳森称该词为“一个贬义的形容词”[⑤]。

第 11 行：第 11 行的第一个单词很难读也很难解释。这个动词所关联的前面单词 bodun 是宾格形式，所以我们必须预想到它是一个及物动词。这可能只是 ögrät-，但是在-t-字母后面我们看到一个小勾，这有可能是“n”或者“’”或者“r”，最有可能的是“-n-”。

第 11 行：balïq saqa-sïnda 这一表现，意思应该是“在城市的环境里”或者类似的意思。喀什噶里只收有 saqa“山脚下”这个单词[⑥]。在这里我们建议单词 saqa 是来自传入新波斯语的阿拉伯语“地方上的平原”[⑦]，这可从奥斯曼和土耳其共和国语里的 saha 得知。

第 12 行：öz-kä sanlïγ qïl-的意思是“使成为纳贡者”。我们的这个想法借自埃尔达尔，见第 43—44 行。

B. 第 15 行：正如我们可以从 1334 年的高昌王世勋碑了解到，Udan 是

---

① G. Clauson, *An Etymological Dictionary of Pre-Thirteenth Century Turkish*, p.283a.

② J. Wilkens, *Das Buch von der Sündentilgung*, *Edition des Alttürkisch-buddhistischen Kšanti Kılguluk Nom Bitig. 1－2*（Berliner Turfantexte XXV）, Turnhout, 2007, *ll.* 2837－2838; M. Erdal, *Old Turkic Word Form-ation*, *A Functional Approach to the Lexicon*, 1－2, Wiesbaden, 1991, pp.515, 790.

③ H. Şirin User, *Köktürk Ve Ötüken Uygur Kağanlığı Yazıtları*, *Söz Varlığı İncelemesi*, Konya, 2009, pp.164－165.

④ J. Oda, *A Study of the Buddhist Sūtra Called Säkiz Yükmäk Yaruq or Säkiz Törlügin Yarumïš Yaltrïmïš in Old Turkic*, *Text Volume*, *Facsimile Volume*, 2010, Vol.I, p.234.

⑤ G. Clauson, *An Etymological Dictionary of Pre-Thirteenth Century Turkish*, p.772b.

⑥ G. Clauson, *An Etymological Dictionary of Pre-Thirteenth Century Turkish*, p.805b.

⑦ F.Steingass, *A Comprehensive Persian-English Dictionary*, London, 1892, p.638b.

回鹘王朝创建者名字的第一部分。在第 29 行中，Boquq 与汉语的“兀单卜古”Wudan Bugu = Udan Bügü（可汗）相对应[①]。克拉克（L. Clark）建议这个名字用笠井最近编辑的题记来解释[②]。在这里，我们补充说明一下，公主的别名 Tängrikän Taqïn[③] Kïz Tängrim 以藏头押韵（用黑体字强调）的方式置于完全并列的两行内，强调了对她的崇拜。第一行里四个单词的每个单词都能在第二行里找到它的严格的对应词。

udan **u**γušnung **u**dumbar lenhuasï　2+3//3+3

boquγ töznüng **pu**ndarik čäčäki　2+3//3+3

“Udan 氏族的 udumbara 莲花

Boquγ 起源的 puṇḍarīka 花”

C. 第 19 行：塔里木地方的人民被提到是高昌王国的敌人。塔里木是“库车附近的回鹘边境上的一个地名。它被称作是 üsmi tarim，有一条河流过它”[④]。

D. 第 20 行：唆里迷城[⑤]以三唆里迷的名称在后面提及。

第 21 行：yer yüdüki 的意思应该类似于“远到大地所及”（？），这可从动词 yüd-“承载”>“大地所承载的”得到解释。

E. 第 22 行：怛罗斯在本文书中均被写成 Talaz，是一个在很多古代突厥史料中见到的西方著名城市。

第 22 行：baγučaq 这个名字除此之外，不为所知，该词让人联想起回鹘的 10+8 部落之一的 Awuche = ∗ Avučaγ[⑥]。这个部落名字被哈密屯[⑦]作不同解释。其他的可能性为：（1）来自粟特语 p’γwc（h）“华丽”的借用语[⑧]；

---

① Geng Shimin & J. Hamilton, “L’inscription Ouïgoure de la Stèle Commémorative des Iduq Qut de Qočo,” *Turcica*, vol.13, 1981, p.35.

② L. Clark（2009, p.64）；笠井（2004, pp.3－4）（译者注：原文如此，参考文献欠缺。虽多方查核，但未能补充）。

③ 可能为从 taqïn-（<taq-“固定、绑住”, G. Clauson, *An Etymological Dictionary of Pre-Thirteenth Century Turkish*, p.464b）派生而来的固有名称，在古突厥语中未被记载，但见于 K. Röhrborn, *Uigurisches Wörterbuch. Sprachmaterial der Vorislamischen Türkischen Texte aus Zentralasien*, 6 vols., Wies-baden, 1977－1998, vol.3, p.783.

④ R.Dankoff & J. Kelly, *Maḥmūd al-Kāšγarī: Compendium of the Turkic Dialects*（Dīwān Lugāt at-Turk）, 3 vols, Harvard University Printing Office, 1982－1985, vol.1, p.302.

⑤ 耿世民、张广达：《唆里迷考》，《历史研究》1980 年第 2 期，第 147—158 页。

⑥ P. Golden, *An Introduction to the History of the Turkic Peoples, Ethnogenesis and State-Formation in Medieval and Early Modern Eurasia and the Middle East*, Wiesbaden, 1992, p.156.

⑦ J. R. Hamilton, “Toquz Oγuz et On-Uyγur,” *Journal Asiatique*, vol.250, 1962, p.43.

⑧ B. Gharib, *Sogdian Dictionary, Sogdian-Persian-English*, Tehran, 1995, no.6439.

（2）Şecere-i Terākime：69b：Ba ķuy Dip Han[①] 的 Bukuy（Baquy）。

第 22 行：用于“将军”的单词 sipasalar 来自新波斯语 sepāhsālār“将军”[②]。Poucha 1970，p.178 引有 Dad ispahsalar bäg[③]。拉德洛夫[④]收有下列词条：“sıbasa-lar（…）高级将领”，引述 KB 81，8（sü bašlar päk sïba-salar nägü täk kärägin）“［此章］他说，高级将领、军队首领应像什么？”M. Kaçalin KB 0034 有 bâb sü başlar er negü teg kerekin ayur。这个单词在拉德洛夫的词典及拉绍尼和鲍斯基的著述中中没有注释[⑤]。拉德洛夫的词条可能指的是 KB（译者补：即《福乐智慧》）的 Fergana MS，p.71. 3。这个术语还出现在 KB（MS 维也纳）的 Heart 写本第 81 页第 8 行[⑥]。

第 22 行：单词 ywd wn 可以被读作 yodun，yudun，yüdün 等，但是它们都不能按预想中的意义“向，朝……方向”来解释。

F. 一个印度谚语被伯特林克所收集：“一个国王，应有正义感，他要能为给予保护并征服敌人的城市而操心，要热爱自己的臣民，如同生物之主热爱生物。”[⑦]

第 24 行：qatïtïp，来自 qatït-“加固，使坚固”的派生动词。

第 25 行：tätürmäk（t'twrm'k）见克劳森词典[⑧]。

H. 第 27 行：上面我们已说明，汉字“是”= bu“这个”作为“王法”

---

① Z. K. Ölmez, *Ebulgazi Bahadır Han: Şecere-i Terākime*（Türkmenlerin Soykütüğü），Ankara，1996，p.120.

② F. Steingass, *A Comprehensive Persian-English Dictionary*, p.651a（译者注：原文此处忘标文后所附参考文献 C. E. Bosworth，“Ispahsalar，Sipahsalar，i. the Islamic World Excepting India，” In：*The Encyclop-aedia of Islam*，Second edition，vol.4，Leiden，E. J. Brill，1978，pp.208–210. 在此译者据文义补入。另本稿省去原文 E 段落第 22 行 sipasalar、S 段落第 45 行 Altï Tatar 及 V 段落第 54 行 Sirafil Taysi 的注释中所引阿拉伯文字或波斯文字）。

③ P. Poucha，“Rang und Titel bei den Völkern des Mongolischen Raumes im Laufe der Jahrhunderte，” In：*Proceedings of the IXth Meeting of the Permanent International Altaistic Conference*，*Ravello 26–30 September 1966*，Naples，1970，p.178；V. M. Nadeljaev，D. M. Nasilov，Ė. R Tenišev & A. M. Ščerbak，*Drevn-etjurskij slovar'*，Leningrad，1968，p.158a.

④ W. Radloff，*Versuch eines Wörterbuches der Türk-Dialecte*，4 vols.，Sanktpeterburg，1893–1911，vol.4，p.670.

⑤ L. Rásonyi & I. Baski，“Onomasticon Turcicum，” *Turkic Personal Names*，2 vols.，Bloomington，2007，vol.2，p.660a.

⑥ V. M. Nadeljaev，D. M. Nasilov，Ė. R Tenišev & A. M. Ščerbak，*Drevnetjurskij slovar'*，p.501a.

⑦ O. von. Böhtlingk，*Indische Sprüche*，*Sanskrit und Deutsch*（vol.1）：A-Na，St. Petersburg，1863，pp.246–247，Nr. 2329.

⑧ G. Clauson，*An Etymological Dictionary of Pre-Thirteenth Century Turkish*，p.459b.

“rājaśāstra”的错误解释。《金光明经》的第 20 章里被称作 rājaśāstra①。我们并不清楚本文书所指的是这个版本还是其他的 rājaśāstra。首先,我们找不到与本文书相匹配的其他清楚的记述。这个格言可以被认为是多少有些大众化的想法,因为我们无法找到能够翻译成这句回鹘文的精确的并列格式表现。

第 28 行：从喀什噶里的词典可知,动词 tara-在这里是“散布、分散”之意②。

第 29 行：森安孝夫建议读作 yed-“喂养”。

I. 第 30 行：čomaq bodunï 的意思是“čomaq 人民”。单词 čomaq 的意思是“权杖,粗短的棍棒”。喀什噶里记录道:“čomaq 是回鹘和一般异教徒之间的穆斯林……”有人说 čomaq eri 指的是“穆斯林”③。这是这种提法在古回鹘文书中的第一次出现。

J. 第 32 行：elig eyin kir-“加入并跟随国王”意为“服从,遵守”。

K. 第 33 行：qara 可能与 yilki qara“家畜的统称,可能是马和牛”同义④。克劳森提到察哈台语 kele qara“家畜”的例子⑤,但强调 qara 单独并不以这个意思被使用。在吉尔吉斯语中,qara 当中却有“马、牛”的意思⑥。有人也可能会问到这个单词是否有更广阔的含意,例如“财产”,这里有人可能会想到 mal(最终转为阿拉伯语 māl),代表着“财产”以及“牛”。

M. 第 36 行：xan-ta saγlï。如上所述,saγlï 可能按 sa-γlï 分析。有关可能的解释参见 saγlïγ“数到的所有东西”⑦。

N. 第 38 行：irdäš+i salmïš, irteš“详细的检查和在一个部落内发生的关于一些事情的详细叙述(...)”⑧。irteš qopdï 意为“开始一项调查或详细检查”。

第 39 行：罕见的单词 qoquz(在此拼写为 qyqwz)可解释作如下：

---

① Ş. Tekin, Altun Yaruk'un 20, Bölümü: İligler Qanlarınıng Köni Törüsin Aymaq (= Rājaşāstra) [Appendix: The Mongolian Version by Jan Nattier], *Journal of Turkish Studies/Türklük Bilgisi Araştırmaları* 11, 1987, pp.133 - 199, 201 - 210.

② G. Clauson, *An Etymological Dictionary of Pre-Thirteenth Century Turkish*, p.532b.

③ G. Clauson, *An Etymological Dictionary of Pre-Thirteenth Century Turkish*, p.422b.

④ G. Clauson, *An Etymological Dictionary of Pre-Thirteenth Century Turkish*, p.643b.

⑤ G. Clauson, *An Etymological Dictionary of Pre-Thirteenth Century Turkish*, p.644a.

⑥ K. K. Judachin, "Kirgizsko-russkij Slovar'," Moskva, 1965, p.346a.

⑦ G. Clauson, *An Etymological Dictionary of Pre-Thirteenth Century Turkish*, p.809a.

⑧ G. Clauson, *An Etymological Dictionary of Pre-Thirteenth Century Turkish*, p.207a.

“像山谷、凹陷处或洞穴的低洼地区”，在文书的后面部分里还有“洼地”的意思[①]。

第 39 行：[Uluγ] Yultuz “大星”。Yultuz(Yulduz，裕勒都斯)是吐鲁番绿洲北部(译者补：原文如此，按裕勒都斯位于吐鲁番绿洲以南)的一条河和一大片高地的名字。布鲁杰阀尔斯基把这个地区描述为：“下到那拉提时，我们进入了裕勒都斯。这一名称意为‘星’，可能是赋予源自群山之中较高位置的这一地区，或来自其牛群之乐土这一环境。牧草在每个地区都很肥沃，在夏天能够幸免于蚊虫叮咬。如同土尔扈特人为我们所描述的那样：‘至美的、凉爽怡人的、且肥沃丰饶的土地，适合男人与牛群居住的土地。’它自东向西形成了绵延数百俄里的广阔的低洼地。很可能，在地质学的某个远古时代，它是一个内陆海床，因为它的冲击层黏性土壤倾向于证明这一点。裕勒都斯地方由两部分组成：大裕勒都斯占据着全部低洼地的最广阔的西半部，而小裕勒都斯是较小的东部地区。这两个地区具备同样的整体特征，它们之间的区别仅在于它们的大小。我们整个穿过的小裕勒都斯，地貌呈草原平地状，纵向延伸达 135 俄里、中心宽度达 30 俄里。”[②]亚兹德(Šaraf ad-dīn ‘Alī Yazdī)在他的 Zafarnāme 中记录道，1389 年帖木儿从小裕勒都斯返回首都撒马尔罕的途中，在作为驿站的大裕勒都斯举办了一次盛宴[③]。这一高原，还在吐古舍娃引自斯坦因文书的、并由她编辑的一个文书信件中被提及[④]。信件中写道：basmïlïγ yultuzka ünär tesär anï üzä ol yollarïγ tututrung tep y(a)rl(ï)γ ïdu y(a)rlïqad(ï)m(ï)z ärti “我们已经屈尊传达了命令(口令)‘如果拔悉密人去往裕勒都斯，就据此保护这条道路’”。[⑤] 克劳森认为 Yulduz 是河的名称[⑥]。

S. 第 45 行：Altï Tatar. 在解释完为什么所有的突厥部落被称为达靼人之后，拉施都丁说道：塔塔尔的各部落在当地都为人所知，并非常著名，他

① G. Clauson, *An Etymological Dictionary of Pre-Thirteenth Century Turkish*, p.614.

② N. Prejevalsky, *From Kulja, Across the Tian Shan to Lob-Nor, Including Notices of the Lakes of Central Asia*, London(translated by D. Morgan), 1879, pp.41 – 42.

③ V. A. Romodin(ed.), *Materialy po Istorii Kirgizov i Kirgizii, Vypusk I*, Moskva, 1973, vol.1, p.142.

④ L. Ju.Tuguševa, “Three Letters of Uighur Princes, From the MS Collection of the Leningrad Section of the Institute of Oriental Studies,” *Acta Orientalia Academiae Scientiarum Hungaricae*, vol.24, 1971, p.173, fn.2.

⑤ L. Ju.Tuguševa, “Three Letters of Uighur Princes,” p.176, *ll*. 16 – 18 – 20 – 22. 译文与吐古舍娃的译文略有不同。

⑥ G. Clauson, “Two Uygur Administrative Orders,” *Ural-Altaische Jahrbücher*, vol.45, 1973, p.214.

们分别有各自的军队和首领。他们由以下六个部落组成：Tutuqli'ut Tatar，Alchi Tatar，Chaghan Tatar，Küyin Tatar，Nira'ut Tatar 和 Buruqui Tatar（脚注2）。Tutuqli'ut 可能是《蒙古秘史》第 153 节里的塔塔尔部落 Duta'ud。Alchi（JTK[①] 有 Anchi）按同名出现在《蒙古秘史》第 153 节中。Chaghan 即 Chahan 及 Cha'a'an（《蒙古秘史》第 153 节）。Küyin 即 γuyin（《蒙古秘史》第 53 节）。拉施都丁文本中的 Buruqui（可能应为 Buiruqut）即塔塔尔的 Ayiri'ud Buiru'ud（《蒙古秘史》第 53 节）。《蒙古秘史》中没有对 Nira'ut 的记载，但对文本稍作校订，Nira'ut 很容易变成 Ayira'ut，即《蒙古秘史》里的 Ayiri'ud[②]。带有若干变化形式的名簿还见于《蒙古秘史》。关于这些名称的详细情况，已由伯希和、韩百诗进行讨论[③]。

第 46 行：Toquz Buqa bägär[④]"Toquz Buqa 王"是达靼部落中迄今不为人知的人物。

T. 第 50 行：合成词 qur-ïnga quurlaγ-ïnga 的第二个单词是 qurlaγ（拼写有两个 w！），喀什噶里[⑤]记录它是来自动词 qurla-的名词。名词 qurlaγ"腰带"见于图瓦语[⑥]。

第 51 行：Bay taγ 在世界地图上地理位置为北纬 45° 15′0″（45.25 度），东经 90° 49′58″（90.833 度）。该 Bay taγ 或其他一些 Bay taγ 还被'Abd ar-Razzāq Samarqandī 在其 1375 年的 Maṭla' as-sa'dayn va majma' al-baḥrayn 中被提及：帖木儿去往 Bay taγ（在引用书中写为 Baitak），并征服了 Uč-Barman[⑦]。

第 51 行：Qum Sängir"横相乙儿（沙岬）"：哈密屯[⑧]言：Ghumsghur 可能为 Qum-Sängir 之名称，Qum-Šinggir 蒙古语化为 Qum-Sängir，意为"沙漠之

---

① 译者注：原文 JTK 未标出。

② A. A. Ali-zade（ed.），*Fazlallāx Rašīd ad-Dīn*，*Džāmi' At-tavārīx*，I/1，Moskva，1965，p.164.

③ P. Pelliot & L. Hambis，*Histoire des Campagnes de Gengis Khan: Cheng-Wou Ts'in-Tcheng Lou*，Leiden，1951，pp.3－9.

④ 术语 bägär，铁兹江解释作 bäg+är，见 S. Tezcan，*Das Uigurische Insadi-Sūtra*，Berlin（Berliner Turfantexte III），1974，p.75（译者注：Toquz Buqa bägär 此处释作 Altï Tatar"六姓达靼"之王，与译文 S 段落内容略有抵触）。

⑤ V. M. Nadeljaev，D. M. Nasilov，Ė. R Tenišev & A. M. Ščerbak，*Drevnetjurskij Slovar'*，p.468b.

⑥ D. A. Monguš，*Orus-tıva Slovar'/Russko-tuvinskij Slovar'*，Moskva，1980，p.433b；L. Levickaja，Qur I，in G. F. Blagova，*Ėtimologičeskij Slovar' Tjurkskich Jazykov*，*Obščetjurkskie i Mežtjurkskie Leksičeskie Osnovy na Bukvy «K»*，Moskva，2000，pp.150－152.

⑦ V. A. Romodin（ed.），*Materialy po Istorii Kirgizov i Kirgizii*，Vypusk I，Moskva，1973，vol.I，p.152.

⑧ J. R. Hamilton，"Autour du Manuscrit Staël-Holstein，" *T'oung Pao*，vol.46，1958，p.146.

角”，蒙元时期，该地位于自喀喇和林前往北庭（Bešbalïq）路途上、自北庭一周路程之处。在其完美的地图上，哈密屯在北庭北面标有 Qum Sängir[①]。另一方面，斯坦因在新疆西部记录了一个小城 Qum Sängir[②]。志费尼报告道贵由在 Qum Sängir 去世，那是“乌伦古河上游某地”[③]。

第 51 行：sïgïn-“寻求庇护”[④]。

U. 第 52 行：ong(a)y “容易、轻松”。有人可能会识别出，在开头字母的左侧有通常用来标记 n 字母的小点，在此应为误写。

第 52 行：考虑到一个小勾 *l* 被遗漏，单词 'd'my/'d'mr 可被释为 ädäm（来自新波斯语）的复数形式“人”+lär。

V. 第 53 行：üdräglig：埃尔达尔建议应视为来自动词 üdrä-的 üdräglig。

第 54 行：öng tegit.这个合成名称应指王子们（tegit 表示全体王子们）的高级别团体，在王子们前面明确加有 öng=ong（汉字“王”指“国王、王子”）。在 1334 年的高昌王世勋碑中，一个公主被称为 ong tegin bägi“公主或者是身份高贵的女性（bägi），即王子或王（ong-tigin）之女”[⑤]。

第 54 行：Sirafil Taysi. Sirafil 这个名字来源于 Isrāfīl，是天使长的名字，从它的变体写法 Sarāfīl 和 Sarāfīn 中得出，它很可能来自希伯来语 Serāfīm。我们第一次在莎车从阿拉伯语和回鹘语文献中发现 Israfil 这个名字[⑥]。Sirafil 这个写法形式似乎只能在这里得以成立，但是我们找不到叫 Sirafil Taysi 的历史人物。Taysi 这个称谓来源于汉语的“太子”[⑦]。

第 54 行：Turdi Taysi：Turdi 是一个常见的土耳其语名字（意为“他屹

① J. R. Hamilton, *Manuscrits Ouïgours du IXe-Xe Siècle de Touen-Houang*, *Textes Établis*, *Traduits*, Paris, 1986.

② A. Stein, *Memoir on Maps of Chinese Turkistan and Kansu from the Surveys Made during Aurel Stein's Explorations 1900-1, 1906-8, 1913-5*, Dehra Dun, 1923, 5. A.1.

③ J. A. Boyle, *The History of the World-Conqueror*, *'Alā al-Dīn 'Aṭā Malek Joveynī*, vol.1, Cambridge MA, Harvard University Press, 1958, p.261; J. J. Saunders, *The History of the Mongol Conquests*, London, 1971, p.227.

④ G. Clauson, *An Etymological Dictionary of Pre-Thirteenth Century Turkish*, p.813.

⑤ Geng Shimin & J. Hamilton., *L'inscription Ouïgoure de la Stèle Commémorative des Iduq Qut de Qočo*, p.34.

⑥ M. Erdal, "The Turkish Yarkand Documents," *Bulletin of the School of Oriental and African Studies*, vol.47, 1984, pp.292-293; M. Gronke, "The Arabic Yārkand Documents," *Bulletin of the School of Oriental and African Studies*, vol.49, pp.494, 496.

⑦ H. Ecsedy, "Old Turkic Titles of Chinese Origin," *Acta Orientalia Academiae Scientiarum Hungaricae*, vol.18, 1965, p.89.

立”)，而称谓表明此人属于贵族阶级。

第 54 行：〈Yeti〉Buqa，一个人名，可被释为“七个公牛”。在 X 段落也有出现。

第 55 行：cangšï 是来源于中国“长史”的古代称谓，“他们的级别有时相当于总督或省长”。

第 55 行：pntky 这种拼写可以被解释为新波斯语 bandegī“隶属、阁僚、忠诚、束缚”。这是个难点。

第 54—55 行：“(隶属的?)王子们由皇子(öng tegit)，即 Sirafil 太子、他的儿子 Turdi 太子、Yeti Buqa 长史统领”。

W. 第 55 行：yurtla-“定居，定居下来”在克劳森的词典里没能得到确定。Ötüken 词典里有 yurtlanmaq“在某地建房；在那里定居”①。

第 56 行：yangï balïq 可被释作 YangibaleΧ，“应认为距离靠近同一名称的河流——玛纳斯河的现玛纳斯城不远。这可能是在唐代时……喀什嘎里提到维吾尔人五座城市中的 yangï balïq”②。

第 59 行：yarïndï/yarïntï，把 y'ryndy 读作 yarïndï 或 yarïntï，有人可能自然而然地把这个至今未被证实的单词理解为来自动词 yar-“裂开、劈开”③。如同在土耳其共和国 yarïntï“因流经斜坡面的洪水或地表水而形成深沟或浅沟状的凹陷”。但在此我们不能给这个单词一个确切的意思，只能寄希望于未来的理解力。

Y. 第 61 行：arqaš-④，根据罗伯恩⑤，这个动词的意思只能从波罗米文写本得知。有一个例子表明它的原意非常接近于“被束缚”。

结　　语

这个独特的手稿更进一步证明了古维吾尔丰富的文学文化。我们无法想象谁是写这个备忘录的下属，而谁又是拥有这个备忘录的上级。如

① Y. Çağbayır, *Ötüken Türkçe Sözlük*, Ankara-Istanbul, 2007, p.5368b.

② J. R. Hamilton, "Autour du Manuscrit Staël-Holstein," p.148. 位置见 J. R. Hamilton, *Manuscrits Ouï-gours du IXe-Xe Sièclede Touen-Houang* 附图。

③ G. Clauson, *An Etymological Dictionary of Pre-Thirteenth Century Turkish*, p.954b.

④ G. Clauson, *An Etymological Dictionary of Pre-Thirteenth Century Turkish*, p.218a.

⑤ K. Röhrborn, *Uigurisches Wörterbuch. Sprachmaterial der Vorislamischen Türkischen Texte aus Zentralasien — Neubearbeitung*, I. Verben, Band 1: ab-äzüglä-, Stuttgart, 2010, p.75.

果我们认真看待 22 这个页码,就意味着这个文书只是一个大型作品里被保留下来的片段部分。进一步的调查研究可能使这一页文书更加意义非凡。

词汇表(略)

(原载《西域历史语言研究集刊》第 5 辑,2012 年,第 158—176 页,收入杨富学编著《回鹘学译文集新编》,兰州:甘肃教育出版社,2015 年,第 278—304 页。)

后　记

本译文集包括关于突厥、回鹘、蒙古和三国吴简的研究论文10篇，均由本人独立翻译。这些论文虽然篇幅长短不一，但共有特点是作者的观点均建构在对基本史料的解读上，具有较高的参考价值和借鉴意义。这些论文的翻译与发表，以及收入本译文集内，均获得作者的许诺与授权，在此表示衷心的感谢。

上述诸译文，有的已在期刊公开发表，有的收录于论文集内。在实际工作中，不时有原作者或其他友人向笔者查找这些论文。今有幸收于一处，以飨读者。此外，还有一些相关译文，未能收入，拟今后有机会作为续集出版。

本文集所收译文，原本格式不一，此次进行了统一。由于在不同的译文中频繁出现古汉字异体字和其他民族文字，虽然进行了认真校勘，但囿于个人水平，错讹之处在所难免。所有责任，均由本人负担，与原作者无关。敬乞原作者与读者谅解，并给予批评指正。

在格式统一和校对方面，兰州大学敦煌学研究所张丽卉、宋兴洋二位同学对本人的工作提供了协助。在出版方面，兰州大学敦煌学研究所承担的兰州大学“双一流”建设贝叶经研究项目给予了资金支持。特此鸣谢。

白玉冬

2020年8月28日

图书在版编目(CIP)数据

胡风西来:西域史语译文集 / 白玉冬译. —上海:
上海古籍出版社,2021.5
ISBN 978-7-5325-9973-8

Ⅰ.①胡… Ⅱ.①白… Ⅲ.①西域—文化史—文集
Ⅳ.①K294.5-53

中国版本图书馆 CIP 数据核字(2021)第 072992 号

教育部人文社会科学重点研究基地
兰 州 大 学 敦 煌 学 研 究 所

胡风西来:西域史语译文集
白玉冬 译
上海古籍出版社出版发行
(上海瑞金二路 272 号 邮政编码 200020)
(1) 网址:www.guji.com.cn
(2) E-mail:guji1@guji.com.cn
(3) 易文网网址:www.ewen.co
上海惠敦印务科技有限公司印刷
开本 700×1000 1/16 印张 13 插页 3 字数 289,000
2021 年 5 月第 1 版 2021 年 5 月第 1 次印刷
ISBN 978-7-5325-9973-8
K·3001 定价:78.00 元